PSYCHOLOGICAL
ASTROLOGY

學習「心理占星學」最清楚易讀的專業參考書
以更具人文占星觀點切入，帶你梳理星盤脈絡，解讀生命課題

心理占星學全書

暢銷增訂版

國際占星研究院創辦人
英國占星年會唯一華人講師 ── **魯道夫** + **Amanda** ──〔命運好好玩〕專業占星老師

協力著作

星座的心理原型／行星落入十二宮的解讀／行星相位解讀／星盤的整合與解讀／
自我追求與成長途徑：太陽、月亮／自我的呈現：水星、金星、火星／發展、挑戰與生命課題：木星、土星／
生命的轉化：天王星、海王星、冥王星／傷痛與成長：凱龍／南北月亮交點

〔作者序〕

心靈的鍊金術
—— 透過占星瞭解轉化與重生的歷程

　　我十分嚮往古代的鍊金術，雖然我的目的不是要把鉛變成黃金或求得不死靈藥，但是卻十分嚮往這些偉大鍊金術士的天人合一思想，他們從鍊金的過程中，體驗到人生的轉變，如何把原始的元素或把鉛、鐵冶煉成貴重的黃金，這也象徵著從一個不完整的人透過生命的演練與轉化，來成為一個完整的個體——這也是心理分析大師容格所說的個體化過程。

　　總是有不少朋友寫信來問我，要如何進行個人的轉化？星盤當中的盲點與負面特質是不是就暗示著無法轉化成功？我常被這一類的問題弄得哭笑不得。首先，關於「轉化」這個概念，許多人都將它視為一個特殊的生命歷程，就好像是要煉丹成仙一樣，不知道要擦多少瓶的 Aura-soma 彩油，或是找到什麼咕嚕（Guru）大師幫你啟動拙火或加持灌頂；又有人說不是每個個案的諮商都適合使用心理占星學，因為他們不是那麼敏感，無法察覺細微的生命變化。我想這些人都有一個共同的錯誤觀念，那就是將心理占星學與生命的成長看得太超俗太遙遠。

　　就如同許多人讀了史蒂芬‧阿若優（Stephen Arroyo）的《占星‧業力與轉化》仍百思不解，為什麼轉化只要看土星與外行星，難道其他行星就沒有轉化的效力嗎？事實上，這樣的質疑是對的，每一個行星都是我們生命的課題，阿若憂之所以只提到外行星，是因為外行星在行運的移動當中暗示著可能會經歷重大轉變的時刻，可能是危機可能是威脅，而這樣的時刻就很有可能是重要的轉捩點（關於這些過程請參考春光出版的《占星流年》），最重要的是：我們從什麼樣的角度來看待生命。

　　這些外行星所暗示的挑戰、困境或絕境，就如同鍊金術士在製作魔法石的過程中（《哈利波特》故事中使人長生不老、把鐵變黃金的魔法石），在最後階段必須經過至少三次的死亡與重生的轉變，讓魔法石黑化腐敗煉製成白化，這裡可以得到將金屬變白銀的白色魔法石，最後透過再一次重生，讓魔法石赤化成為最完整的魔法石，擁有神聖的性質。人生中，我們經歷過的許多重大危機與絕境，就是使我們的生命變得更完整的必經之路，如同以前提過的蘇美女神伊安娜、冥府女神波賽鳳或為求得愛洛斯回頭的賽姬，透過走出最灰暗的絕境獲得力量與

永生。身為凡人的我們在這些時候或許真的瀕臨死亡的威脅，或者見到親人的離去，或者精神與心靈是槁木死灰的狀態，但若能堅強自己的意志，一步一步走出這樣的境界，就會獲得比其他人更強大的生命力量、智慧、知識與勇氣──這就是轉化。

但是轉化的步驟，卻不只存在於外行星的 Transit 時刻而已，事實上，轉化可以存在於生活的每一分鐘、每一個時刻，只要你關注你的內心（察覺），就是轉化的開始。

心理占星學並不是一門艱深的學問，而是透過星盤的符號解讀來認識自己和世界，在心理占星學當中，自我察覺是一切功課的開始，透過對自我的瞭解與認識，透過與他人互動的投射來瞭解自己的另一面，這些轉化的課題其實在生活當中就可以開始。

然而這一切的轉化的第一步驟，都要從瞭解自我做起，這也是《心理占星學全書》本書的目的，讓我們透過對星盤上每一顆行星在心理意涵上的暗示，重新認識自己，展開轉化工作的第一步驟，就如同鍊金術士要將平凡的物質變成金子前，必須先分析該物質的特性，接著再依照這個物質的屬性，透過不同的方式冶煉、昇華、蒸餾、萃取，以及一連串象徵性的死亡與重生的步驟，將鉛塊變成金子，而學習占星術的我們，利用對生命與自我的理解，能幫助自己和他人朝著成長的路前進。

魯道夫

2008.11.15

〔作者序〕
以更清晰的覺知面對人生旅程

　　長久以來，時常在思考關於命運這件事，到底一個人的命運，是注定的成分居多，還是能夠掌握在自己的手中。我自己對於神祕學領域的諸多學習與探索，也是希望能夠知命知運，以更加清晰的覺知，來面對自己的人生旅程。

　　時常會在咖啡廳裡，不小心聽到身旁的人在聊天：「哎喲，早就跟你說過像他那種射手座的男生，一定花心的不得了……」每當這個時候，我只能按耐著想要過去跟他們好好聊聊的衝動，也替他們感到一絲惋惜。惋惜的是，一定是對於占星學有興趣，才會聊著身邊人的星座特質，但是卻只看到了某些事件，或是聽了某位老師的幾句話，就全盤認定一個人。

　　當然也是受到自己星盤特質的影響，我真心認為，學習或是接觸任何一件事物，如果只是加深我們的擔憂與恐懼，倒不如把時間花在喝杯咖啡、吃塊蛋糕還比較開心。就像是看到射手座就說一定花心，看到金牛座就說很愛錢等等，這樣的詮釋不能夠說錯誤，但是既狹隘又表面。就算看到一位不夠專情的人，能不能再深入一點去探索，為什麼他無法在感情上維持專一；見到過度追求財富的人，是否有機會了解他的出發點是什麼。

　　我很喜歡達比・卡斯提拉（Darby Costello）老師說過的一段話：「如果對於發生在身上的事情，沒有去感受的話，它們就只是事件。但若我們能夠帶著覺知去感覺感受這些事件，它們就會變成經驗。」

　　透過人文心理占星的切入角度，能夠提供我們一個嶄新的、更加全面性的觀點。有機會去了解種種行為背後的動機，除了能夠理解身邊的人，為什麼會有如此的舉止之外，也能夠幫助自己做出更加宏觀、更為貼切的決定。

　　對於本書的完成，衷心感謝魯道夫老師以及最親愛的夥伴 Yvetta 的協助，家人的支持，以及我先生的包容與鼓勵。最要感謝的，還是我的學生與客戶們，在教學相長的過程當中，深深感到自己才是收穫最多的人。

Amanda
2019.3.5

〔寫在前面〕
不同的占星視野

　　許多人和占星師互動時，常有不愉快的經驗，就有學生曾問我：「月亮天蠍的女人一定是爛命一條嗎？」只因為前一位老師舉了一個企業家私生女的星盤證實，月亮在天蠍座就是二媽生的命。

　　也有號稱心理占星學派的老師，會指著客戶的星盤說：「你就是因為天王星（或土星）在婚姻宮，所以才會離婚。」這類荒謬且宿命的說法，與其歸咎於某些占星學派的立論，倒不如說是占星師本身的觀念過於傳統，不懂得與時俱進有關。

　　不只占星師有這些問題，前來求助的客戶也會有同樣的盲點。過去的占星師在遇到客戶詢問「我什麼時候會走出感情的困境？」、「什麼時候會紅鸞星動？」、「何時會遇到 Mr. Right？」時，或許會大膽預測當事人何時結婚，但現代的占星師往往不肯正面回答。

　　究竟這是為了什麼呢？難道現在的占星師已經沒辦法做出精準預言了嗎？事實上並非如此，而是因為社會環境的變化，為生命增加了更多變數，同時因為時代環境的改變，人與人之間的互動模式也改變了。

　　在古代就算你不出門，還是有機會把自己嫁出去，只要你的父母和媒婆多使點力就行，但試問，今天有多少人肯透過媒妁之言結婚呢？更何況，過去人們的互動多半集中在小村落裡，但今日卻可以在一個小時內，去到數百公里外的地方。因此，對於命運的預測自然要更加客觀才可以，而這也是現代占星師，特別是心理占星師所著重的分析特點。

　　因此，當現代占星師被問到類似的問題時，最常回問對方的是：「你什麼時候給過自己機會？」、「什麼時候踏出妳的閨房走到外頭，去幫自己創造和別人互動的機會？」

　　就如同我的一位好朋友，經常抱怨找不到女朋友，每次遇到我就問我桃花何時會開？事實上，以他每天下了班就回家打電動的習慣，就算不看星盤也知道桃花為何不開。

　　相信聰明的讀者也已經看出問題所在，如果自己大門不出、二門不邁的，或是跟我的朋友一樣下班回家玩電動，除了自己養的小狗之外，不再和其他人有進一步的互動，當他來問你何時桃花開時，你敢不敢給他明確的日期呢？就算看到

他有一卡車行星陸續入戀愛宮，我都不敢這樣說。

因為，如果他一直很封閉，不願意和人接觸，也不願意認識新的朋友，就連舊的朋友都迴避的話，那麼他也只能看到窗外一整株漂亮的桃花盛開，而無法去親自享受。

後來，我陸陸續續和那位朋友聊了許多，而事實上，他也很清楚自己個性的問題，雖然希望有個親密伴侶，一旦發現對方黏他黏很緊時又會想跑，明知自己很難輕易付出情感，卻又期待一場長長久久的戀情能快速降臨，說到後來，他的條件越開越多，卻沒有發現自己的戀情總在重複著一個主題——他期待別人黏他，可是當他發現對方黏他時，他又想跑，而這或許跟他下降在天秤，月亮卻在水瓶有關。但當我指出他的問題時，他只問我一句話：「這種狀況何時會改變呢？」

我要再請教各位，如果你是我，你會怎麼說？你會真的傻到去認真研究星盤，看他二次推運或月亮、金星或太陽弧推運中是否有什麼眉目，而後推算出日期，告訴他：「嗯！到三十八歲那年，一切都會好轉的，你會遇到一個有點黏又不太黏的人，並且從此百年好合……」

我知道有很多熱心助人的初級占星師，或觀念傳統的占星師會這麼做，但我不會，不是我不懂得觀察這些生命的變化與占星流年的技巧，而是當生命對你提出變化的要求時，如果你不去呼應它，不願意去改變自己，那一切都是白搭。所以我最後對那位朋友說：「當你開始採取行動改變自己時，一切就會開始跟著改變了！」

朋友對我這一番話頗不以為然，認為這些話任何人都會說，又何必要一個占星師來告訴他呢？又說如果他付錢去找一個占星師，占星師這樣回他，他是絕不會付錢的！而我也只能回答，命運掌握在自己手上，就算占星師說你今年會紅鸞星動，但如果你整天把自己關在房間裡，最後什麼事也不會發生的！就因為很多朋友看待占星的方式，非常宿命且傳統，因此，心理占星學所提供給我們的另一個視野，才更加珍貴。心理占星學並非要推翻傳統占星學，而是提供了另一套更具人文思維，並以人性與實際的角度來切入的命運觀點。

而這種思維方式，提供給那些願意接受命運挑戰，重視自我身體、心智與靈性成長的朋友們。

魯道夫

目錄 Contents

✱ 第一部　占星符號與心靈密碼
Astrological symbols and their Psychological meaning

占星學也暗示著一個人的個性從出生之時就存在了，同時
對占星學的認識或許可以幫助我們理解這種發展進入成人
自我意識的種子天性。

──麗茲‧葛林（Liz Greene，倫敦心理占星學院創辦人）

✳ 第二部　心靈的十二種面向·
生活的十二個領域

Twelve houses: Twelve domains of your life

我們經由那個被稱作誕生的生死交關過程來到這世界，就算是一個相對來說較不複雜的出生過程，對母子來說都伴隨著極度的危險。這一份脆弱被銘記而且停留在上升點的位置，也因此我們從這個地方開始這段想要在世界留下記號的旅程。

——梅蘭妮·瑞哈特（Melanie Reinhart，殿堂級占星大師、凱龍星研究權威）

✳ 第三部　心靈力量的交互作用

Aspect: Interactions of psychological dynamics in the chart

相位描述劇情，它們敍述事實上發生哪些事情，對人們來說，相位的結構描述心理學家所謂的「情節」……換句話說，在那些可能被稱作「命運」的事情當中，相位扮演重要的角色，因為它們敍述了那些我們必須面對的事情。

——蘇・湯普金（Sue Tompkins，倫敦占星學院創辦人）

✳ 第四部　發現通往心靈深處的道路

Find the way to your inner self

體認帶來改變。透過檢驗我們星盤上的宮位配置，我們不只得到了進入某種領域體會生活最佳方式的線索，同時我們也獲得洞悉那種在內心運作潛在的原型期盼。

──霍華·薩司波塔斯（Howard Sasportas，心理占星中心創辦人）

第一部

占星符號與心靈密碼

Astrological symbols and their Psychological meaning

占星學也暗示著一個人的個性從出生之時就存在了，同時對占星學的認識或許可以幫助我們理解這種發展進入成人自我意識的種子天性。

——麗茲‧葛林
（Liz Greene，倫敦心理占星學院創辦人）

第一章　認識星盤上的符號

星座的定義與符號

♈ 白羊座（Aries）（又名牡羊座）

　　黃道上的第一個星座，開創的火象星座，基本的定義包括自我、衝動、競爭挑戰，心理占星學中，白羊座與自我意識及優先、第一和競爭有著強烈的連結，在占星學上，白羊座的象徵符號為羊角，而火星為白羊座的守護星。

♉ 金牛座（Taurus）

　　黃道上的第二個星座，固定的土象星座，占星學上認為金牛座與物質金錢有關，且追求實際與穩定的生活。在心理層面上，金牛座暗示著擁有物質所帶來的安全感，以及對於能力（力量）的獲得。金牛座的占星符號為牛頭的簡化，而金牛座的守護星是金星。

♊ 雙子座（Gemini）

　　黃道上的第三個星座，變動的風象星座，在占星學中代表溝通、媒介、傳遞、思考與兄弟姊妹，心理層面的意涵代表著自我與他人的溝通或心靈內外的溝通。雙子座的符號如同羅馬數字的二（II），象徵著神話故事中代表雙子座的孿生兄弟，其守護星是水星。

♋ 巨蟹座（Cancer）

　　黃道上的第四個星座，開創的水象星座，基本的定義包括家庭、母親與飲食的關係，心理占星學中認為巨蟹座與安全感的需求有關，強調自我情緒的表現，

黃道上的十二星座

同時象徵著養育以及被養育的互動。在占星學的符號上，巨蟹座的符號是蟹鉗的縮影，也有人解釋爲母親的乳房，而巨蟹座的守護星爲月亮。

♌ 獅子座（Leo）

黃道上的第五個星座，固定的火象星座，其基本定義爲戲劇、表演、娛樂與賭博，在心理層面上，獅子座與自我目標、自我中心、自我實現、創造、娛樂等事物有關。獅子座的符號是獅子尾巴，而獅子座的守護星是太陽。

♍ 處女座（Virgo）

黃道上的第六個星座，變動的土象星座，在占星上的基本定義是重視細節的、實際觀點的性格。心理占星學中，認爲處女座代表著人們再次利用感官能力來探索內外在的差異，因而產生觀察、比較、分析與批評，同時也產生了衝擊。處女座在占星學上的符號爲女子的頭髮，守護星爲水星。

♎ 天秤座（Libra）

黃道上的第七個星座，開創的風象星座，在占星學上，天秤座與婚姻、法律、合約有關，在心理層面上代表著對等關係、人我互動、伴侶關係等。天秤座的符號是一個看似天秤的希臘文字「Ω」，並在其下方加上一槓，而天秤座的守護星是金星。

♏ 天蠍座（Scorpio）

黃道上的第八個星座，固定的水象星座，其性質包括事物的結合、死亡與重生、激烈的轉變等。在心理層面的意涵中暗示著心中的黑暗面，自己不願意面對的傷口與醜陋的事件，同時也與控制欲望和生存意志有關。天蠍座的符號為蠍子尾部的刺針，其守護星在傳統上為火星，同時冥王星是天蠍座的現代守護。

♐ 射手座（Sagittarius）（又名人馬座）

黃道上的第九個星座，變動的火象星座，其基本性質包括了宗教、哲學、高等教育、擴張領域、成長、國際事務、長途旅行等。在心理層面上，意味著世界的探索（藉此延伸出旅行、國際事務與教育等特質）與自我的發展，射手座的符號為箭頭，在占星學中守護星為木星。

♑ 摩羯座（Capricorn）（又名山羊座）

黃道上的第十個星座，又稱山羊座，開創的土象星座，基本的定義包括實際、嚴肅、追求成就等，從心理占星的角度來看，代表自我在眾人面前的呈現、組織架構，重視實際執行、成就與社會地位。在占星學符號上，摩羯座符號代表著羊頭魚身，而摩羯座的守護星是土星。

♒ 水瓶座（Aquarius）（又名寶瓶座）

黃道上的第十一個星座，基本的定義包括友誼與社群關係，具有強烈的人道

主義與改革精神。心理占星學派認為,水瓶座的改革特質是一種超越自我的精神,以及遠大的理想與目標,甚至代表著一群人共同的目標。水瓶座的符號為波紋。在傳統占星學中,水瓶座歸土星所管,而現代的占星師認為,水瓶座應該由天王星管轄,所以土星與天王星都可視為水瓶座的守護星。

⯓ 雙魚座（Pisces）

黃道上的最後一個星座,變動的水象星座,其基本定義為感性的、慈悲的、犧牲的、具有強烈的藝術性格。在心理層面上,雙魚座代表著打破自我與他人界線的無我境界,由這一層定義來發展雙魚座的慈悲精神,同時雙魚座也常代表一種失去自我的渾沌狀態。雙魚座的符號為兩個相背對的括弧,並由一條線串起,象徵著黃道上的兩條魚和連結著它們的繩索,雙魚座的傳統守護星為木星,而現代守護星為海王星。

行星的定義與符號

☉ 太陽（Sun）

太陽系的中心,在占星學上視為重要的發光星體之一。傳統占星學中,太陽象徵著男性、君王、自我、父親、丈夫等,在現代占星學中,太陽代表自我、自我呈現、精力活力。在心理層面上,常描述著個人追求的事物,及對於想要成功的憧憬;在世俗占星學上代表國家元首,在醫療占星學中則代表著心臟、背部、脊椎、脾臟。此外,太陽守護著獅子座。

☽ 月亮（Moon）

在占星學中,月亮是重要的個人指標,象徵著日常生活、飲食、母親和童年等,心理層面上包含了個人需求、情感、情緒反應等。在世俗占星學中,月亮與人口、農業有關;在醫療占星學中,月亮與乳房、消化系統有關連。雖然月亮是地球的衛星,不過在占星學中稱呼行星時,有時也會把月亮包含在其中。此外,月亮守護著巨蟹座。

☿ 水星（Mercury）

太陽系最接近太陽的行星，其基本定義包含思考、學習、自我與他人的溝通、兄弟姊妹手足等。在心理層面上，水星象徵著自我意識的表達、自我意識與無意識的溝通管道等。在醫療占星學上，水星與手、肺部、神經系統有關；在世俗占星學中，水星象徵著新聞、教育、通訊與交通。此外，水星守護著雙子座與處女座。

♀ 金星（Venus）

太陽系的第二顆行星，是傳統占星學的吉星，代表喜事與女性，金錢與貴重金屬；在現代占星學上，金星與和平、協調、美感、戀情、藝術、喜歡的事物有關。心理層面上，與個人價值觀有密切的關連，心理占星師認為，金星具有和緩與削弱其他行星性質的作用。此外，金星守護金牛座與天秤座。

♂ 火星（Mars）

太陽系的第四顆行星，其基本意涵包括行動、自我實現、自我保護、防衛、攻擊。心理占星學認為，火星與生存意志有關，進而也與性慾產生連結。傳統占星學將火星視為凶星，認為火星與戰爭屠殺等流血事件有關。在醫療占星學中，火星與血液、發燒、發炎以及刀傷有關。火星守護牡羊座，並且與冥王星共同守護天蠍座。

♃ 木星（Jupiter）

木星是太陽系中最巨大的行星，傳統占星學中屬於帶來幸運的吉星。現代占星學對木星的基本定義包括信念、態度、信仰、宗教、哲學、高等教育與國際事務等。心理上的意涵為個人的成長與信念。一個人木星所在的星座與宮位是他的信念與信仰的所在，同時也可能是他生活中較為幸運部分。在醫療占星學中，木星與肝臟有關。木星在占星學中守護射手座，且與海王星共同守護雙魚座。

♄ 土星（Saturn）

太陽系的第六顆行星，在傳統占星學中，土星為距離最遠的行星。傳統占星學認為土星是一顆帶來厄運的行星，在現代占星學中，其基本定義包括保護、限制、冷漠、經驗、長輩等。心理層面上的定義為壓抑、恐懼、擔憂與過去的不愉快經驗。在世俗占星學中，土星與權力機構、管理機構、大型組織有關。在醫療占星學上，土星與骨骼、牙齒和皮膚都有關係。

♅ 天王星（Uranus）

太陽系的第七顆行星，在占星學上定義為超越的、改革的、反叛的、混亂失序的、具有人道精神與理想主義的，也與電磁和高科技有關。在心理層面的意涵是超越固有傳統的、超越自我的，從這一層的意思引發了改革與革新的意涵，同時也因為超越自我的意涵，結合了人與人之間的合作關係。由於天王星被發現的時刻正值十八世紀的革命風潮，以及打破階級的自由開放思想開始出現，於是天王星也具有這一層平等的意涵。天王星在占星學中，是水瓶座的現代守護星。

♆ 海王星（Neptune）

太陽系的第八顆行星，在占星學中，海王星象徵著藝術、幻象、理想化的境界，且與宗教、犧牲、將力量弱化或想法單純有關。在心理層面上，海王星象徵著模糊的意識狀態，以及理想的境界。而世俗占星學認為海王星與宗教、藝術、影像、景氣繁榮或景氣擴張有著密切的關連，同時也有占星師認為，地震與海王星有著密切的連結。在醫療占星學上，海王星多半被認為是暈眩、體力虛弱、病毒感染、藥癮、毒癮、藥物中毒、瓦斯中毒，或是與精神虛弱、精神狀態不佳有關。

♇ 冥王星（Pluto）

普魯托（Pluto）是希臘羅馬神話冥府主神的羅馬名稱，在占星學中具有掩埋與重生、劇烈蛻變及被隱藏的事情（多半與傷痛有關）的意思。心理的層面上

象徵著最原始的生命力量，和求生意志與生命的延續——性愛。在星盤中，冥王星所在的宮位與星座，代表著被我們遺忘的事情，以及容易帶來傷痛與引發內心黑暗面的部分。世俗占星學認為，冥王星常帶來令人恐懼的蕭條、大量的傷亡或戰爭等不愉快的事情。

宮位	現代意涵與心理意涵
第一宮	我所呈現的自我
第二宮	價值觀、物質安全感、能力
第三宮	學習、溝通、思考
第四宮	情緒出口、安全感、家庭關係、雙親之一
第五宮	創造力、創意、自我目標
第六宮	規律的事務、日常事務
第七宮	對待他人的態度、與他人的關係
第八宮	他人的金錢、權力控制、內心黑暗面
第九宮	信念、崇高的精神、自我的發展
第十宮	社會地位、公眾形象、雙親之一
第十一宮	自我的超越與改革
第十二宮	心理的無意識層面

⚷ 凱龍星（Chiron）

凱龍星被認為與傷痛和醫療有關，由於凱龍的軌道穿越了土星與天王星，土星代表限制天王星所象徵的改革力量，同時也代表著業力干擾我們的地方，這不正好就符合了凱龍星的解釋，它來回於限制與改革之間，幫助我們不斷成長，並提醒我們靈魂傷痛所在的位置，建議我們該如何面對。

☊ 北月交（North Node）

是黃道和月球軌道的北邊交點，現代占星師視北月交為精神與心靈成長的途徑。

☋ 南月交（South Node）

是黃道和月球軌道的南邊交點，現代占星師認為，南月交為我們所習慣適應、感到舒適的地方，有些時候在星盤上不會顯示南月交的圖案，因為南月交永遠在北月交的正對面。

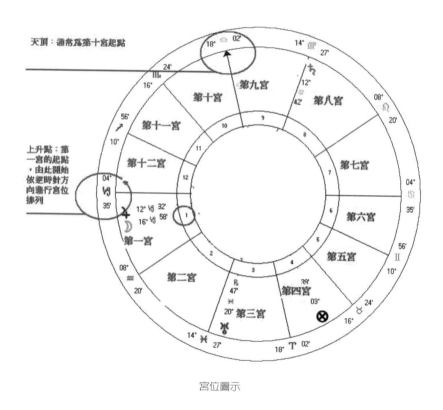

宮位圖示

宮位（House）

占星術中，將黃道依據某些點（通常為天頂與上升），再次分割成十二個宮位，稱為「House」，每一個宮位掌管生活中的不同層面（見 P.21 表格），這些宮位都由上升點作為第一宮的起點。

相位（Aspect）

　　指行星與行星或命盤上的上升點、基本點或特殊點之間形成特殊度數，常見的相位包括了0度（合相）、30度（半六分相）、45度（半四分相）、60度（六分相）、90度（四分相）、135度（八分之三相）、150度（十二分之五相）、180度（對分相）等。

　　相位也有前後的容許誤差，又稱爲「角距」（Orb），例如：月亮雖然沒有和太陽重疊，但在太陽的前後8度內，仍會被某些占星師視爲合相。不過，在不同的流年系統中，判斷相位容許度的標準也會有所不同，大約都在4度之內。

☌ 合相（Conjunction）

　　當行星與行星或基本點之間相距0到8度時，稱爲「合相」。許多占星初學者常誤以爲合相是一種吉相，事實上從古至今，合相在占星學中並不全然是好的相位。在傳統占星學中，與火星、土星、南月交點的合相都屬於凶相，而與金

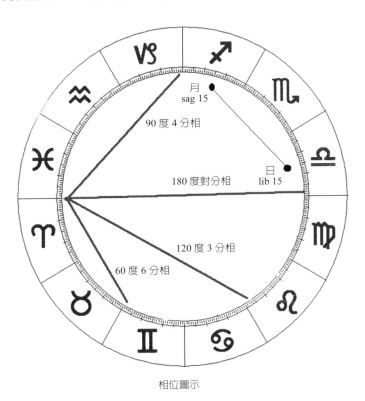

相位圖示

星、木星的合相則可視爲吉相，而今日的占星學認爲，產生合相的行星性質會交互影響，例如：金星與土星合相時，土星會約束金星的歡愉，而金星會緩和土星的嚴肅。

強硬相位（Hard Aspect）

在現代占星學中稱「對分相」、「四分相」爲強硬相位，在傳統占星學中這些相位有凶相位的定義，但今日占星學家認爲，強硬相位具有強大的能量，促使事件的發生，卻不一定代表吉凶。

☍ 對分相（Opposition）

兩顆行星之間，或行星與基本點、特殊點間呈 180 度的角度時，稱爲對分相。傳統占星學將對分相視爲凶相，主破壞，而心理占星學認爲，此相位代表著我們投射在他人身上的情感和陰影，與伴侶或合作事物有著密切的關係。對分相不如一般人所認爲的直接衝突，在心理占星學中，對分相也有與他人合作的象徵。

□ 四分相（Square）

兩行星或行星與基本點、特殊點之間形成 90 度的相位，稱爲四分相。在傳統占星學上認爲，四分相爲破壞與阻礙的凶相，心理占星學則認爲，這個相位具有壓抑挑戰的能量，通常是由性質類似但目的或方向不一的事件所引發的困擾。

柔和相位（Soft Aspect）

柔和相位是近代占星學的相位分類法中的一種，占星師將「三分相」、「六分相」定義爲柔和相位。傳統占星學視這樣的相位爲吉相，但從人文與心理占星學的角度來看，柔和相位的影響力道比較弱且溫和，不像強硬相位一樣容易導致事情的發生，卻也容易帶來讓人不舒服的狀況。

△ 三分相（Trine）

兩行星或行星與基本點、特殊點之間形成 120 度的相位。在傳統占星學上，三分相是一個吉相，在心理占星學中，三分相具有包容與融合接受的意涵，占星師認為這樣的行星角度所產生的共鳴多半是正面的，也能讓行星發揮較具建設性的影響力，但有時也會為當事人帶來盲點與惰性。

＊ 六分相（Sextile）

在星盤中，兩行星或行星與基本點、特殊點之間形成 60 度的相位，稱為六分相，是主要相位之一。傳統占星學認為六分相帶來吉利，而心理占星學研究認為，此相位與機會、技巧、應用、友誼有關。但值得注意的是，雖然六分相是主要相位，但通常被視為影響力稍弱，這也是為什麼多數占星師在主要相位中，給予六分相的角距容許值，比其他主要相位來得小，多半只給到前後 4 度。

⊼ 敏感相位（Sensitive Aspect）／十二分之五相（Quincunx）

兩行星或行星與基本點特殊點之間形成 150 度的相位，也有人稱之為「補十二分相」「Inconjunct」。傳統占星學認為，此相位與財產、健康的不幸和死亡有關。而心理占星學認為，這個相位與刺激、心理上的盲點有關，認為人們無法正視問題而有愧疚感，並促使自己不斷地修正態度，但也有占星師認為，合盤中出現這樣的角度，有利於增加雙方的互動，故稱為敏感相位。

本書常用到的重要占星學名詞

角或角宮（Angular）

在占星學上指的是星盤上的四個重要基本點：上升點（Ascendant）、下降點（Descendant）、天頂（Medium Coeli）、天底（Imum Coeli），在出生圖中，行星與四個點產生合相時稱為「合軸星」（Angular Planets），且會帶來明

顯的個人特質。

上升點（Ascendant，標作 ASC.）

又可簡稱爲「ASC.」，是黃道與東方地平線的交界，每四分鐘移動 1 度，大約每兩小時換一個星座。

在現代占星學的定義中，上升點被視爲自我的呈現，當我們與外界互動時所呈現的那一面，以及影響我們如何與外界社會互動。心理占星學常將上升點與容格（C. G. Jung）的「人格面具」（Persona）作比較。

上升星座（Rising Sign）

上升點所在的星座，被視爲我們與外界互動的模式，與我們給外界的人格印象，例如，一個太陽在獅子座的人，很可能因爲他的上升在巨蟹座，而給人較爲害羞的感覺。

下降點（Descendant）

又可簡稱爲「DSC.」，是黃道與西方地平線的交界，爲第七宮的起點。傳統占星師認爲下降點代表伴侶，同時認爲下降點代表弱勢的地位，以及不良的健康與身體，但現代占星師認爲下降點象徵著自我與他人之間的互動模式，也代表著婚姻和合夥關係。同時認爲行星在下降點的影響力，並不亞於行星在天頂或上升的影響力。

天頂（Medium Coeli）

簡稱「M.C.」，又稱「Mid Heaven」，是所在地子午線和黃道在空中的交點。在占星學中，天頂與上升星座是計算宮位的標準，在許多非等宮制的分宮法中，天頂爲第十宮的起點。天頂在占星學上的意義爲個人的社會地位、名聲與職業傾向。

傳統占星學認爲天頂象徵著父親，但近代占星學認爲天頂與天底都可能是雙親的其中一方，且因人而異，需要占星師仔細的判別。在世俗占星學中，天頂代

表政府、執政黨與國家元首。此外，天頂與天底的軸線，與上升點和下降點的軸線為命盤中的重要軸線，這四個點被視為命盤上的基本點。

天底（Imum Coeli）

簡寫為「I.C.」，星盤中第四宮的起點，與天頂呈 180 度相對，在占星術中，I.C. 與第四宮有根源、雙親、家庭的意涵。天底在過去並不被重視，因為占星師認為行星落入天底無法產生影響力，而在心理占星學中，天底被視為進入內心世界的入口，也是一個人表達情感與安全感的位置，也暗示著童年的家庭經驗，因此，天底在心理占星學中的地位可說相當重要。

上升軸線（Ac/Dc Axis）

是指星盤上連結上升點與下降點的軸線，在占星學中，這條軸線上的行星，具有強烈的個人特質表現。同時這條軸線的星座，也表示了自我與他人之間的互動模式，在占星學同樣重要的還有 M.C. 和 I.C. 軸線。

界線（宮頭）（Cusps）

星盤上宮位的終點與起點的分界線，界線在占星學中佔有相當重要的地位，任何位於界線上的行星，都被視為對該宮所管理的事情具有強大的影響力，同時有占星師認為，當行星落在界線之前 5 度時，對下一宮也會發揮一定程度的影響力。

命主星（Chart Ruler）

命主星就是上升點所在星座的守護星，亦是一張出生圖的守護星。在占星學中，出生圖的守護星，往往是太陽與月亮之外，另一個代表此人的象徵，出生圖守護星所落的星座與宮位，及與其他行星的相位，也會對此人的性格與命運產生某一程度的影響。

守護星（Ruler，又名支配星）

　　在占星學中，每一個星座或宮位都有其相關連的守護行星，稱爲「Ruler」或「Dispositer」或「Lordship」。同時在傳統占星學中，當行星進入其守護關係的宮位與星座時，都代表著相對的強勢。若進入守護星座或宮位對面的星座或宮位時，則代表著該行星影響力減弱。在本書的應用中，因爲每顆行星所暗示的事件可能與其所守護的宮位有關，所以在這裡列表如下。

　　舉例來說，你的上升是射手座，那麼守護射手座的木星就是你上升的守護星也是命主星，而你的第二宮，因爲宮頭起點落在摩羯座，所以土星是你第二宮的守護。

星座	現代守護星	傳統守護星（參考用）
牡羊座	火星	火星
金牛座	金星	金星
雙子座	水星	水星
巨蟹座	月亮	月亮
獅子座	太陽	太陽
處女座	水星	水星
天秤座	金星	金星
天蠍座	冥王星	火星
射手座	木星	木星
摩羯座	土星	土星
水瓶座	天王星	土星
雙魚座	海王星	木星

星盤繪製──使用「www.astro.com」繪製星盤

很多人都想要畫自己的星盤，可是不知道該怎麼辦，網路上有一套免費的軟體叫作「astrolog」，對於初學者來說是一套相當適合的軟體，如果要談到進階功能仍然勉強可以撐得過去。如果你不想下載軟體，那麼你可以試著使用「astro.com」這個網站的線上畫占星盤系統，不但可以在上面畫出生圖，還可以使用進階功能，去做合盤組合盤、行星過運推運、太陽弧正向推運、太陽回歸，還有很多到了進階階段才會用到的占星圖技巧，都可以在「astro.com」用，如果你沒有預算買一套進階軟體的話，那麼「astro.com」會是你的最佳選擇。

Step 1

進入「www.astro.com」之後選擇第一欄「Astrodienst Services」的第三個選項「Free Charts」。

Step 2

這時候你會看到一個英文介面，詢問你是否曾經輸入繪製命盤的資料。如果你是第一次來這個網站使用這個功能，就按 No。

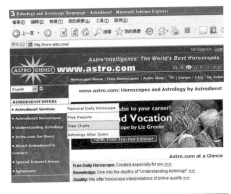

Step 3

若你之前曾經在這裡畫過個人星盤，請移動滑鼠到右下方，找出「Chart Drawing, Ascendant」這個選項按下去，這時會直接跳到以前畫好的命盤。若你要繪製新的盤，請將滑鼠移到右上方「Add a new person」，接著進行步驟四。

Step 4

這時候你會被要求輸入姓、名、性別（一定要選，否則無法畫圖），出生的年、月、日、時間，最後在「國家」上選擇你的國家（例如台灣），然後打上你出生的地點，例如「Taipei」等，盡量選擇住家附近的大城市比較容易找到。

Step 5

這個網站的夏令時間是自動幫你選擇的，1980 年 3 月到 10 月在台灣出生的人，已經取消夏令時間，但因在這裡仍然會自動跳選，所以要注意一下，記得把出生時間往後調一個小時。

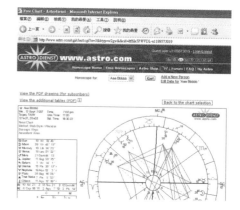

Step 6

看到上述畫面時就可以按下「Continue」鍵，就會看到你的出生圖了，同時注意，這時候頁面的左上方，會有一個「Guest user」的編號，一旁還有「Login/out」，如果你以後會常常使用這個網站畫星盤，建議你註冊一個帳號（免費的），這樣子你就可以畫許多張命盤，沒有註冊的「Guest」只能畫三張命盤，註冊之後可以有 1000 張命盤的容量！

Step 7

如果你是在你自己的電腦上使用的話，那麼這個網站應該會記住你的帳號，你下次上「astro.com」時就可以直接進入「Free chart」去看你畫過的盤了。

Step 8

當你再一次進入「astro.com」按下「Free chart」之後會出現不同的畫面，注意右下角「Horoscope Chart Drawings」的選項，按第一個選項「Chart drawing, Ascendant」你就會進入到你上次畫的星盤，如果你想要重新畫另一個人的命盤，可以在進入「chart drawing」後，在圖的右上方有一行「Add a new person」，按下去就可以畫另一個人的命盤。

Step 9

當你有兩張以上的星盤時，你每次進入時都會先跑出第一個人的星盤，然後你可以用圖的左上方，「Horoscope for xxx」這個下拉選單來選擇你要看的星圖，然後按「Go」，就會看到另一張圖。

第二章　心靈原型

　　十二星座依據時節與特性，又可以被劃分成三種模式與四大元素，其中的四大元素無論古今中外、東西方占星學都有提及。我個人在解讀星盤的過程中，也常訝異於模式與元素對個性的影響力，並不禁感嘆老祖宗真的很有智慧啊！

三種模式：開創、固定、變動

　　目前眾所週知的「十二星座」，事實上指的是「位於黃道帶附近的十二個星座」，古代人觀察天象，從地球的角度作觀察，依照太陽行經於各個星座的時序與季節的變化，將黃道十二星座，區分為三種模式，分別是開創星座、固定星座與變動星座。

　　太陽行經「開創星座」的時候，是各個季節的開始，例如：落入牡羊座的時節是春天的開始，落入巨蟹座是夏天的開始，落入天秤座是秋天的開始，當太陽運行到了摩羯座就是冬天這個季節開始了。

　　當太陽行經開創星座之後，隨著日子的經過，氣候逐漸變得穩定，人們不用擔心氣候有太過突然的變化，這個時候我們稱呼太陽所在的星座為「固定星座」。

　　例如：當太陽落入金牛座的日子，便是春天這個季節穩定的氣候，落入獅子座為夏天固定的熱，落入天蠍座屬於秋天這個季節的固定時刻，落入水瓶座便是天天都冬天固定的寒冷。

　　日子繼續前進著，當太陽經過金牛座之後，來到了雙子座，是介於金牛座與巨蟹座的中間，這是春天將要結束，夏天即將開始的時候。人們覺得夏天好像要開始，但又不是那麼明顯那麼確定，出門的時候，需要考量到氣溫會變得比較熱，但是早晚依舊相對寒冷，需要保持一定的彈性去因應調整，要同時間準備著兩個季節的衣物，氣候變化多端，所以我們稱之為「變動星座」。雙子座是春天的變動星座，處女座是夏天的變動星座，太陽運行到射手座的時候，是秋天即將轉入冬天的時刻，因此射手座屬於秋天的變動星座，雙魚座是冬天的變動星座。

開創星座（Cardinal Sign）

　　牡羊座、巨蟹座、天秤座與摩羯座，屬於開創星座。開創星座帶有著開始、開啓的動能，星盤當中落入開創星座的行星，對於該行星的特質，帶有著熱情與積極性。

　　當星盤當中的行星落入牡羊座，會主動的、積極地展現該行星的特質。例如：當水星落入牡羊座，對於意見的表達非常踴躍，認爲有話就應該直接說出來，不僅僅是自己說話的權利，無論贊成與否，會去捍衛每個人表達意見的權利。

　　當行星落入巨蟹座，則以該行星的特質來積極展現我們的關懷。例如：金星落入巨蟹座，不見得會噓寒問暖的關懷身邊的人，或是叮嚀你天氣要變涼了，記得多帶件外套。照顧他人的方式是務實的，很可能每個月給你充裕的零用錢，做爲關懷照顧的方式。

　　當行星落入天秤座，在意溝通交流方面的積極與主動，重視關係與人際互動。例如：火星落入天秤座，對於結交朋友充滿著行動力，朋友之間強調互動上的公平。你請我吃了晚餐，那麼看電影的話一定得讓我付錢。人際互動上的公平，是天秤座所強調且充滿行動力的。

　　行星落入摩羯座，會以緩慢穩當但是主動的方式，去累積自己的經驗與資源。例如：月亮落入摩羯座，對朋友的關心持續且長久，平常聚會時，不見得善於言語表達，不懂得說出關心的話語，但是當朋友需要相助時，會提供很實際且可靠的幫助。

固定星座（Fixed Sign）

　　金牛座、獅子座、天蠍座及水瓶座，屬於固定星座。固定星座的特質是強調恆常不變，並且對於觸及到的領域，會去累積相關的事物。

　　當行星落入金牛座，在意資源的擁有與累積，這裡的資源不只限於金錢存款，包括人脈資源、自己的實力、可以發揮的潛能等等，都屬於資源。例如：水星落入金牛座，水星所象徵的思想表達，便帶著擁有與累積的特質，喜歡與人談論我所擁有的事物，說話的時候速度緩慢，但是一但說出口，便成爲一種不改變的承諾。

行星落入獅子座，對於該行星觸及到的領域，強調熱情的不改變、與行動上的不改變。例如：金星與我們喜愛的事物有關，當金星落入獅子座，一但喜歡上一個人、一件事物，會充滿熱情的全心投入。若設定目標之後，便會專心致志的朝著該目標前進。

行星落入天蠍座，在意情感上的恆久不變，並且會緊緊的擁抱著情緒感受。例如：星盤中的火星在天蠍座，火星所象徵的行動力與勇氣，便與天蠍的特質產生了關聯，愛上一個人的時候，這份感情將維持很長久的時間。認為每個人的情緒感受都應該持續的受到保護。

行星落入強調長遠目標與個人特色的水瓶座，看待事物總是能夠恆定的保持著客觀也理性的態度。例如：月亮落入水瓶座的時候，關懷旁人的方式，看似帶點冷漠疏離，卻是尊重每個人的展現，就算遇到他人與自己的生活習慣不同，也總是能夠做出客觀的應對，不會過於情緒化。

變動星座（Mutable Sign）

雙子座、處女座、射手座和雙魚座，屬於變動星座。變動星座的特長為靈活變化，懂得視情況作出適度調整，當然相較之下，專注度便不是此類星座所擅長的特質。

行星落入雙子座，都與轉化、變化，靈活運用有關。例如：水星落入雙子座，說話的內容、口吻、語氣或是方式，都能夠因為不同的場合，不同的對象，做出貼切的調整。自己的觀念想法，也時常會有所改變。

行星落入處女座，在意金錢、物質等種種資源上的靈活運用。例如：金星落入處女座，喜歡的事物往往會隨著環境不同，身邊的朋友不同，而不一樣。年輕的時候，總是跟著同學朋友們一起登山露營，自己也覺得很享受大自然。隨著年紀漸長工作上的上司或同事，開始接觸氣功太極拳，自己也跟著一起練習，興趣也隨之轉變。

行星落入射手座，對於成長、自己的行動層面，帶著隨時變換的特質。例如：火星落入射手座，行動的方向、展現勇氣的領域，時常在改變。不同的時期，透過不同的事物，能夠帶給我們知性上的啟發。

行星落入雙魚座，對於情緒方面的感受或是說覺察，時時有調整。例如：象徵內在情緒的月亮落入雙魚座，自己的內心世界，到底是開心還是悲傷，容易受到身邊親近友人的干擾。

四大元素

我們除了將十二星座區分爲三種性質之外，也按照其元素，區分爲四組。火象星座包括：牡羊座、獅子座與射手座。土象星座包括：金牛座、處女座及摩羯座。風象星座則爲：雙子座、天秤座與水瓶座。而巨蟹座、天蠍座及雙魚座，則屬於水象星座。

火象星座

顧名思義，我們想像火或是火苗，都是都是向上燃燒的，加上火是非常炙熱的，所以落入火象星座的行星，都會添加一份行動力與熱情。

行星落入牡羊座，該行星所觸及到的領域，能夠帶著勇氣與信心，積極展開行動。例如：水星在牡羊座的人，思考與表達的能力都很直接，說話的語速快速，能夠用言語來鼓勵他人、激勵人心。

行星落入獅子座，將以恆常不變的熱情，來展現該行星的特質。例如：金星落入獅子座，對於情感的渴求，對於興趣嗜好的追尋，都具有強而有力的積極與活力。

行星落入射手座，能夠透過該行星的特質，熱切地探索這個世界。例如：火星落入射手座，抱持著樂觀的態度，認爲能夠以行動來認識這個世界。

土象星座

火土風水四個元素當中，土元素是唯一能夠看得見摸得著，能夠被我們掌握在雙手當中的元素。因此土象星座皆帶有實際的特質，強調具體的成果，具象的發展。

行星落入金牛座，具有緩慢且不輕易改變的個性，喜歡累積堆積所接觸到的事物。例如：水星落入金牛座，水星所象徵的思考與表達等主題，便與此產生關聯。時常想著如何累積金錢財富，一但找到某種滿意的理財工具，就不喜歡改變。

行星落入處女座，對於資源該如何靈活彈性的分配，如何能夠淘汰掉無用的投資，而加碼有實益的理財方式，便是處女座擅長的。例如：金星落入處女座，

金星所象徵的興趣嗜好，便會帶有土象星座的色彩。很可能每季整理衣櫥，將不需要的衣服汰舊換新，就是一種樂趣。

行星落入摩羯座，心中對於該達到什麼樣的社經地位，有著明確的目標，且能夠以踏實的方式，累積自我能力，朝著成為一位專業人士的大目標努力不懈。例如：火星落入摩羯座，工作後，會訂下一個時間表，期許自己會成為學有專精受人敬重的人。並且能夠付諸實際的行動，慢慢朝著目標前進。

風象星座

重視人際互動、在意溝通交流、訊息的接受與傳遞，當星盤當中的行星落入風象星座時，如何溝通，能否真正做到意見的交流，便是當事人非常在意且強調的特質。

行星落入雙子座，在意及時的、當下的訊息，一聽到什麼消息，便會迫不及待的想要分享。例如：水星在雙子座，聽聞到新的訊息，哪裡有新開的餐廳，老師交代了什麼事情，都會迫不及待馬上轉告朋友知悉。

行星落入天秤座，對於人際互動上的公平與否，非常關切，對於陌生人會主動伸出友誼的手，是否會深入交心那是另外一回事，至少大家可以先做個朋友。例如：金星在天秤座，在都是陌生人的環境當中，能夠以優雅的儀態，從容不迫的享受結交新朋友的樂趣。

行星落入水瓶座，對於自己聽聞的訊息，只要認同之後，就會堅信不移。以理性且重視邏輯的態度，來對待所接觸到的事務。例如：火星在水瓶座，生氣的時候不會大聲咆哮，反倒是會出現更加冷漠，拉開彼此的距離，一一舉例為什麼他應該要生氣，喜愛冷戰勝過爭吵。

水象星座

水，一向與流動的、柔順的特質有關，在星盤當中水元素象徵著情緒、感覺、記憶、回憶等領域。當星盤當中行星落入水象星座，強調從情感層面產生共鳴，注重事物的觀察與感受。

行星落入巨蟹座，該行星所觸及到的領域，往往與童年時的遭遇、過往的經驗有關，當要展現對他人的關懷時，會以該行星的方式呈現出來。例如：水星在巨蟹座，說話的習慣受到小時候自我表達的經驗影響，如果從小被鼓勵表達，可

能就是一位很能暢談內心感受的人。若小時候曾經說了什麼，然後被指責的經驗，往往就會去隱藏壓抑自己的想法，不直接說出來。

　　行星落入天蠍座，重視情感上的持久不變，一但對一個人一件事情產生感情，不會只停留在表面，而是有深度的一份感受。例如：象徵感情的金星在天蠍座，非常重視感情，在乎到認為若輕易就表達出來，隨便讓他人知道，這份感情很容易產生危機，受到外界的危害，所以會把這份情感很深很深的埋藏在內心深處。

　　行星落入雙魚座，強調情感的包容與接受，在沒有留意到自己這項特質該如何發揮時，容易成為一位人云亦云的人，因為別人的感受我也都能接受，且分不清楚到底是自己的感覺，還是受到旁人的影響。如何去區別人我的界線，非常重要。

　　例如：火星在雙魚座，朋友相約一起去玩，會欣然同意，有人說應該要去圖書館念書，也覺得應該要這麼做，因為找不到自己的目標與行動方向，很容易把旁人的目標當成自己的目標而為之。

十二星座的心理原型

　　在以容格學說為主的「精神分析心理學」（Psychoanalysis）中，「原型」（Archetype）這一詞佔有相當重要的地位。所謂的原型是指，對於一個物件或一個人物的普遍性與理想化的描述，容格將原型應用在精神分析中，以存在人類生活中的神話與傳說、宗教故事來描述人類共有的原型，這樣的方式也進而被心理占星師們應用在占星分析上。

　　大家一定會覺得很奇怪，占星的書籍上解說了許多，為什麼還要透過神話或寓言來描述這些內容，這不是多此一舉嗎？事實上，我們應該瞭解一件事情，每一位占星師都有著自身的包袱，其個性、教育程度、信仰與生活經驗，都會在他的一言一行中帶來重要的影響，於是在他寫作或講解星座特質時，這些個人條件的影響很容易在不自覺時表露出來，同時影響到他人對這個星座特質的觀點。

　　舉例來說，一個太陽在天蠍座或第八宮的人，會覺得接觸與天蠍座相關的生死禁忌是一種榮耀的事情，然而一個土星在天蠍或第八宮的人，他對天蠍或第八宮的感受可能相當糟，以至於日後講述天蠍與八宮時都可能帶著負面色彩。

　　這些都很可能在不自覺的狀況下，影響到這位占星師的分析與判斷，且不僅對占星師自身有所影響，甚至可能對被諮商的人產生巨大的傷害。

為了避免這種現象，占星師可使用星座原本特質的描述，巧妙的避開個人主觀的影響。例如，下方是天蠍這個星座原本的特質——

天蠍座原型：生與死、禁忌、深層的、控制的、隱藏在表面之下的（資源與能力）、掩埋與重生、毀滅與再生。

但是對於一個太陽在天蠍座的占星師，他可能會把自身對太陽的體驗，加入天蠍原型，於是有可能會出現下面的描述，在對天蠍座的描述中強調與力量、榮耀有關的特質——

天蠍座原型：生與死的強大力量、禁忌、深層的、隱藏在表面之下的榮耀、自我的掩埋與重生、毀滅與再生。

對於一個土星在天蠍的占星師，他可能會把自身對土星恐懼的體驗，加進天蠍的原型中，產生的描述如下，強調了與恐懼壓力有關的特質——

天蠍座原型：生與死的恐懼、禁忌的限制、深層的壓力、恐懼的控制、隱藏在表面之下的恐懼、掩埋與重生、毀滅與再生。

如果能透過一些與十二星座相關，或相對應的神話故事的分析，找出個別星座的原型，亦即從這些不同版本的故事中萃取出相關的特質，再從不同的神話或書籍中來比較找出一個星座的原型（原意），避開在描述中造成的不必要誤會。

牡羊座

*開創的火象星座

太陽進入牡羊座的這一天，是古代的新年，氣候回暖，花草開始綻放，動物們也在這時候從冬眠中甦醒，為了搶奪食物而打鬥，或是為了搶奪伴侶而活力十足地賣弄風騷。牡羊座凡事搶第一的特質，不但由氣候的特質而來，同時也因為這時候生命的能量旺盛，為了爭奪生存的溫飽與繁衍後代的機會，而開始挑戰他人，大自然的變化賦予了牡羊座帶來新生的強大能量。

＊守護星──火星

　　火星在心理占星學中，有著加速與刺激的特質，象徵著自我實現與保護，延續生命的意念相當強大，在原始的生活中，必須跑得比別的動物快、比別的動物強壯才不會被吃掉，也才有能力搶到食物，也要比同類更具有競爭性才能爭取到異性的交配意願，進一步的繁衍後代。從這裡我們也可以看到，牡羊座與其守護星火星的相互輝映。

＊神話故事

　　在心理占星學中，占星師們喜歡用神話來探討一個星座的原型，這個星座的特質，會沾染到每一個進入這個星座範圍的行星，對於 3 月 21 日到 4 月 20 日左右出生的人，太陽正好就經過這個區域，於是透過太陽所展現的自我主體，來發揮牡羊座特質，同樣的，若其他行星經過牡羊座，會從該星的層面來發揮牡羊特質，例如：月亮的安全感或金星的價值觀，會在進入牡羊座時，與牡羊的新生、活力與挑戰結合。

　　我們不妨透過希臘神話與牡羊座相關的故事來討論。牡羊座的原型（注意，不只是太陽牡羊座喔！）與金羊毛（Golden Fleece）的故事有關，金羊毛保護國王之子佛力克索斯（Phrixus）與赫蕾（Helle）逃過糊塗國王與惡毒後母的詭計。小公主赫蕾掉入海中，只有王子佛力克索斯安全抵達海的另一端，並且犧牲金羊獻給天神宙斯（Zeus），並把金羊毛送給答應收留他的國王阿爾特斯（Aeetes）。

　　故事並沒有因此結束，同一個時間，鄰國的國王埃森（Aeson），將王位讓給他弟弟培利亞司（Pelias），並把他的兒子傑森（Jason）送到人馬凱龍（Chiron）那裡去受訓，國王要培利亞司答應等他的兒子傑森長大之後，要把王位傳給傑森。

　　但傑森長大回來要求繼承王位時，培利亞司卻不肯，且設計在款待傑森的宴會上，請人朗誦關於金羊毛的詩篇，說真正有勇氣的英雄應該找到金羊毛。血氣方剛的傑森為了證明自己的勇氣，當場許下諾言要去找到金羊毛，而培利亞司也承諾他取回金羊毛時願以王位相授，這就是傑森王子率領他的好友上阿古號（Argo）去取金羊毛的原因。

　　傑森到了阿爾特斯的國度說明來意，國王也不加以阻擋，說只要傑森能夠制伏兩頭火牛通過挑戰，並且將龍牙在田地裡播種就可以取回金羊毛。眾人知道龍

牙種到土裡就會長出一隊兇惡的士兵殺掉播種的人，傑森也不是呆子，他誘惑了阿爾特斯的女兒——女巫美蒂雅（Medea），答應事成之後跟她結婚，被愛情沖昏頭的美蒂雅，於是用了魔法幫助傑森取得金羊毛。

取得金羊毛的傑森帶著他的夥伴和美蒂雅回到他的國度，但是培利亞司卻遲遲沒有以王位相授，美蒂雅運用詭計讓培利亞司的女兒們殺了培利亞司，卻因為事跡曝光，使得傑森與美蒂雅都被趕出了國家。傑森流浪到柯林斯城，柯林斯的國王十分欣賞傑森，想要把女兒嫁給他，傑森二話不說就答應了，被拋棄的美蒂雅決心復仇，不但用毒藥殺死公主，也殺死了他和傑森的兒女，最後，傑森孤獨的在世間流浪直到死去。

從這兩個與金羊毛有關的故事中，我們都看到了牡羊座面對挑戰的不怕危險，與牡羊座特質中明顯的競爭特質，傑森的一關闖過一關，他征服完金羊毛之後要征服王位，征服完美蒂雅之後，又要征服其他女性。牡羊座的特質就是停不下來的挑戰，就連喜好和平的金星進入牡羊座之中時也一樣。太陽進入牡羊座的人，挑戰就是讓他生命發光發亮的事物，他絕不怕困難，只怕無聊，「挑戰」才會替他帶來太陽的生命力；而月亮在牡羊座的人，挑戰則是他面對內心不安和恐懼的方式，每當有人侵入他的私人領域，就會刀槍拳腳相向，就算你是他的情人，他也會企圖在言語或生活細節中和你一較高下，如果沒有讓他有那種勝過他人的感受，月亮在牡羊的人將會覺得氣惱鬱悶，這時候只會惹出更多麻煩。

牡羊座
任何行星進入牡羊座都會擁有下列特質：開始、開啟、自我、積極、主動、勇敢、衝動、直接、尋求挑戰，追求冒險。

金牛座

＊固定的土象星座

金牛是固定星座與土象星座，因此，重視實際且不喜歡改變，就成了金牛座特質中相當引人注意的一環。金牛的重視物質與感官成為一種特色，而這些物質與感官上的滿足，都能夠帶給金牛座安全感。任何行星到了金牛座都會感受到那

種對於物質與穩定的需求，以及不慌不忙、以不變應萬變的特質。

唯有象徵行動的火星，進入金牛座後是弱勢的局面，火星以行動著稱，且習慣主動採取行動，這也是為什麼火星無法享受在金牛座的安穩。同時，像是溫和與優雅這些顧慮，自然讓火星無法在金牛座大顯身手。

力量、物質、感官、實際、安全感是占星師們最重視的金牛座字眼，在世界文明的發展過程中，「牛」一直有著物質豐饒的意涵，在許多上古文明中我們都可以看到類似的圖像，早期的巴比倫與埃及文明發展的時期，春分點就正好落在金牛座之上，也使我們不得不重視金牛座本身具有的孕育生產的意涵。

＊守護星──金星

若說固定星座特質造就了金牛座死硬派的個性，但土象星座帶給他們願意與現實妥協的性格，那麼金星則會在適當的時候替金牛座發揮柔軟的身段，例如：當日、月或其他個人行星落入金牛座時，我們會依據該行星不同的意涵來展現柔軟的身段向現實妥協。同時，金星也替金牛座帶來溫和的特質，以及加強對美與藝術還有感官的感動。

＊神話故事

在古代文明中，有一支消失的文明與金牛座有關，我們或許在神話故事中聽過，這個消失的文明叫作「米諾安文化」（Minoan），你可以發現，在神話故事中聽到許多與米諾安有關的事物幾乎都離不開「牛」，而米諾安在希臘故事中是一個強大且富足的國度，當它興盛的時候，周圍的希臘鄰邦都必須稱臣進貢，這個國家位於今日希臘的克里特島（Crete）上，我們透過考古學家挖掘出來的遺址以及文物，可以看到這個文明對於「牛」的熱愛，牛一直以來也與女神崇拜有關。

米諾安或巴比倫（Babylon）地區常會發現一些女神像，這些女神的雕塑往往會有巨大的胸部或誇張的臀部，象徵著豐富的生產力，這些女神也往往與埃及的伊西斯（Isis）或希臘羅馬文化的維納斯（Venus）有著關連。

走一趟克里特島，我們常會發現許多與牛有關的圖片或雕塑，這時候我們不禁想到，與金牛座有關的神話中，宙斯化身金牛載著歐羅巴（Europa）穿越海洋所到達的陸地，正是克里特島，這是巧合嗎？

讓我們從歐羅巴的故事來尋找一些與金牛座有關的原型吧！很多人都說這個故事聽到不要聽了，好色的宙斯強行擄走歐羅巴，歐洲因此以她命名，但是這干

金牛座啥事呢？很多同學在上魯道夫老師的課之前也常有這樣的念頭，認為星座神話是鬼扯，但事實上，我們常能在這些神話中，看到與星座特質相關的小細節。

歐羅巴，這位美麗的腓尼基（Phoenicia）公主，某一日在睡夢中夢見了兩位男子正在爭吵，並且請她評理，其中一位男子說：「我是掌管亞洲大陸的神，妳居住在亞洲，所以妳是屬於我的。」但是另外一位男子卻說：「不對！不對！歐羅巴不屬於你，上天已經將歐羅巴賜給我了。」

歐羅巴醒來後，由於根本猜不透夢中的意義，而這天的天氣又大好，因此很快就忘了夢中的怪事，和其他女孩們一同去外頭踏青。這時，在天上觀察人間的天神宙斯在看到美麗的歐羅巴時，不由得心動了起來，但鑑於歐羅巴身邊圍繞著一群女子，他也不想粗魯的就把歐羅巴給帶走（這是冥王黑帝斯才會做的事），於是宙斯將自己變成了一頭純白美麗又有著金色牛角的牛，出現在眾人面前。

女孩們見到這頭美麗的金牛，不知不覺的被吸引過去，然而金牛卻不讓任何人觸碰，讓女孩們稱奇，這時歐羅巴也走了過來，忍不住被這頭牛的美麗給吸引，儘管有些害怕，歐羅巴仍伸手去碰，奇怪的是，這頭美麗的牛並不拒絕歐羅巴的觸碰，反而變得相當溫馴，甚至可以允許歐羅巴將花環套在牛角上。於是大家就慫恿歐羅巴坐上牛背，但就在歐羅巴坐穩之際，金牛開始拔足狂奔，女孩子們嚇了一大跳，歐羅巴更是慌忙地緊緊抓住金牛的角，深怕不慎摔下去。

而後，金牛載著歐羅巴遠離陸地朝著海洋跑去，跨越了海洋之後，來到了克里特島，恢復原貌，並表明自己是天神宙斯，因為愛上歐羅巴的美麗才變成金牛將她帶來這裡。最後，就如同大家所熟知的，宙斯與歐羅巴一同生下了孩子，在克里特島上建立了王國，並且將這塊區域以歐羅巴的名字命名，也就是今日的歐洲（Europe）的由來。

故事說完了，不知道你們是否看出了神話中對於金牛特質的描述呢？如果還沒有，那麼我們來觀察一下吧！故事一開始的重點，常常被人以為不重要而捨棄，事實上兩位男子在爭論歐羅巴的擁有權，是這個故事的最精要，卻被很多人遺忘了，兩位男子其中一位是亞洲，另一位自然是以歐羅巴的名字命名的歐洲了，稍微對星座有點概念的人都會告訴你，「擁有」是金牛座的重要關鍵詞。

此外，宙斯被歐羅巴的「美麗」吸引，女孩與歐羅巴都被金牛純白的身軀、華麗的牛角給吸引，也象徵「感官」對金牛的重要性，無論是視覺、聽覺、味覺、嗅覺，甚至觸覺都相當重要。同時，化身金牛的宙斯小心翼翼地一步一步吸引著歐羅巴，過程中一直都非常溫柔，直到歐羅巴完全信任他騎到他身上時，才

拔足奔跑，這些都是明顯的金牛特質，採取緩慢而且謹慎的行動，不像是牡羊一樣的急躁，或雙子一樣的匆忙。

　　太陽在金牛座的人唯有在達到物質上的目標，展現力量、能力，並處於一種穩定的環境之下時，才會有榮耀的感覺。缺乏豐富物質條件或穩定的環境時，他們仍然能夠忍受。但是月亮在金牛座的內心世界裡，與物質有著緊密的聯繫，物質生活的不穩定及貧乏欠缺，都會讓他們在生活中感到相當的緊張沮喪，並且造成嚴重的焦慮狀態，我們常看到這樣的例子，所以物質生活的穩定性對於月亮在金牛座的人來說更為重要，他們也會「謹慎」地預防自己落入三餐不繼的狀況。

　　月亮與每日的生活有關，也與飲食有關，這也可以解釋為什麼當月亮進入金牛座時是處於得利（Exaltation）的狀態了，因為金牛特質所重視的物質安全感，正好能夠替月亮重視生活的特質帶來一種穩定安全與舒適的狀態。

金牛座
任何行星進入金牛座都會擁有下列特質：實際、固執、穩定持久、不輕易妥協、美麗的、有價值的事物，注重感官、豐富資源。

雙子座

*變動的風向星座

　　在性質中，雙子座屬於變動星座，這組星座包括了雙子、處女、射手與雙魚，他們都位在季節調整的時刻，也因此具有強烈明顯的調節、調整特質，也因為處於一種過渡的狀態與流動的特質，所以雙子座顯得較不安定，且往往兼具兩種調性。

　　風性星座則賦予了雙子座重視知性的思考，三個風向星座以三種視野在觀察學習，而雙子座的觀察角度，比較偏向鄰近的事物及生活實用的角度，更重要的是要快速且容易攜帶傳播，才能夠符合這個星座本身的流動特質。

*守護星──水星

　　水星在心理占星學中掌管了傳播、溝通、思考和學習，受到守護星的影響，

雙子座強調傳遞訊息、傳播資訊，以及強調知性的層面，這都是屬於水星的動態，且較爲活潑的陽性層面。

*神話故事

雙子座的故事許多人都知道，宙斯化身天鵝色誘斯巴達王妃麗姐（Leda），一夜溫存之後斯麗姐竟然生下了兩顆蛋，其中一顆生出了卡司特（Castor）與波呂克斯（Pollux）這對攣生兄弟，另一顆蛋生出了海倫（Hellen）與克力汀娜斯塔（Clytemnestra）。

在我們所熟知的故事中，天空中的雙子指的是卡司特與波呂克斯這對兄弟，事實上這對兄弟並非完全相同，其中，波呂克斯是宙斯的兒子，具有神性，而卡司特是斯巴達國王的骨肉，是凡人，然而他們從小形影不離地生活在一起，分享一切，兩位王子也都相當活潑好學，對許多事情感興趣，並喜歡一同參與冒險，卡司特擅長馬術與戰車，波呂克斯則擅長拳擊，他們一起參與了許多英雄事蹟。

就這樣，兩兄弟吃住都在一起且相當有默契，彼此的情感也很深，但在某一次的戰鬥中，卡司特重傷死亡，波呂克斯雖然也受傷了，但因他是神的血脈，所以不會死亡。因此，眼見從小一起長大的兄弟竟然死去時，波呂克斯於是向他的父親宙斯祈求，最後，宙斯聽從他的心願，讓卡司特與波呂克斯分享生命，於是有一半的時間兩人共同活在天上，而另一半的時間裡，兩人必須在死亡的國度中度過。

在這個故事中，我們看見了雙子座常被強調的兄弟情誼、友誼、分享與學習。其中，一半在天上、一半在陰間的特質，不但有分享珍貴事物的意涵，同時也暗示著每人身上同時有黑暗與光明（陰性與陽性、男性與女性）的特質。因此，雙子座重視交流這兩種特質，太陽雙子座透過瞭解這種特質來讓自己感到快樂榮耀，而月亮雙子座則透過瞭解這種特質，來讓自己的生活變得安穩。

許多心理占星學家相當重視這個深入黑暗死亡國度的意涵，因爲我們看見的雙子座，多半只有他們與人互動的那一面，亦即活潑好動、善於調節的部分，然而雙子座有許多的陰暗面，有時就連他們自己也都無法參透。但同時，他們天生所擁有的能力，也總是能夠幫助他們在關鍵時刻找到逃離尷尬現場的途徑，讓自己免於停在那裡面對最難堪的場面。只是很可惜的是，這麼一來，雙子座又錯過了認識自己的機會。

我的老師梅蘭妮・瑞哈特（Melanie Reinhart）本身就是一個雙子座，她說雙子座總以爲傳遞訊息給他人是他們的使命，他們的生活常常忙碌到沒時間認識自

己，或因自己的經驗讓他們不願意去面對陰暗的自己、不成熟的自己。

　　然而，選擇面對或逼迫去面對自己陰影與黑暗面，才是雙子座完成個體化的一個重要步驟，有的人自發性地去體驗，有人則等到命運之神將不可抗拒的力量加諸在他們身上時，才肯面對。（你可能不知道，要叫變動星座的人主動面對挑戰有多難！）

雙子座
任何行星進入雙子座都會擁有下列特質：分享、溝通、傳播資訊、彈性應變、二元性、多變性、不斷的調整、容易分心、擅長人際關係、不安定的、緊張的。

巨蟹座

＊開創的水象星座

　　從占星師所使用的「回歸黃道」（Tropical zodiac）來看，夏至這一天就是太陽進入巨蟹座的開始，事實上，因為回歸黃道不使用天體的恆星作為衡量的座標，所以春分、夏至、秋分、冬至，成為訂定回歸黃道座標的重要標準，這也是為什麼春分的牡羊、夏至的巨蟹、秋分的天秤與冬至的摩羯，被稱作開創星座，因為他們是訂定標準的重要關鍵。

＊守護星──月亮

　　巨蟹座是水象的開創星座，由於開創星座的特質是以自身為主，因此自身的情緒與感受，就成為巨蟹座判斷生活大小事情的重要標準，而月亮的守護，也成為另一種巨蟹座受到情緒影響的重要解釋。巨蟹座的不安全感很重，來自於他們對於周圍變化的敏感，與過去的影響。這裡的過去比較像是過去的生活經驗以及童年體驗。

　　但無論如何，巨蟹座仍是「開創星座」，因此仍有以自我為主的特質，又因屬於水象星座，因此他們關注的是自己的感覺。

　　「保護與養育」是巨蟹座的另一種特質，這層保護可以從小小的家庭為基本單位，擴展到任何和自我有關連的人，包括「有血緣關係的」或「我這一國

的」，接著可能是國族與民族的認同，最後也可以擴散到宇宙中。

* 神話故事

　　容格學派的心理占星師們，喜歡用天后西拉（Hera）爲了保護家庭送出巨蟹攻擊海克力士，視爲巨蟹座的典型象徵。但同時，我們也可以透過狄蜜特（Demeter）對於人類的照顧，以及失去女兒後讓大地陷入荒蕪的表現，來看出親情與情感對巨蟹的重要。

　　但現在，我選擇和大家分享另一個更適合描述巨蟹座的故事——佛經中的鬼子母神的故事。

　　在佛經中記載著餓鬼訶利帝母（Hariti）爲了養育她五百個孩子，於是每天都到人間去抓走人類的小孩來養育自己和孩子，人們深受其苦，於是向佛陀求救。因此，佛陀帶走了訶利帝母最愛的小兒子藏在鉢中。

　　訶利帝母回家後發現失去愛子，於是發了瘋似的上天下海去尋找，最後終於找到了佛陀。佛陀於是要她將心比心，體會他人失去兒子的心情，然而，訶利帝母仍堅持如果不食人類，那麼餓死的將會是自己，佛陀於是答應從僧團每日的供養中施予餓鬼。從此，訶利帝母就變成了佛教的天神護法之一，也成爲婦女與嬰兒的保護神。

　　從這個簡短的故事中，我們可以看到巨蟹座所尋找的生命路徑，從瞭解自身的需求（家庭、食物與情緒），轉變爲將心比心的同情與瞭解，逐漸體會到慈悲、捨棄自我的主體，並透過接受、分享與贈與，最後轉而成爲保護者保護他人。

　　佛經鬼子母神的故事，更貼近了巨蟹特質的保護（人類要求佛陀的幫助以及鬼子母保護子女）、親情（鬼子母尋子）與養育（餵食與食物有關的問題），以及巨蟹座必須理解的，自己族類與非我族類的區別與歧視。當巨蟹能夠明瞭這一部分，放下種族或非我族類的區別時，才是眞正將水象星座的無私與慈悲發揮到極致，就像鬼子母從餓鬼變爲嬰兒與婦女保護神的過程一樣。

　　忽略自己情緒以及安全感需求的巨蟹（太陽、月亮或上升或星群在巨蟹），就如同變成護法之前的餓鬼，或許以爲自己有顧慮到他人，但卻不知道自己的需求與情緒的不安、敏感，如同鬼子母神的飢餓，會造成他人的困擾，同時所保護的對象多半僅限於與自己有關的人（子女、親屬甚至血緣與國族）。然而，這種安全感飢餓的狀態，一方面需要去認眞體會，另一方面卻也需要領悟自己是不能將這層安全感繫於他人身上的。

　　我認識許多巨蟹座都有這種希望保護他人的欲望，同時希望透過保護他人或供養他人，換得他人的連結與他人所提供的安全感，於是忽略了自身最重要的事務，認爲自己是爲他人犧牲，卻得不到自身想要的滿足，最後心中產生了怨懟，正如同四處掠食的訶利帝母，在飢渴與不安的輪迴中打轉，而產生了濃烈的愛憎情仇。

　　認識自己內心不安的巨蟹，瞭解到自己必須先滿足自身的需求時，就如同面對佛陀說出「若不吃人我們會餓死」的鬼子母，認識自身的需求與不安之後，先滿足自身對安全感的需求，接著才能夠將這種照顧與保護擴及到他人身上。

　　唯有如此，巨蟹的照顧與保護才能夠昇華，並成就對眾人的愛。此時，巨蟹座的歸屬感會擴大到與宇宙相連結，而不只是侷限在一個家庭、一個團體、一片土地、一個種族之上，所得到的愛、安全感、歸屬感及成就感都會是滿滿的。這也是許多巨蟹座強的人，希望選擇保護他人或者照顧他人爲職業，好來滿足這種需求。但需謹記，若不先照料好自己的情緒需求與安全感，那麼這些對他人的保護其實是相當脆弱的。

巨蟹座

進入巨蟹座的行星都會擁有下列特質：孕育、滋養、保護和防禦、家庭、易受感情和情緒的影響、豐富的想像力和感受力、重視安全感。

獅子座

＊固定的火象星座

　　在占星學中，火象星座象徵著立即的行動、自我認同，直接展現自己的想法與特質，以及毫不掩飾，這就是獅子座的特色，同時又因爲固定星座的影響，讓他們行不改名、坐不改性地堅持自己的態度，這也可能造成當他們受到挑戰時，越不肯退讓與改變。

＊守護星──太陽

　　在占星學中，獅子座屬於固定的火象星座，而連結這兩個關鍵字就成爲「固定的火」，亦即永恆的火。一般人想到的火時，不外乎火柴或打火機，就連火爐

中燃燒的火，都必須不斷添加燃料才會燃燒，又怎麼會有永恆的火呢？事實上是有的，那就是——太陽。

太陽是太陽系的中心，所有星體都繞著太陽打轉，而且提供光和熱，並帶來生命。因此，太陽正是獅子座的守護星，受到守護星的影響，我們都知道獅子座的人喜歡受人仰望，希望自己活像個太陽一樣，一方面受人尊敬，另一方面帶給人光、熱和活力。

＊神話故事

在神話原型中，我們最常提到的就是海克力士（Hercules）這個希臘英雄人物，在認識海克力士的過程中，也能幫助我們瞭解獅子座的特質。海克力士是宙斯的私生子，因為私生子的身分遭受西拉的憎恨，然而西拉多次的刁難，卻只是讓海克力士顯現出他的英勇，因此宙斯與西拉之間也常為了海克力士僵持不下，彼此勾心鬥角。

原本，宙斯想盡辦法要讓海克力士變成最偉大的國王，然而西拉用計謀讓海克力士晚點出生而失去這項榮耀，於是宙斯又想辦法要讓海克力士喝到西拉的奶而長生不死，並說服西拉讓海克力士在挑戰完十二件苦差事之後成為神人。而這十二件苦差事，包括收服鎳米雅刀槍不入的獅子（之後還把皮穿在身上）、征服九頭蛇等豐功偉業，當然，在過程中也不斷受到西拉的阻擾。

其中，征服九頭蛇的故事相當精采，九頭蛇不但全身都是毒，而且更擁有一個永生不死的頭，海克力士在挑戰九頭蛇的過程中，遇到最大的困難就是，每當海克力士砍斷九頭蛇的一顆頭時，那個傷口就會立即重生出兩、三顆頭出來，讓麻煩不斷增加。海克力士最後只好叫來擔任自己車伕的姪子幫忙，在海克力士砍下九頭蛇一個頭時立即用火把將九頭蛇的傷口烙起來，好讓新的頭不會長出來，最後再將那個長生不死的頭埋在巨石底下。最後，海克力士將九頭蛇的毒血塗在自己的弓箭上，作為殺敵的利器。

海克力士就連死亡也相當傳奇。在一次出遠門時，他和新婚再娶的妻子要渡過大河，河邊的人馬內修司（Nessus）提議他可以載著海克力士美貌的妻子渡河，但當他們接受人馬內修司的提議時，內修司非但沒有把海克力士的妻子載過河，反而載起她拔腿就跑，並試圖侵犯她，海克力士於是抓起弓箭射殺了內修司（上頭塗有九頭蛇的毒血）。

臨死之前，內修司為了報復，蠱惑海克力士的妻子收集自己沾染上劇毒的血液，騙她說這血液是愛情的魔藥，能挽回情人的心。因此，當海克力士和妻子來

到另一個國家，他的妻子因為擔心海克力士迷上這個國家的公主，於是將內修司的血塗在海克力士的袍子上，海克力士一穿上袍子、碰到毒血（內修司與九頭蛇的毒血）時，立即感到痛苦不已，但此時袍子已經緊緊的黏住他的身體，於是海克力士只能以死尋求解脫。

最後，他派人搭起了高大的火葬場，擺上了自己最終愛的木棒與獅子皮，並祈禱他的父親宙斯賜予他死亡好解除痛苦，於是，宙斯送出了一道雷電，火葬場頓時燃起了熊熊的烈火，將海克力士的身軀焚化。

然而，海克力士真的死了嗎？事實上，死亡的只是他的肉體，由於是神之子且喝過西拉的母奶，海克力士早已具有神的資格，宙斯送出的神火只是消除了他的凡人身軀。

而故事的結局是，宙斯在奧林匹斯山上迎接他的兒子。為了解開海克力士與西拉之間的恩怨，甚至安排西拉收養海克力士，並進行出生儀式，讓海克力士象徵性的從西拉的裙子下鑽出，代表他是由西拉所生的兒子，而化解了兩人（神）之間的恩怨。

而獅子座的特質中，也有這種相當戲劇化的特質──英雄的特質。太陽在獅子座的人透過這樣的呈現自我來榮耀自己，讓自己覺得像英雄一般傑出且與凡人不同。而月亮在獅子座的人，對於受到他人注目這件事情相當敏感，這件事情就如同他們每天的三餐一樣，不吃不可，因此月亮在獅子座的人總是賣力地表演，反而比太陽在獅子的人更愛現，只是因為月亮的隱藏特質，因此總是帶給人悶騷的感覺。

無論是太陽在獅子、月亮在獅子或上升在獅子，人生中都有另一個重要的課題要面對，那就是──自身引以為傲的非凡特質，以及與之相對的凡人或陰暗特質。因為英雄仍舊是人，沒有絕對的完美，然而獅子座的問題就在於努力的要呈現自己光明與亮眼的一面，並企圖隱藏、殺死自己的黑暗面（例如：九頭蛇代表著殺不死的情緒與陰暗面，人馬內修司則代表無法控制的瘋狂狂亂）。

如果長期忽略這些特質，獅子座會被這些問題嚴重困擾，海克力士的故事就在告訴我們，壓抑或忽略自身的的情緒及瘋狂舉動，及不檢視自己的問題，都會帶來更多的困擾。

獅子座
進入獅子座的行星都會有下列特質：力量、權威、榮譽、尊嚴、勇氣、自信、炫耀、光明正大、堅持、戲劇化、喜歡成為注目的焦點。

處女座

＊變動的土象星座

在變動星座中，處女座算是最為實際而且腳踏實地的，但是這個位於夏秋交界的星座，具有了兩個季節交替時的過渡特質，帶來變動、不安定、調整、調節的特質。變動星座通常都顯得比較靈活，雙子座的頭腦思考想法靈活，射手座的行動過程保有彈性，雙魚座擅長在不同的情緒中切換，而土象的處女座則習慣在實際的生活中調節，卻也受到務實態度的限制，在靈活身手中有較多顧忌。

＊守護星——水星

許多人認為水星不像是處女座的守護星，事實則不然，若你瞭解到每一件事情都有不同的層面，那麼我們就可以用這種靈活的層面來看待水星的守護。水星守護另一個星座是雙子，在精神上，雙子顯露較多動態的部分，諸如：聯絡、溝通、流動的靈活等，但雙子在實務方面卻顯得「靜態」許多。而水星守護的處女座，雖然運用水星的分析、比較、觀察，卻不說也少溝通，但是在實際作為上受到土象影響，卻顯得「動態」許多。

＊神話故事

神話故事中，米諾斯（Minos）國王因為背叛對海神的承諾，海神於是憤怒地讓他的妻子生下牛頭人身的怪獸米諾陶（Minotaur），米諾陶脾氣暴躁且兇殘，常常抓起人就吃，國王羞憤地叫來全世界手最巧的工匠代達羅斯（Daedalus），建造一座迷宮將米諾斯困在其中，代達羅斯此時也因為擔心他學生的技藝即將超越他，而動手殺害了他正在逃亡的學生，便答應替米諾斯國王服務。他蓋好這座奇特的迷宮之後，米諾斯國王為了不讓米諾陶的祕密流傳出去，便把代達羅斯和其子伊卡魯斯（Icarus），一起關在克里特島上。

代達羅斯一心想帶愛子離開自己建造的這座迷宮，無奈他雖是建造的工匠，

自己卻身陷其中，找不到離開迷宮的路。最後，在代達羅斯用蠟和羽毛，巧手打造了兩對翅膀後，父子倆才配戴上翅膀，飛離了克里特島。

在裝上翅膀離開迷宮之前，代達羅斯一再交代伊卡魯斯，不可飛得太低，以免翅膀太靠近海面，沾濕了羽毛；也不可飛得太高，以免太陽的熱度將翅膀上的蠟融化。伊卡魯斯滿口答應，父子倆便展翅飛向大海去。

代達羅斯在前頭飛著，一心以為兒子會跟隨著他的路線飛翔。誰知伊卡魯斯越飛越得意，完全忘記了父親的叮嚀，看著沿路奇異美妙的風景，他忘形地朝著耀眼的太陽不斷飛去，然而，太陽的溫度融化了伊卡魯斯翅膀上的蠟，等他發現時已經太晚，翅膀已經融化，而年輕的伊卡魯斯就在驚慌中失去了一對翅膀，並墜落海中。

代達羅斯殺害了學生，在飽受喪子之痛時，也對自己的所作所為滿懷罪惡感。最後，他來到了西西里島上，以自己的巧手打造了能在火山地區居住的洞穴，且替國王建築一座堅固的城堡，並以愛神阿芙蘿黛蒂（Aphrodite，羅馬神名為維納斯）的神廟和精巧幾可亂真的手工蜂窩作為貢品，受到西西里島上科卡羅斯國王的款待。

而米諾斯國王為了不讓米諾陶的祕密流傳出去，千方百計要找回代達羅斯，終於找到了西西里島上。幸好代達羅斯與科卡羅斯（Cocalus）國王使計殺死了米諾斯國王，才能安心的在西西里島居住，並共同培育了許多工匠與藝術家。只是在晚年期間，他仍因殺害自己學生的愧疚，及失去愛子的傷痛，而抑鬱終老。

從這個神話故事中，我們可以看見代達羅斯與處女座相關的幾種特質，例如：因為缺乏自信而做出的錯誤判斷，且因這個錯誤判斷而不斷感到罪惡等。此外，處女座有如同工藝家一般細密的心思，且重視「每一個細節」，從飛出迷宮的故事中就可看見：「檢查」、「調整」、「小心翼翼控制細節」等特質。這是因為他們記住了這個教訓——無論飛得太高或飛得太低，都會造成無法彌補的傷害。此外，代達羅斯常因為愧疚而讓自己受制於他人，例如：替米諾斯蓋迷宮，替科卡羅斯國王蓋城堡與神殿。這當中也可看見處女座常見的愧疚、不安、擔心，及贖罪等情結。而在現實生活中，處女座則透過服務他人來贖罪、平撫自己的不安。

處女座是黃道上的第六個星座，與最後一個星座「雙魚座」遙遙相對，同時擁有的共通性就是——「奉獻」。只是，雙魚座犧牲無私的精神來服務宇宙，而處女座則奉獻有形的事物或勞動來服務他人。兩者都有服務奉獻的意味在，只是方式層次不一樣。

處女座
進入處女座的行星都會擁有下列特質：分析、調整、實際、服務、重視細節、控制管理。

天秤座

＊開創的風象星座

天秤座屬於開創星座的風向星座，開創星座重視自我，且喜歡採取主動，許多人說天秤座被動，那其實是一種障眼法。

天秤座是一個重視優雅的星座，其主動不會像是牡羊那麼粗魯明顯，也不像摩羯那麼冷冰冰，風象星座的他們重視思考與人際，並擅長用無形的招數在周圍部署下綿密的人際網絡，他們很可能在許多年前就已經開始對你下功夫，先是噓寒問暖、關心呵護，這樣一來，在他們需要援手時才有人幫忙撐腰。

＊守護星──金星

金星守護著人與人之間的相處，透過與人的關係、藝術與美學、音樂這些美麗事物，來拉近他們與別人的距離。風象星座同樣替天秤帶來了審慎與思考，若真的要龜毛與計較，我想天秤是不會輸給處女座的，只是金星讓他們替你留了些情面，不把話說得太難聽，也不把話說死。

同時他們不僅在意自身與他人的距離，也在意每個人之間的距離，於是他們常常會扮演那種牽線者、媒人婆的角色，讓雙方都達成需求。

＊神話故事

在古代的占星師眼中，天秤座並不存在，原先被視為是天蠍座的角爪之一，後來也被劃分為正義女神手中的天秤，一直到托勒密（Claudius Ptolemy）的時代，才獨立成為一個個體。

因此，正義女神的神話與天秤座有著重要關連。在黃金時代，人們善良，人與神都居住在一起，正義女神阿斯特莉雅（Astraea）也在人間維持正義和公平，然而因為人類的墮落，神逐漸離開了人間回到天界，只有少數的天神留在人間，正義女神也是其中一。當人類的白銀時代來臨，接著人們的爭吵越來越多，

天神們紛紛離開了，只留下正義女神仍堅信人類可以被教化，直到鐵器時代最後，人類紛紛鑄造武器開始殺戮，正義女神才終於受不了地離開了人間。

在心理占星學上，天秤座象徵著我與他人的對等關係，這也和他們的符號天秤有關。此外，天秤代表公平客觀，但請注意一下，黃道上十二個星座不是動物就是人類，雖然有人說是天秤座是女神手上拿著秤，但事實上女神的位置是處女座，而天秤才屬於天秤座。這暗示了一個太陽、月亮在天秤座都不願意承認的小祕密，我們都知道動物性的星座，容易有動物性的情緒與激動不安，卻有著原始的生命力，而人性星座擁有著人的理智與客觀，但是天秤這個用來衡量公平與否的「物件」，有時常讓人覺得他們的觀點不夠「人性化」，雖然他們客觀且公平，也懂得從不同的角度來替你著想，但卻少了一點「情緒」與「熱情」。

天秤座
進入天秤座的行星都會有下列特質：人我的關係、伴侶、連結、平衡，柔和、美麗的、討厭紛爭、仲裁、法律。

天蠍座

＊固定的水象星座

就像先前提過的，固定星座需要抓住些什麼來證實自己的存在，對於水象星座來說，想要緊緊抓住不放的就是感受，以及對安全感的渴求。此外，對有形物質與存在的質疑，以及對於情感的在乎，這些都是固定的水象星座想要緊緊抓住不放的事情。

＊守護星──火星與冥王星

火星是天蠍座的傳統守護星，所以天蠍座具有火星的競爭及求生存的特質，然而這樣的特質來到天蠍座時，讓這種競爭從物質轉向內在精神的追求，因此天蠍座總希望情感與精神，能替代肉體永久的存在。這也符合另一個守護星冥王星的特質，冥王星代表隱藏、掩埋，而後再次被發現，且有無法透過表象來觀察的特質。

＊神話故事

我們可以從天蠍座的神話來理解天蠍座的陰暗個性。話說驕傲的獵人奧列翁（Orion）大言不慚地說天底下沒有他懼怕的生物，這句話惹惱了大地之母蓋亞（Gaia），於是放出了一支巨大恐怖的蠍子來報復奧列翁，因此天蠍常和復仇、陰暗等字眼扯上關係。

如果從時節的觀點來觀察，十月底天蠍座的時間在北半球緯度較高的地區，日照的時間非常明顯地縮短，許多古代的傳說或民俗不約而同的認為，這個時節是諸神潛入地下過冬的季節，或是死靈活躍的時候（萬聖節）。

黑夜的神祕增長，也會讓人們心頭的憂鬱和恐懼逐漸增加，天蠍座的人習慣隱身在黑暗中、不喜歡過度曝光，如同守護他們的希臘冥府之神黑帝斯（Hades），不但擁有隱形的盔甲，沒有必要更是不肯離開黑漆漆的冥府。

而十一月左右的短暫陽光，照亮了黑暗中隱藏的事物，天蠍座擁有相同的力量，總是能夠找出事物的隱藏價值，或重重黑暗的幕後真相，如同羅馬神話中的冥府之王普魯托，擁有隱藏在地底的巨大財富，只有他才知道這些財富的位置及價值，所有與普魯托的故事都與天蠍座息息相關。

天蠍座的人無論太陽、月亮，都期待著一種深入與深刻的智慧，不深入陰暗（死亡、黑暗、心理學或神祕事物）中就無法取得的智慧，這不是膚淺的人所能夠瞭解，從這些神話中就可以看出黃道上的第八宮天蠍座為何總是和死亡、恐懼、神祕、心理學、隱藏的人事物，以及巨大的價值等扯上關係。

在心理層面上，天蠍座與心理的無意識層面有著重大的連結，這一點正好符合了無意識的那種隱藏的巨大寶藏的特質。我們可以從容格的無意識討論中，找出許多天蠍座的特質，無意識來自於成長過程中不愉快事物的累積，生存的動力、性愛與死亡。天蠍座所涉及的無意識，可以是個人的無意識，也可能帶點集體無意識的色彩，我們成長過程中的不安、恐懼在這裡堆積，等著日後某些事件發生時，個人情緒無法處理或負荷過重時，引發危機。

而事實上，無論太陽或月亮在天蠍都擅長玩弄那套控制火侯或引爆的危機處理技巧，但也要小心連自己都被炸傷的危險，與其玩弄控制火侯的技巧，或許太陽、月亮天蠍都更應該深入瞭解自身內心的恐懼為何，瞭解那些過去的不愉快，這或許會讓你更痛苦，但學會面對自己的傷痛，將會讓你更無畏懼，也更能夠處之泰然的面對一切。這時月亮在天蠍能夠安穩地過日子，並且用這種力量來照顧保護別人，太陽在天蠍則能擦亮自己的生命聖杯，用它來榮耀生命的一切，並帶

給他人光和熱。

天蠍座
進入天蠍座的行星都會擁有下列特質：對於深度的渴望、為了生存而戰、深入探索與瞭解、強烈的安全渴望（嫉妒操控都來自於此）、結束與重生、掩埋與被發現、與他人深度的結合。

射手座

＊變動的火象星座

　　變動的火象星座象徵著行動上的調整和調節，在面對自己和未來的生活中不斷做好準備，但是就在未來迎面而來之時，他們又停不下來地去替另一個未來做準備。變動星座讓他想去準備調節任何事情，而火象星座則代表在行動及自我層面上的多變與調節性。

＊守護星──木星

　　射手座的守護星是木星，也就是眾神之神宙斯（羅馬人稱朱彼得，不是邱比特喔），同時也是樂觀、幸運的象徵。由於木星正好是太陽系中最龐大的一顆行星，暗示著射手座自然展現的尊貴與驕傲，當然自我膨脹也是一個值得注意的缺點。

＊神話故事

　　在射手的圖像中，半人半馬的形體正說明了他們混合複雜的個性 ── 人性與獸性兼具。射手的神話故事其實就來自凱龍與人馬族群，人馬族群居住於不受拘束的荒野中，勇敢善戰又熱情，但在喝了酒之後卻很容易狂亂，這也說明了射手性格中較為原始的部分。

　　然而人馬之中較為特殊的是凱龍，凱龍並非一般的人馬，他是宙斯的兄弟，也是神，生下之後就被父母遺棄，但卻透過學習成長，成為先知與英雄的導師。我們可以從這簡短的描述中，看到射手的二元性質：勇敢喜歡冒險，樂於接受挑戰，同時卻也擁有著深思熟慮、洞見未來的能力。因此，射手座的人也常在神性

與原始的兩個極端間擺盪。

我們可以從凱龍、人馬和木星來瞭解射手座,因此其特質就是重視追求眞理,並探索深度的知識,同時強調一種寬廣的視野。如果說,與射手對宮的雙子,暗示著當下與實用的知識,那麼射手就代表人們看待事情的態度與背後的人生哲學。相較之下,射手的視野通常比較比較寬廣,且考慮到未來。

不過,就如同囂張不受拘束的人馬,射手座不但無法被物質給限制,也不願意在思想上受到限制,但在某方面,他們卻常受限於一種倫理或哲學的觀念,這來自於他們所追求的眞理與人生的意涵。

太陽在射手座的人,追求這份眞理時,會結合火象的行動力與人馬獸性的不受約束,他們常直接且大剌剌的表現出自己的信念,有時會讓人覺得可笑,但卻絲毫不影響他們的自信。你或許會說射手喜歡享樂、喜歡開趴、飲酒作樂,這些或許都沒錯,不過這通常只是表象。當然他們很可能一輩子停留在重視下半身獸性的階段,但你仍會遇到一些射手在玩樂冒險開趴之外,也喜歡探索深層的知識與人生的意涵。

月亮講求的是一種需要,一種養分,加上射手象徵的知識、高等學問、國際觀、哲學觀點、信念、信仰,因此月亮在射手每天的生活,都需要補給這些養分,他們喜歡看書、和人討論,喜歡深入的主題報導與研究報告,而非快速瀏覽的最新資訊(那屬於雙子)。

射手座
進入射手座的行星都會擁有下列特質:追求成長、帶來夢想、追求自由不受約束、從生命中解放、從傷痛中遺忘、從智慧中開脫、衝動、熱情、狂亂、冒險(投機),並與哲學、高等教育、信念、國際貿易等有關。

摩羯座

＊開創的土象星座

摩羯座是開創的土象星座,太陽經過摩羯座時正值北半球的多至點,日照最短的一天,太陽在經過摩羯後開始往北半球移動,日照時間也逐漸增加,許多人也將這個時節視爲一年的起點。開創星座的摩羯座對自身的重要性有一定的認

同，成就與對社會的貢獻是摩羯座審核自身與他人的標準。

土象星座都有著務實的態度，他們都知道事物不可能無中生有，不可能在空中建築起城堡，對摩羯座來說，人事物的好壞取決於他們的架構，一件事物的架構是否完整，或只是虛有其表，一個人做事是否有方法、重視程序倫理？他們認為如果做事都能夠按部就班的話，那麼就可以避開許多問題。然而對他人來說，摩羯有時太過重視秩序，常顯得不近人情，或者太過官僚。

＊守護星──土星

土星在占星中掌管時間與限制，受到土星的影響，摩羯座是天生的懷疑論者與經驗論者，如果先前沒有體驗過，他們對於許多事情的第一個態度是保持懷疑、保持距離（限制），直到他們有足夠的時間觀察，有足夠的時間體驗，他們才會去相信一件事情。土星讓摩羯座對沒有體驗過的一切都採取保守的態度，小心的去揣測並且避開失敗，這就是摩羯座最有名的是謀略，這也是為什麼他們較少失敗的原因。

摩羯座是黃道上的第十個宮位，與社會的顯要及回饋有關，同樣的，開創的自我重要性在這裡得到了呼應，這也是為什麼摩羯座的人常被人說有野心，這裡的野心來自於他們處於先天的第十宮的顯要位置，渴望被人重視矚目，也渴望以自身的經驗回饋社會，替社會建立起一些穩定實用的架構。

＊神話故事

摩羯座的神話原型中最常被人應用的，就是希臘神話中的牧神潘恩（Pan），他是山林之神，上半身是人形，下半身則是山羊，頭上卻長著角，他不但是羊群之神，同時也掌管著山野、鄉村、民謠和鄉村的音樂。在神話故事中被我們常常提起的，莫過於潘恩變成山羊死在尼羅河的故事，但是如果我們不仔細研究希臘神話，就沒辦法從死山羊的故事中挖掘出太多與摩羯座有關的資訊。

事實上，潘恩是相當古老的神，有人說他誕生的時間甚至在宙斯之前，他不但用他的號角鼓舞戰鬥中的奧林匹亞（Olympia）眾神，同時將恐懼帶進了敵營泰坦之神（Titan）的心中。潘恩給了月神（同時也是狩獵之神）阿緹蜜絲〔Artemis，羅馬人稱黛安娜（Diana）〕第一條獵犬，也教導阿波羅預言的技巧，然而他的神祕身分卻讓他隱藏在神話故事中，這也相當符合摩羯座的低調。

這樣的低調我們也可以從另外一個與潘恩相關的習性瞭解，傳說中潘恩十分的好色（他也是早期的繁衍之神），但因為長相醜陋容易受到他人的拒絕，也因

此變得沒自信，於是他發展出另一套策略，他常尾隨在他所喜歡的人身後，等到時機成熟時，才會突然的跳出來向那個人求愛。無論成功或失敗，這些故事在神話中屢見不鮮，在傳說中潘恩有時候甚至會和他的同黨集體行動，無論這個描述正確與否，我們都知道，潘恩的行動不但低調，而且總是有計畫的安排。

許多人都知道「恐慌」（panic）這個字眼，請注意字首 pan──代表著這個字也與潘恩有關。除了我們剛才提到的他將恐懼帶進了泰坦的心中，讓奧林匹亞眾神贏得大戰，以及在我們最常聽到的神話故事中，在眾神位於尼羅河畔的宴會受到提豐（Typhon）攻擊時，他慌亂地變成了半羊半魚跳入河中而淹死，同時在雅典人與波斯人的大戰中，據說潘恩也因為偏愛雅典人，而將恐懼散播到波斯人的心中。

我們從神話中看到了摩羯座的原型，有組織計畫的行動，來自於沒自信的小心翼翼行動，經驗的傳承等等。太陽在摩羯座的人把秩序、經驗與事物的架構看得相當重要，從這些事物中他們才能夠清楚的去執行與創作事物，一旦他們體驗到架構與經驗所帶來的好處，他們就會樂此不疲。

但別以為月亮在摩羯就和這些無關，事實上月亮在摩羯的情況比太陽在摩羯更嚴重，因為他們把架構、秩序、經驗、重要的地位，當成生活中不可或缺的必需品，如同每天都要吃的食物一樣。生活中，他們對架構與秩序的要求，比起太陽在摩羯更為強烈，生活中若是少了秩序，不會讓太陽在摩羯的人痛苦，只會讓他們覺得不夠好，但是卻會強烈地造成月亮在摩羯的人的痛苦。

摩羯座
進入摩羯座的行星都會擁有下列特質：強調組織性、架構、踏實、平穩、實際、記取教訓、謹慎小心、有野心、追求成就。

水瓶座

＊固定的風象星座

水瓶座是風象的固定星座，擁有固定星座的頑強與頑固，以及對自我和原則的堅持，同時也擁有風象星座重視溝通以及對於知識、理智的強烈需求。同時風象星座在體驗周圍的一切時，十分強調思考與分析。三個風象星座用三種不同的

視野，雙子用近距離有效實際快速的觀察、掃瞄並分享知識，天秤座從對等的水平角度來觀察與分析、討論，而水瓶這個強烈受到天空之神烏拉奴斯（Uranus）影響的星座，則採取鳥瞰的方式，取得最大的視野，就如同衛星照片一樣，能夠觀察到最大的局面。

＊守護星 —— 土星與天王星

天王星與土星同時影響著水瓶座，然而在神話故事中，兩顆行星所代表的神卻是相互對立的，土星象徵著守舊，而天王星象徵著改革與解放，兩個性質相異的行星守護著水瓶座時，往往激起這個星座的極端走向，在兩極中無從妥協時只能夠選其一，要不就激進開放，不然則是固執的死硬派，這時常讓水瓶座充滿矛盾。同時，土星與天王星共同擁有的冷漠與疏離感，也形成了水瓶最顯眼的特質。

＊神話故事

我們可以從神話故事中觀察出一些水瓶座的特質，在天地開創的時候，大地之母創造出了天空之神烏拉奴斯，然後與他結合創造了萬物（創造萬物、開創未來），除了生下泰坦之神之外，還包括了許多恐怖的怪獸。不過，由於烏拉奴斯取得了天空與世界的統治權，他對於這群怪獸的處理方式就是將他們關到地獄裡去。

此舉引起大地之母的憤怒，與烏拉奴斯交涉，烏拉奴斯卻不肯接受（固定星座的固執），還給怪物自由。於是大地之母給了小兒子克諾斯（Chronos）一把鐮刀，要他去推翻烏拉奴斯的統治，克諾斯來到天上將烏拉奴斯閹割，其性器就掉進海中，並誕生了維納斯，而烏拉奴斯則詛咒克諾斯，將來會被他的兒子取代。

水瓶座的改革與改變特質，可以從世界創造後所帶來的改變，以及後來克諾斯推翻烏拉奴斯的局面來看待。當世界需要改變時，就會需要這種水瓶的改變特質，同時我們也看出水瓶座自視甚高的態度。在眾神中，烏拉奴斯獨攬大權，就像水瓶座總希望自己在群眾之中，永遠是最特殊的一個，如同天空中的老鷹，俯瞰地上的一切都是平等，但只有他高高在上。事實上水瓶座與他對面的獅子座相似，都有一種自視甚高的態度，獅子座透過火象與太陽的熱情展現，而水瓶則透過風象的知性，與天王星、土星的冷漠來展現。從這裡我們也觀察到，水瓶座是一個強調自由且不受約束的星座。

然而烏拉奴斯確有一種高度的理想化，不願意看見事物醜陋不堪的一面，同時也因為天空之神的高高在上，而無法看到一些實際問題的細節，加上過度自我，常造成與人的衝突。水瓶座要求理性與合理，神話故事中的怪獸與大地之母，象徵著情感、情緒、憤怒與怨恨，水瓶座常置之不理，最後卻引發更多困擾。

水瓶座象徵著人們對於過去的不滿所產生的改變，自由、科技、進步以及對於這些事物的著迷，很多人說水瓶座具有人道與社會精神，過去我也這麼認為，但近年來我認為水瓶座的人道主義是一種對於未來與理想的嚮往，同時只願意將知識、權力與自己認同的人分享，與雙魚座那種完全無我的慈悲截然不同。

太陽水瓶座要求自己能夠在知性與知識上展現一種高度，能夠有綜觀全局的眼光，以及對未來的開創，在群體中展現獨樹一格的態度。月亮在水瓶會以知識及這種獨特性來滋養自己，相對來說，月亮在水瓶對於知識、自由、未來與獨一無二的感受等需求更為強烈，這些事物能替月亮水瓶座帶來安全的感受及生活的踏實感，就如同是魚離不開水一樣重要。

水瓶座
進入水瓶座的行星都擁有下列特質：改革的、反叛的、不尋常的、未來的、遠見的、人道精神的、孤獨的、解放的。

雙魚座

✱變動的水象星座

大家每每談起雙魚，就會說浪漫溫柔多情，好吧！你們要這麼認為，就這麼認為吧！可千萬不要給雙魚座的紫色煙霧彈給迷惑了，他們的確親切和藹，可是如果你們就此認定他們是天真可愛的，那你就大大的錯了。

變動的水象星座擅長以調節和調整的特質來面對情感，他們是情感的傳播與聯繫者，且注定在人世間體驗感情的變化。在日常生活中，感覺的調整對他們來說相當重要，在不同的狀況之下，他們甚至可以是變色龍，只是沒讓太多人發現而已。

*守護行星 —— 木星與海王星

在海王星被發現之前，雙魚座一直是由木星守護，木星在傳統的占星中有著宗教情懷以及神職人員寬懷慈悲的特質，海王星被發現後，占星師們認爲其特質更適合描寫雙魚座，因爲海王星的消融自我與藝術特質，更符合雙魚座在情感世界的表現。

*神話故事

許多人都知道，雙魚座的由來是從維納斯與邱比特（Cupid）在眾神宴會中受到攻擊，因而變成兩條魚的神話而來，維納斯爲了怕和自己的兒子失散，所以用繩子把兩人綁在一起。

希臘史詩〈奧德賽〉（Odyssey），描述英勇的希臘將官奧德賽經歷萬劫才從戰場上回到家門的故事。話說希臘軍隊包圍特洛依城（Troy）久久攻打不下，這時候希臘軍隊中的軍官奧德賽獻計，打造一隻藏有軍隊的木馬〔據說這是雅典娜（Athene）的啓示〕，並假裝撤退，讓特洛依居民不疑有他地將木馬推入城門中，並歡樂的慶祝。就在特洛依城撤防時，藏在木馬中的希臘士兵們就溜出來，殺得特洛依城血流成河。

奧德賽在立下這等大功之後，率領著他的同袍準備回國，途中經過一個小島，於是和他的同袍們上了小島探險。他們不小心闖入了獨眼巨人的洞穴，並在那裡飲酒作樂，獨眼巨人發現時，可不打算輕易的放過他們，於是堵住了洞口，並且一天抓一個士兵來吃。聰明的奧德賽爲了逃脫，因此獻上了濃烈的美酒，獻酒時獨眼巨人問他叫什麼名字，狡猾的奧德賽則回答說：「我叫『沒有人』。」並趁著巨人喝醉後，戳瞎獨眼巨人的眼睛，並逃回船上。

巨人痛醒後發現自己瞎了，於是大聲的向他的同胞求救，其他巨人紛紛趕來問獨眼巨人怎麼回事，獨眼巨人痛得大喊：「沒有人弄瞎了我！沒有人弄瞎了我！」其他巨人誤以爲獨眼巨人只是喝醉了胡鬧，根本就不理會他。

之後，獨眼巨人跌跌撞撞來到海邊，知道奧德賽他們要搭船逃跑，於是抓起能夠抓到的東西朝他們扔過去，無奈眼睛看不見怎樣也瞄不準，獨眼巨人這才向他的父親 —— 海神波賽頓（Poseidon）求救，並要他的父親詛咒奧德賽永遠無法回到家裡，除非見識過同伴一個一個死去、只剩他孤單一人時，才能回到家中。

於是在海神的阻擾與獨眼巨人的詛咒之下，奧德賽一行人在海上不斷的漂流，就算是思念家鄉也不知道該怎麼前往，直到奧德賽隨行的士兵們一一老死之

後，奧德賽才終於回到家，而他的妻子仍在家中等待丈夫的歸來。

變動星座的雙魚擅長調整、調節，許多雙魚座喜歡聰明裝糊塗（有些喜歡糊塗裝聰明），這都十分類似聰明機靈的奧德賽，但別忘記海王星更是雙魚座的守護星。這個故事中值得注意的是，海王星及雙魚座永遠回不到家的那種鄉愁，這個鄉愁來自於時不我予的感覺，也因此雙魚座常有一種無法活在這個現實世界的感受，像是船上的奧德賽和他的同胞們——家，永遠在另一端，生命的另一端。

而奧德賽在海上航行過程中，親眼看見自己親如手足的夥伴們一一死去，才能踏上返家之路的情節，這也暗示了雙魚座的慈悲與同情的根源，夥伴的死亡也是他的死亡，以及人們生活中最需要面對的孤單等。這些特質在雙魚座的性格中相當的明顯。回到家中的奧德賽，已經不是當年英勇的將官，而是經歷風霜、瞭解人生悲苦的老人。

海王星在近代占星學中常被視為是病毒的代表，在這裡又有另一個巧合了，我們的電腦最討厭的東西不就是病毒和「木馬程式」？利用偽裝去消耗掉他人的資源，恐怕是一個想要作惡的雙魚座最厲害的手段了。

慈悲、迷途、同理心去感受他人，是雙魚座的特質，如同奧德賽得親眼看見自己的同袍死去，雙魚座的人對他人受苦的憐憫也往往感同身受，但在自己人生的旅途中，他不但迷了路，更迷失了自我，如同晚年的奧德賽不再是英勇的將官，而必須背負著同袍的死亡及其所帶來的痛苦，這時的他已經失去了「我」的特質，而成為一行人的代表。

另一方面，鄉愁、孤獨、同情、慈悲等情緒，同時也是雙魚座最大的浪漫。只有在這樣的環境中，太陽在雙魚座的人才會走出肉體的限制，去追求另一端的靈性發展，而非被肉體給侷限住。而月亮在雙魚座的人在情感上，將這些悲天憫人的情懷發揮得更徹底，也唯有在靈性的發展及自我奉獻中，才能找到心靈的平靜。

雙魚座
進入雙魚座的行星都會有下列特質：慈悲的、包容的、犧牲的、混亂、迷失、遺忘、迷糊、敏感、感情豐富、深情。

第三章　我的追求與需求

我的追求：太陽在十二星座

星盤當中的太陽，是每個人認為重要的領域，當發揮了太陽的特質，便會覺得自己像是英雄一般展現光芒，得到榮耀。太陽也與父親、男性伴侶、主管上司有關。

太陽在牡羊座

牡羊座所象徵的自我，就是生命當中最重要的領域。所以只要是與我有關的事情，都會熱情洋溢充滿自信的去表現。在任何的競爭當中脫穎而出，都會覺得自己是個英雄。認為父親是熱情直接的，總是非常有活力面對生命中的各種狀況。而自己也會成為生命當中的鬥士，透過克服種種挑戰，來榮耀自己的生命。

太陽在金牛座

通常沒有太大的企圖心，認為擁有安定安穩、不太勞累的悠閒的人生，是一件重要的事情。當能夠過著舒適的生活，擁有一段安定的感情，便會為自己感到榮耀。父親的形象是敦厚勤勉，不容易動怒，可是一但踩到紅線，可是會嚴重大生氣的父親。渴望的對象，不需要富可敵國，但最好能擁有一定的積蓄，個性溫和，身材體格若能夠有些肉感就更棒了。

太陽在雙子座

多采多姿，有機會結交許多朋友，不會被禁錮在同一個領域，能夠隨時彈性變換，這樣的人生，是太陽在雙子座所欽羨的人生。當有機會在各個朋友之間，交換傳遞訊息，甚至穿梭於不同的領域當中，會有相當大的成就感。與父親之間像是朋友一般的相處，挺能夠與父親暢談心事。從小父親就重視學習，也養成自

己將不斷進修學習當成人生的目標。

太陽在巨蟹座

自己的家庭、家人，自己居住的空間，都是巨蟹座特別重視的領域。因此會認真工作努力表現，為的是提供家人更好的生活。當家人有所需求，會盡心盡力提供協助，能夠服務家人，就會感到非常的光榮。但是，除了家人之外的其他人，則會帶有客氣而禮貌的距離，小心呵護著自己的隱私，不輕易向外人敞開。認為每一天都是重要的一天，若是每天都能夠開心度過，就是擁有開心的人生。父親重視家人，亦可能從事月亮所象徵的餐飲工作。

太陽在獅子座

太陽在獅子座，是太陽強勢的位置，意味著可以、也需要好好發揮星盤當中太陽的特質。認為展現自我，站在生命的舞台上受到眾人的肯定，是一件重要的事。做人處事抱持著光明磊落的原則，像是小太陽般，無論走到哪裡都可以散發熱情與活力。將父親當成偶像般的崇拜，希望能夠成為父親一樣的人。

太陽在處女座

認為處女座所象徵的理性、秩序、實際的考量，是生命當中需要具備且展現出來的特質。很多人說太陽處女座的人很龜毛，事實上，因為太陽處女座的人，區分事物的能力太強，哪裡擺放不整齊，哪個部分不合邏輯，很容易就看出端倪挑出毛病，因此才會有前述的誤解。若了解自己有這樣的特長，發揮在更有實益的事件上，對於人生的表現會更有幫助。眼中的父親，是循規蹈矩強調服務精神的父親。

太陽在天秤座

人際互動、與人合作，甚至是伴侶關係，對太陽天秤座的人來說，是生命當中重要的追求。希望自己能夠在互動當中扮演領導者的角色，許多人說太陽天秤座的人很愛美，事實上，他們會以優雅和諧的態度來展現自我，因為展現出美

麗、知性的一面,對太陽天秤座來說很重要。父親重視互動上的公平,不會以父親的身分要求孩子一定要服從。

太陽在天蠍座

擁有一段穩定的感情,對於太陽天蠍座來說,非常重要。但是在另一方面,要完全的敞開自己去信任另一個人,又會造成強烈的不安全感。很容易在一段感情的初期,因為看得太重想得太多,不容易敞開心房,而錯失良緣。當生命出現危機時,能夠有勇氣直接面對危機,當順利度過時,便會覺得自己是個英雄。從小與父親之間,有著愛恨交織的情感。父親是嚴厲的,要知道就是因為愛之深才會責之切。

太陽在射手座

能夠以各種方式探索人生,有空時行萬里路,沒那麼多時間,看看電視閱讀新知,讓自己的想法、視野得到成長,對太陽才射手座的人來說,就會感到很有成就感。

許多人說太陽射手座的人不安定,這樣想法,不論是在那個領域,所謂的安定,剛好就是保持一定的恆常不改變,這樣的特質與探索世界探索人生,剛好有些衝突,所以太陽射手的人,才會把目標永遠定在未來。與父親之間的互動很微妙,有點距離不見得很親近,但是能夠從父親身上,慢慢塑形自己的信念。

太陽在摩羯座

認為凡事都應該要有架構,按照規劃一一實現,重視實力的累積,若能夠提出證照的背書就更棒了。個性務實,對於金錢、資源與人脈的累積,雖然不擅長,但是願意慢慢來,相信終究會有成功的一天。與父親之間互動,從小就覺得父親是一位嚴厲的人,因此相處上帶著壓力與緊繃感。

太陽在水瓶座

水瓶座是太陽弱勢的位置,但是千萬不要認為這樣的太陽就會無力發揮,

我們只要根據每個星座的特質，來發揮各個行星的樣貌，就會是光芒耀眼的呈現。太陽在水瓶座，認爲對世間萬物保持一些距離，能夠讓人更理性的看待種種事物，不會迷失了自我。重視每個人的特色，當然，拿捏不好也容易成爲標新立異，爲了叛逆而叛逆，缺乏中心思想的人。不論是在心情感受上、實際的生活環境，與父親之間有段不小的距離，並非感情不好，就是覺得保持自己的空間，是非常重要的一件事。

太陽在雙魚座

發揮同理心，了解身邊眾人的情緒感受、接觸藝術性、心靈成長的領域，是非常重要的事情。人生設定了過度理想化的目標，就算接近不可能達成的程度，依舊會努力朝著目標前進不懈，也是這樣的緣故，時常被描述帶有夢幻的個性。當有機會展現愛心與善心時，便會感到英雄般的榮耀。對於父親的形象是模糊的，有可能因爲工作的關係長期不在家、未盡到父親該盡的責任，或是真正的缺席。若在幼年時缺乏可學習的男性形象，有可能造成日後尋找伴侶時的茫然，透過了解此一問題後的覺察，可以改善這樣的情況。

太陽星座的意涵

* 太陽星座暗示著我們追求成長的途徑。
* 太陽星座象徵著我們要當什麼樣的英雄，擁有什麼特質，及習慣運用什麼樣的武器來面對人生、克服困難。
* 太陽星座暗示著，做到哪些事情會讓我們覺得成功、榮耀、驕傲。
* 太陽星座象徵著我們所意識到的那個自己。
* 太陽星座象徵著內心的男性特質，除了表現在自我身上之外，也會投射到男性親屬（特別是父親）與伴侶身上。

我的需求：月亮在十二星座

星盤當中的月亮，是每個人內在感受與安全感的來源，一種需要被滿足的需求。前面提到，發揮太陽的特質，會覺得自己像是英雄一般展現光芒。而月亮的特質被顧及到，只是一種剛及格般必須被滿足的需求。月亮也與母親、女性伴

侶、飲食習慣有關。

月亮在牡羊座

內心當中時常帶有焦躁的情緒，也會有著需要抒發出來的憤怒。凡事喜歡搶第一，不論是考試要得第一，早上要早早到學校，業績不能輸給其他人等等，探究原因，需要贏得競爭，才會有安全感。若能夠養成定時運動的習慣，能夠讓行星的特質，得到抒發。母親或伴侶的個性直接，有些許主觀地傾向，容易發脾氣。

月亮在金牛座

認爲日子過的悠閒不忙碌，吃的喝的用的穿的都有一定的品質，這樣才是人生應該要有的基本條件，擁有相當的物質條件與金錢財富，才能夠有安全感。若是過於忙碌匆促，或是缺乏物質與金錢的穩定，都會感到焦慮不安。印象中的母親是優雅從容，福福泰泰的模樣。

月亮在雙子座

能夠掌握各種資訊，並且即時的將聽聞的消息傳遞出去，才能夠擁有內在的安全感。以現代人的觀點來說，稍微有些資訊焦慮症，遇到平時使用的通訊媒介斷訊或是暫停使用，便會有崩潰般的情緒感受。基於上述的理由，也是終身學習的好孩子，透過進修讓自己覺得跟上裡時代脈絡，而有安全感。若能夠嘗試著看待事物不要只停留在表面訊息，能夠看得深看得遠一點，都會有更大的幫助。

月亮在巨蟹座

月亮落入了自己守護的星座，是可以好好發揮月亮特質的強勢位置。需要與家人保持相當的緊密與聯繫，要建立自己的家庭，才會有安全感。當能夠去照顧關懷自己的家人、身邊的親友時，今日將得到沒有虛度的滿足感。飲食習慣喜歡在家裡用餐而不喜歡外食，喜歡吃有媽媽般口味的料理。

月亮在獅子座

得到他人的肯定，享受舞台上的掌聲，對月亮在獅子座的人來說，是一種滿足感。有著路見不平拔刀相助的正義感，振奮他人低落的情緒，是月亮獅子座的人，關懷他人的方式。自我的需求與情緒，有時候會被放大。母親是個脾氣大嗓門大，但是直來直往的人，自己也會對具有此個性的人，有熟悉的心動感。

月亮在處女座

需要按照月亮處女座的人，自己所訂定的規距，才會有安全感。一旦沒有照著計畫進行，便會因為焦慮而連後續的行程都因為慌亂而不知所云。仔細的殷殷叮嚀，或是默默地將需要的物品準備好，而不大肆宣傳，是月亮處女座的朋友，照顧他的方法。

月亮在天秤座

內在情緒容易糾結在兩方面，要做出選擇，非常困難。在每天的生活當中，需要各個環節是對稱的。例如：客廳當中的靠枕，圖案至少有一組對稱，家中使用的茶杯，也需要兩兩成對，一旦缺乏了對稱的特質，在刹那間會覺得不知所措。

月亮在天蠍座

會將自己的情感埋得非常深，需要在親密關係當中，緊緊掌控著另一半的一切，包括薪水是多少？年假有幾天！幾點出門幾點回到家，這才會有安全感。靈感直覺挺強的，誰在背後說壞話，都能夠察覺。家庭的事務，包括家人的工作事業，家中的環境與居住空間，有遭遇到重大事件，讓我們去學習到，怎麼樣的經驗可以作為跳板加以運用。

月亮在射手座

生活當中需要很大的自由空間。一種情況是實際居住的房子，挑高且明亮。另外一種狀況，則是思想上的空間，需要很大，不喜歡受到約束，管得越多逃得越遠。認爲需要訂定好未來的計劃，才能夠按部就班的前進。喜愛異國料理，甚至眞的有居住在異國的機會。

月亮在摩羯座

此爲月亮弱勢的位置，意味著童年時期的環境可能較爲艱辛，得到的關懷與資源略爲缺乏，母親含辛茹苦地將孩子們拉拔長大，造就了長大之後，依舊不鋪張不浪費的個性。對於出人頭地的渴望，強烈到如同一種執念，而且會立訂好計畫，慢慢執行。需要留意的是，月亮摩羯座的人，眞正需要學會的是就算沒有外在的地位與名聲，自己還是要眞正的愛自己。

月亮在水瓶座

情緒方面理性且抽離，每當自己產生情緒時，習慣以第三人的角度，來檢視爲何自己會有這樣的情緒反應，因此容易讓他人解讀爲過於疏離冷漠。事實上，能夠以理性看待生活當中的種種事件與感受，也使得月亮在水瓶座的人，對於許多事物的接受度更加廣泛，人際互動的方式也走在時代尖端，並且在行爲處事方面，帶有更濃厚的人道精神。母親從小便給予很大的空間與尊重，但是與母親之間有距離，親子關係如同朋友一般，可以說是平等對待，卻也缺乏一種眞正的親暱感。

月亮在雙魚座

有機會服務身邊的人，能夠帶來內在的滿足感。但是特別要留意，有時候會演變成：對於自己內心想要的是什麼是茫然不知的，自己內心的感受到底是什麼，是不確定的，反而變成了一種徬徨與焦慮。生命當中的母親，很可能並未善盡母親應該負起的照顧責任。

月亮星座的意涵

∗ 照顧、滋養——代表喜歡的食物、胸部（哺育他人）與胃部（自己吸收消化）、
精神上需要什麼。

∗ 過去——重視祖先、家庭、根源／過去的習慣與記憶。

∗ 情緒、感覺、安全感——需要別人、需要被需要、情緒化、情感交流。

∗ 直覺——本能、無意識、感應別人的能力。

∗ 女性特質——自己的女性特質、男性的內在女性原型的一部分。

∗ 母親——母親的特質、與母親的關係。

∗ 與伴侶的關係。

第四章　自我的呈現

水星在十二星座

　　星盤當中的水星，與每個人怎麼想、怎麼說有關，也就是我們所謂的聽說讀寫這些領域，都與水星有關。一個人是否擅長溝通、如何溝通，對於學習的態度，學習的方式等，都可以從星盤當中的水星做觀察。水星也與兄弟姊妹、親戚、鄰居有關。

水星在牡羊座

　　說話的速度非常快速，有時候說的比想的還快，意思是說，表達出來的內容，往往是很直接的未經太多修飾想法，導致有時候會因為講得太過直接犀利而得罪人。時常站在自我的立場來思考，要提醒自己，需要更加宏觀的視野來看待身邊的人事物。

水星在金牛座

　　說話非常緩慢，不疾不徐態度優雅，很少聽到水星在金牛座的人說出不雅的內容。對於遭遇到的狀況，會從比較務實的角度來思考判斷，但是要下決定的過程，在十二星座當中，也是數一數二的慢。學習的步調與反應雖然不快速，卻能夠很扎實的累積成為自己的實力。

水星在雙子座

　　雙子座是水星守護的星座，星盤中水星在雙子座為強勢的位置，說話表達的方式能夠視場合看對象而作出靈活的調整。有些人在求學階段，出現注意力不集中的情況，因為好奇的事物、想要學習的內容太多元化，造成難以專注在單一領域。對於每個領域是否專精尚不可知，但無論什麼話題多多少少都能夠參與談論。

水星在巨蟹座

在私底下或是家人之間，都能夠侃侃而談，一旦要公開表達自己的意見，總是害羞的推卻，更無法對不熟悉的人，說出自己內心的想法。與人溝通的方式，迂迴而不直接，例如：想要批評一件事情，不會直接的說出哪裡不妥當，而是會表達出如何做會更好。會用言語來表達出內心的關懷，當然，依舊是以婉轉的方式呈現出來。

水星在獅子座

可能是一位嗓門很大的人，或是講話大咧咧毫無心機，所有的喜怒哀樂，還沒說出來的時候，觀看其臉部表情就能夠明白。重視言語的承諾，一旦說出口的內容，便成為誓言，會盡所有努力去完成。言語內容風趣幽默，希望能夠透過自己的表達，成為眾所注目的焦點。

水星在處女座

處女座也是水星所守護的星座，水星落入處女座同樣是強勢的位置。學習的方式最好能是有條理邏輯的學習方式，若遇到比較直覺式的教導，可是會無所適從。思考方面的邏輯能力特別強，擅長細節部分的觀察，對於數字特別敏銳。也因為對於細節的變化特別敏感，極端一點會變成見樹不見林，要提醒自己不要落入這樣的盲點。

水星在天秤座

說話表達的方式，溫和有禮貌，會留意對方的心情反應如何，對於社交辭令頗為擅長，偶爾會出現講出來的內容模凌兩可，讓人無法搞清楚真正要表達的意思是什麼。思考判斷的時候，時常陷入左右為難的局面，而難以做出決定。

水星在天蠍座

說話表達很隱藏，往往話中有話卻不直接說清楚。看待事物不會只停留在表面，會去思考對方所說的內容，背後帶有什麼樣的動機，真正的意思是什麼。也因為了解言語的力量，懂得用語言、文字，來控制想要控制的局面。對於神祕學、歷史、考古學等領域有探究的興趣。

水星在射手座

這是水星弱勢的位置，因為水星強調是接受到訊息而傳遞傳達，射手座在意的是更遠更高深的思想，本質上與水星確實是有截然不同的特質。水星在射手座的人，會去思考長期的目標，思索出人生的信念，確定之後便會朝著這個目標前進。有接觸到外語的機會，或是直接到國外進修學習。

水星在摩羯座

講話一樣慢條斯理，過去曾經因為說話而造成挫折的經驗，認為說出去的話是要負起責任，所以在做任何的表達時，都非常小心謹慎，慢慢思考、從務實的角度判斷，甚至再三思索之後再下決定。另外一種情況，是對於表達自己的想法很不擅長，容易說錯話。學習的反應緩慢，適合有架構有條理的學習方式，需要花上更多的時間，輔以人生的經歷，才能夠展現自己的實力。

水星在水瓶座

思考判斷的時候，在意的是大方向而非細節部分，說話表達的方式略具跳躍性，很可能前一句大家都還在講 A，接著就自己跳到 E，讓旁人在剎那間跟不上，不能理解要表達的內容是什麼。重視理性判斷，思考與表達的時候，往往因為過於冷靜理性，被人誤解缺乏感情。相信凡事都能夠溝通，雖然想法很固執，只要在道理上能夠被說服，沒有不能接受的事情。

水星在雙魚座

這也是水星弱勢的星座，水星所強調的理性邏輯，在這裡被雙魚象徵的消融無界限給模糊掉了。在思考的時候，會以統包的方式，強調情緒感受的判斷，而不是就事論事。說話時，容易分心而扯太遠，講了半天到最後根本忘記最初要表達的是什麼。

水星星座的意涵
＊水星的星座象徵著我們的思考特質。 ＊水星的星座象徵著我們的溝通特質。 ＊水星的星座象徵著我們的學習特質。 ＊水星的星座暗示著我們與鄰近的人事物互動時的特質。

金星在十二星座

許多人都知道金星與愛情有關，關於愛有很多層面，某個角度而言，我喜歡個子高的，你喜歡運動型的，這些都是一種價值的選擇。意味著我覺得個子高的比較有價值，你的想法是運動型比較有價值。所以，星盤當中的金星，最重要的象徵是我們的金錢觀、價值觀，包含了自我價值的認定。在什麼環境下能夠覺得很放鬆很享受，興趣嗜好有哪些，也都與金星有關。

金星在牡羊座

這是金星弱勢的位置，象徵緩慢優雅的金星，落入充滿活力的星座，需要展現出與眾不同的金星。喜愛熱愛運動，有陽光般感受的人，認為充滿活力、熱情有自信的展現，才具有美感。享受競爭的感覺，能夠贏過他人，會讓自我充滿價值感。透過發揮勇氣、具有競爭性的工作，例如：軍警行業、業務員、運動員、健身教練等工作，能夠賺到錢。

金星在金牛座

這是金星守護的星座，是金星強勢的位置。喜愛略帶肉感、給人穩定踏實感受的對象。認為從容的儀態、緩慢的處事態度、接近大自然的環境，是具有美感與價值的。當自己能夠生活在這樣的環境當中，擁有一定程度的經濟穩定，便會認可自己的價值。從事與美感、金融、肢體接觸有關的領域，例如：芳療師、髮型師、銀行從業人員等工作，都是能夠一展長才，好好發揮的領域。

金星在雙子座

欣賞能言善道、能夠讓場合熱絡歡樂、什麼訊息都知道就像是萬事通的人。當能夠適當地表達出意見、學習各個不同領域的事物、能夠做好人與人之間的溝通，就會肯定自己的價值。從事新聞業、傳播業、教育有關的行業等，都有機會得到不錯的報償。

金星在巨蟹座

認可家庭的意義與價值，重視家人及家人間的互動。在尋找對象時，會以母親或是父親當做原型標準，通常會找到一位與媽媽很像的女性伴侶，或是與父親個性相似的男性伴侶。當自己能夠為家人付出時，不論是金錢上的給付，或是實際生活上的照料，都會感到自己存在的價值。餐飲業、服務業、居家照顧等行業，都是不錯的職業選項。

金星在獅子座

認為光明磊落、誠實守信、熱情自信這些特質是有價值的。因此在尋找對象時，會以上述標準來尋找。而當自己展現出這些特質時，則能夠散發自己的魅力，並且肯定自我價值。從事需要原創發想的工作、表演工作等，都能從中找到更多樂趣。

金星在處女座

重視另一半在說話時是否有邏輯，對於事物的分門別類是否在行，容易欽羨於條理判斷與邏輯性思考具有才華的對象。當自已能夠留意到事物微細的差異，從實際的角度去微調到更適合的狀態，便會肯定自己的價值。從事分析、品質管理、財務管理等工作，會樂在其中。

金星在天秤座

天秤座也是金星守護的星座，在天秤座的金星，亦是落入強勢的星座。認為人際互動、伴侶關係，以及關係當中的公平是有意義有價值的。能夠維持關係的平衡，打扮優雅顏色調和，便能夠展現個人的迷人魅力。從事與美麗有關的工作、外交公關、法律工作，都屬於能夠發揮才華的天地。

金星在天蠍座

這是金星弱勢的位置，金星與舒適享樂有關，天蠍座則象徵的危機恐懼，當金星位於天蠍座，認為危機、害怕、生存危機都是有價值的，將「人生不是得到就是學到」當成座右銘。有些人會遭遇到情感方面的危機，但經歷過之後，將會得到痛苦後的成長。從事危機管理、心理研究、金融投資行業等，能夠有很大的發揮。

金星在射手座

射手座象徵的自由、未來規劃、生命的探索，是金星在射手座的人，認為有價值的事物，當自己能夠觸及到這些領域時，會感受到自己的價值。尋找的伴侶，要能給予自己一定程度的自由空間，同樣的，伴侶往往也熱愛自由不願受到拘束。從事旅遊業、文教業、出版業，及宗教領域，都能夠發揮自已的才華。

金星在摩羯座

認同過往的經驗，認為資歷與經驗是有價值的，在人生的早期或許有些挫折的經驗，但是會記取教訓，並且轉換成自我經驗的累積。尋找對象時，想法比較傳統，通常以結婚為前提來談戀愛，交往的對象在年齡上有段不小的差距。職業選項上，多半考慮公職、大型企業等穩定有保障的工作。

金星在水瓶座

認可每個人都有其獨特之處，尊重每個人所認定的價值觀，當自已能夠不在乎他人的眼光，遵從內心的想法去展現時，便會覺得自己的作為是有價值的。尋找對象時，重視兩個人價值觀以及對於未來的大方向是否一致，有時會不管社會的普遍價值，喜歡上很獨特的對象。適合從事科技業、航空業、生涯規劃類的工作。

金星在雙魚座

愛心的展現、同理他人的感受、藝術情懷的表達，這樣的特質是有價值的。當自己能夠站在他人的立場去發揮同理心，不分彼此的與他人相處互動，便能夠肯定自己的價值。尋找伴侶時，重視內心的感受，欣賞具有藝術家氣質、或是充滿愛心的對象。從事藝術領域、醫療救助領域、宗教靈性領域的工作，都能夠發揮所長。

金星星座的意涵

＊金星的星座暗示著我們認為哪些事物特質是有價值的、值得珍藏的。
＊金星的星座暗示著我們認為哪些事物特質是美麗的、和諧的。
＊金星的星座暗示著透過哪些特質，可以提昇我們的自我價值。
＊金星星座也象徵著一個人女性原型中的一部分，女性多半認同在自我身上，男性則投射在身邊的女性身上。
＊金星星座象徵著我們用哪些方式，來換得我們所喜愛的人、事、物（情人、興趣、愛情、收藏品）。

火星在十二星座

星盤當中的火星，與憤怒時的表現、生命活力、行動力以及勇氣的展現有關，當發揮了火星的特質，便會覺得自己如同充飽了電一般活力十足。另外火星也象徵星盤當中的男性特質，可以是自己想要呈現的模樣，或是尋找男性伴侶時的標準之一。

火星在牡羊座

這是火星強勢的星座，當面對需要競爭或是奮力爲自己爭取權益的狀況下，能夠展現出強烈的鬥志，有著越挫越勇的強大意志力。當意志消沉的時候，從事運動便能夠激發活力。欣賞的男性特質爲熱情、直接、能夠勇於保護心愛的人事物。

火星在金牛座

這裡是火星弱勢的位置，看似脾氣溫和，一但底線被踩到，就會像是發怒的公牛一搬，不顧一切死拚到底。對於自己所擁有的人事物，都有強大的保護欲，一但受到侵犯，便會激起鬥志。欣賞的男性典型，爲穩重務實，不浮誇重視能諾，並且擁有一定的物質保障。

火星在雙子座

言語表達快速且犀利，會因爲說話快過思考，而不小心得罪人，也容易與人發生口角爭執。學習新的事物、與朋友相約聚會，都能夠激發熱情，對人生充滿希望。心中的男性典型，是靈巧活潑，懂得隨機應變，帶有一股遊戲人間的調調。

火星在巨蟹座

心中的憤怒不容易直接展現出來，要知道悶久了可是會內傷的，激烈的情緒

若沒有直接表達出來，長期下來恐導致健康方面的問題，特別是消化器官與腸胃需要多加注意。與家人相聚，處理與家庭有關的事物，能夠激發活力。心中的男性典型是懂得飲水思源、照顧家人，並且能夠關懷身邊的人。

火星在獅子座

當脾氣產生的時候，會以戲劇化的方式展現出來，略帶誇張的表現，只是為了讓身旁的人重視我們的情緒反應。遇到需要展現自己，或是負責帶領群體的時刻，能夠激發創意與活力。例如：唸書時期被選為班長之後，一改過去睡太晚的習慣，馬上調整為每天準時到學校。心中男性的典型為大器不拘小節，行事作風坦蕩，對於弱勢的人會伸出援手給予幫助。

火星在處女座

會因為無法按照既定的規劃行事而感到憤怒，當脾氣來的時候，會以碎唸不停的方式來發洩。處女座與服務有關，當有機會替身邊的人提供服務，證明自己的能力與價值時，會特別有熱情與活力。心中的男性典型，是那種雖然不會期許太多承諾，但是默默實際做事情的人。

火星在天秤座

這是火星弱勢的位置，象徵直接與競爭的火星，來到了重視關係與和諧星座，為生命帶來的影響是，自己時常身處在一段需要競爭的關係當中，不論是與他人競爭喜愛的人，或是與伴侶之間就充滿著競爭性。心中的男性典型是重視人際和諧，態度優雅從容，強調伴侶關係平等的人。

火星在天蠍座

天蠍座是火星守護的星座，這也是火星強勢的位置。生命當中有許多強烈的危機，需要懂得事先做好防備，並且在危機發生之時，適當地捍衛自己的權益。雖然生命當中有許多驚險的關卡，要相信自己的意志力，有能力將火星的能量發揮到極致，一一克服挑戰。欣賞的男性典型是懂得曖曖內含光，凡是先觀察再行

動的個性。

火星在射手座

需要留意當脾氣來的時候，會過度誇張展現怒氣，需要了解自己也有控制的能力，可以做出適當的調整。到國外旅遊、接觸不同的文化風俗、探索世界與人生，能夠激發更多的活力。心中的男性典型，通常為風趣幽默，帶有一股浪子般的個性，四海為家隨處自在的人。

火星在摩羯座

會去壓抑或否認憤怒的情緒，長期以往對於身體及心理的健康，都不是一件好事，要懂得去正視及適當宣洩憤怒。工作事業上的努力、慢慢建立自己的專業領域，都能夠獲得滿滿的活力。心中的男性典型是傳統、有責任感、踏實過生活的人。

火星在水瓶座

當事物不合理、缺乏遠見、考量不夠全面性的時候，便會感到憤怒。通常不會極力嘶吼，只會默默的離開，用冷處理的方式來表達自己的怒氣。只要找到長遠的目標，朝著計畫前進，便會感到活力十足。心中的男性典型是處事冷靜有條理、重視邏輯判斷，具有生命的長遠目標。

火星在雙魚座

這也是火星弱勢的位置，時常覺得缺乏勇氣與行動力，不知道該如何去爭取自己的權益。雙魚座與夢想、理想有關，火星在雙魚座的人，不需要理會他人的夢想是什麼，只要找到屬於自己內心的那份渴望，便能夠有行動力及勇氣，去捍衛自己的理想。心中的男性典型是善良、有理想，帶點藝術氣質的人。

火星星座的意涵
＊火星的星座暗示著，我們如何行動以獲得想要的事物。 ＊火星的星座暗示著，我們怎麼面對／表達內在的憤怒。 ＊火星的星座象徵著，我們受到威脅、攻擊時會如何反應。 ＊火星的星座也代表著我們心目中的男性原型之一（其他還包括太陽與土星）。

第五章　發展挑戰與生命的課題

木星在十二星座

　　星盤當中的木星與我們的信仰信念有關，是每個人容易獲得幸運，可以好好發揮的領域，適當發揮木星的特質，我們能夠拓展視野、提升知性。若是太過度，亦會造成不良的影響，運用木星最重要的一點，就是要懂得調節。並在觸及到的領域，找到自己的人生觀。

木星在牡羊座

　　與自我有關的種種事項，當要去爭取一些事物，有競爭的情況發生時，能夠帶著樂觀的態度面對。相信自己，正面的表現是能夠成為有自信的人，但是若拿捏過當的話，自信與自負可是只有一線之隔。需要去學習的是，探索生命的面向有很多方式，當他人與自己的想法觀點不同時，不見得一定有對錯，只是方法不同而已。

木星在金牛座

　　在他人的眼中，是一位在金錢方面特別幸運的人，有許多讓人羨慕的好機會，能夠累積到可觀的財富。自己的人生觀，認為世界上有那麼多值得擁有，值得享受的美好事物，應該要努力去獲取這些美麗的事物。需要留意的是，適度的渴望是生命的動力，但若太過而變成貪婪就不妥當了，需要學習如何拿捏分寸。

木星在雙子座

　　這是木星弱勢的位置，說是弱勢，但從小在學習考試方面，就是比旁人多幾分好運道，對於學習這件事情，抱持著樂觀的態度，認為透過學習可以更加認識這個世界。人生的信念是凡事透過溝通，都可以協調解決。木星強調看得遠，而

雙子座在意的是當下狀況，要留意不要過度的見樹不見林。想要與這個世界互動的心非常熱切，有時候會迫不及待想要將自己的想法與身邊的人分享，在現實世界當中的展現就是意見太多、話太多，要懂得看情況做適度的表達，並且眞心聆聽他人意見，這樣視野會更加開闊。

木星在巨蟹座

與世界互動的時候，需要婉轉一點，多一點自我保護，這是木星巨蟹座的人生觀。

重視家人，偶而對家人會有過多的保護與付出，而家人就是我們的貴人，能夠得到家庭當中較多的資源，較順利的發展機會。有時候會呈現內心過度的焦慮不安，希望透過不停的付出來彰顯自我，卻忽略了這些付出是不是對方眞正需要的，若能夠懂得給予對方所需要的，而非自己想要提供的事物，能夠獲得更多的成長。

木星在獅子座

戀愛關係與親子互動有著令人羨慕的好運。做人處事坦蕩磊落、童叟無欺，而且凡是透過自己不懈的努力，都可以完成目標，這些是木星獅子座的人生信念。當能夠發揮原創性的時候，便可為自己帶來幸運。要留意的是，有時候過於自信而變成自傲，就容易失去人心，適當的調整自我表現與團隊功勞的界線，可以擁有更寬廣的天地。

木星在處女座

在學習方面以及工作領域，容易有令人羨慕的幸運。這是另一個木星弱勢的位置，處女座對於細微之處的專注力，與木星所強調的宏觀，確實是截然不同的特質，容易更加放大對於細節的觀察，過分強調差異性。若能夠懂得將格局放大一些，會有更多發展的機會。

木星在天秤座

合作關係與婚姻關係是幸運的，人生的信念就是凡事要公平，天下萬物一定可以找到彼此都能接受的平衡點，也因此對於人際關係的經營特別擅長，很能夠發揮社交專長。要留意的是，長袖善舞固然是一種天分，但若是太過頭，對於伴侶或是合作夥伴而言，容易變成不真誠和不公平。

木星在天蠍座

對於檯面下暗潮洶湧的動作，觀察特別敏銳，遭遇到危機的時刻，能夠幸運度過危機。人生的信念就是凡事都應當未雨綢繆，假設每個人都有不良的企圖，並先做好最壞的打算。能夠懂得看穿事物的真相，而不只是表面的意涵，能夠讓自己更有發展的空間。

木星在射手座

這是木星強勢的位置，不論處在什麼環境之下，對生命都抱持著一定程度的樂觀與信心，人生的信念就是相信明天會更好。能夠在困境當中看見希望，是一件好事，但是盲目的樂觀便會成為一種不切實際的空洞理想。懂得掌握兩者之間的權衡，很多事就不會半途而廢，能夠有具體的成果完成。

木星在摩羯座

人生的信念是，凡事都需要態度務實守規矩。從小就是循規蹈矩的人，只要老師或長輩交代的事項，必定當成圭臬般的奉行。在傳統產業、大型企業此類工作環境中，從遵守規則的框架下，能夠幸運地發揮自己的實力。會基於自我能力有所欠缺，而刻意去貶抑他人的表現，彷彿將他人塑造出比較差的形象，自己就會變得比較好。若能調整此一心態，將更能夠勝任領導者的角色。

木星在水瓶座

人生的信念就是，凡事都應該要從較高的角度來觀察。我們往往礙於自身過去的經驗，看待事物的時候，習慣遵從過去的規矩，有著一樣的反應。當再次出現同樣的狀況，能夠勇於創新，選擇一條從未做過的方式來面對，都能夠得到成長。若只是為了反對而反對，為了改變而改變，未免太無意義，需要找到長遠的核心目標，知道自己的努力，該往哪個方向而行。

木星在雙魚座

這是木星守護的星座，木星在此也屬於強勢的位置。人生信念就是凡事要感同身受的去體諒對方，包容對方的一切。在電影、影音、音樂、繪畫等藝術領域，心靈成長相關事務，容易有幸運的發展。雙魚座通常是內心非常柔軟的星座，在路上看見小貓小狗在流浪，木星在雙魚的人，會不顧一切想要拯救對方，反倒要學著提醒自己，包容的界限在哪裡。

木星星座的意涵
＊木星的星座暗示著，我們對於生命的信念、世界觀、宇宙觀。 ＊木星的星座暗示著，我們追求的意義與夢想。 ＊木星的星座象徵著，我們擴展、冒險、成長的方式。

土星在十二星座

星盤當中的土星，是每個人遭遇考驗、感受到挫折的領域，另外一個層面，當通過土星的淬煉，能夠讓我們更加成熟、累積更多的實力，展現專業性。

土星在牡羊座

與世界的互動帶著害羞及永遠需要再努力的特質。生命的經驗當中，曾經有

在展現自我的時候，受到否定與挫折，導致日後對自己的信心不足，而帶著一股害羞情緒。對於怎麼呈現自我，需要去學習，不是魯莽急躁的表現，能夠展現成熟的風範，便有機會通過土星的考驗。

土星在金牛座

在金錢財務方面，時有匱乏不足的情況，我們都知道金錢反映了一個人潛意識當中對於生命想法，土星在金牛座的人，不論外在多麼成功，擁有多少的金錢財富，在內心當中都有某種程度自我價值不足的議題。需要學習去真正看到自己本質上的優點，而不僅僅是外在的世俗條件。當我們打從心底認可自己，有機會成為學有專精的大師。

土星在雙子座

在眾人面前說話時帶有著恐懼。時常因為說錯話而導致溝通上的誤解，也產生惡性循環，當需要表達的時候，不知所措而更加無法順利地說出內心的想法。在幼年的時候，如遇到不適合的老師，無法理解土星在雙子的學習方式雖然緩慢但扎實，亦會導致對於學習的挫敗與排斥。需要給自己多一點時間，隨著生命經驗的累積，從社會大學當中，亦可累積許多實際的經驗而成為熟知各種訊息的全才。

土星在巨蟹座

此為土星弱勢的位置，當事人內在安全感不足，需要藉由抓住外在的某個人、某份工作或是某件事物，來提供安全感。可以去回想是否在童年時期，因為種種原因缺乏家庭的支持或照顧，從小在內心當中，覺得自己孤單無助缺乏疼愛。有的人會武裝起自己的內心，不輕易讓人靠近，有的人則會有過度索求關愛的傾向。當瞭解到這個癥結點，便有機會自己成為關愛自己的那個人，漸漸會發覺，不需要依靠外物亦能得到滿滿的安定感。

土星在獅子座

這裡也是土星弱勢的位置，需要站在眾人面前去展現自我這件事情，帶有恐懼與挫敗感。自己的一些創意想法，時常被批評過於異想天開不符合實際，亦加深了對於自信的打擊。若一味的抗拒，只會加深自我的挫敗感，需要記取挫折的經驗，經過多次反覆的練習，終究能夠以權威的角度展現自我。

土星在處女座

生活中的許多小事情上，會擔心自己在什麼地方沒有做好，例如睡前會檢查瓦斯、門窗是否關好超過五次，出門前要再三確認手機皮夾是否有帶著等等，很怕因為微小的疏漏，造成嚴重的麻煩。健康方面需要多加留意，一種情況是確實免疫力較差，容易感冒生病。另一種情況則是明明身體很健康，卻總是疑神疑鬼提心吊膽深怕哪裡出了狀況。不論是上述哪一種情況，能夠養成規律的飲食習慣與作息，將有助於真正維護身體的健康。

土星在天秤座

人際關係是土星在天秤座的軟肋，不擅長與人相處，無論是朋友關係、伴侶關係，甚至是合作的夥伴關係，該如何互動如何應對，都帶著明顯的魯鈍。長期的影響造成對於社交生活、情感經營的抗拒，以為完全主動拒絕，就可以讓自己不受傷，但實則在內心深處依舊期望能夠擁有一段堅定的情誼。建議可以參考專家的建議，多做練習，便能夠掌握關係經營的方式與技巧。

土星在天蠍座

對於親密關係既期待又害怕，內心當中會冀望著一段牢不可分的親密關係，但容易遭遇到背叛的考驗，目的在於確認彼此的感情只是表象的美好，還是真正深刻，以及自己對於情感的信任尺度為何。能夠透過淬煉的感情，才是真正堅定不移的情誼。在度過感情的風浪之後，能夠明白親密的真正意涵，不是誰掌控誰，而是合而為一。

土星在射手座

生命當中缺乏中心思想，帶來了些許困擾。例如：因為沒有自己的信念，所以身邊友人說什麼做什麼，都是照單全收跟著做，沒有屬於自己的未來規劃，往往在多年之後，感到更加的茫然。需要找到專屬於自己的信念，才有定錨的踏實感，知道前進的方向。另外一方面，想要追尋自由，總是受到阻擾，可是當擁有自我空間的時候，又擔心未來而不敢踏出那一步。

土星在摩羯座

土星守護摩羯座，這是土星強勢的位置，從小父親的形象是嚴格嚴厲的人，在生活當中規矩，也因此養成了自己諸多事項都必須要有計畫，且一定要按照所定的計畫來執行，缺乏靈活變通的彈性。對於權威有所畏懼，擔心自己能力不足，不停加強自己的專業能力，經過歲月的洗禮，有朝一日亦能夠在專業領域佔有一席之地。

土星在水瓶座

水瓶座在傳統守護上亦屬於土星守護的星座，也是土星強勢的位置。這是朋友圈中的句點王，言行舉止時常造成冷場，在社群團體當中格格不入，會想要與人群保持一段距離，互動一旦過於密切，便會帶來壓力。另一方面，對於自己所認定的朋友，非常保護且死忠。朋友的年紀稍長逾自己，透過與群體的互動，能夠為自己帶來思想上的革新。

土星在雙魚座

我們常說雙魚座象徵一個人的夢想，土星在雙魚座的人，認為自己心中並沒有什麼特別的渴望，說不出有何夢想。事實上，土星在此星座，對於心中的企盼，採取非常務實的態度，認為事件沒有具體成果，一切都是空想，只有在落實的時刻，才是真實的。只要找到內心最深處的渴望，反而具有強大的執行力去真正的實踐。

土星星座的意涵
＊土星的星座暗示著，我們懷疑自己、受到限制、感覺困難的方式。
＊火星的星座暗示著，我們因為挫折學習到的生命智慧。
＊火星的星座象徵著，我們經過練習成為大師的地方。

第六章　生命的轉捩點

因理想而做的破壞與改革 —— 天王星

　　從土星之後的天王星、海王星與冥王星都屬於世代行星，在心理占星學中，這三顆行星暗示著人類的集體無意識如何影響我們，讓我們更瞭解生命本身的意涵，而天王星則代表著我們對於人生的理想，以及心目中接近完美的遙遠夢想。

　　天王星在希臘神話中與天空之神烏拉奴斯有關，在大地初開創時只有大地之母蓋亞存在著，蓋亞希望能夠創造更多的生命，於是天空之神烏拉奴斯從她的子宮孕育而生，並且和蓋亞結合創造了天地，烏拉奴斯負責支撐天空，並成為世界的第一位管理者。

　　而後，烏拉奴斯與蓋亞一同生下了許多與烏拉奴斯同樣形體的泰坦神，最小的兒子就是農神克諾斯〔Chronos，羅馬人稱他薩坦（Saturn），也就是土星〕。但是烏拉奴斯與蓋亞也同時生下了許多三頭六臂或面貌恐怖的怪物，烏拉奴斯不顧蓋亞的要求與感受，堅持不讓這些怪物出現在天空與土地上，把他們關入地下世界（回到大地之母的肚子中）。

　　蓋亞因而心生不滿，並叫來有野心的農神薩坦，給他一把鐮刀要他去推翻烏拉奴斯，薩坦也早因為烏拉奴斯的獨斷獨行而心生不滿，於是埋伏在陰暗處，趁著烏拉奴斯不注意時用鐮刀閹割了烏拉奴斯，烏拉奴斯的血滴到人間，生出了復仇女神厄尼斯（Erinyes），而他被閹割的性器掉入地中海的賽浦路斯（Cyprus），生出了愛神阿芙蘿黛蒂（Aphrodite，羅馬神名為維納斯 Venus，也就是金星）。

　　從這個神話故事中，可以了解天王星在心理占星的意涵，天空之神的出現象徵著世界從一片混沌黑暗中的最大改變，這些改變是由希望和夢想而生（蓋亞因為夢想而有了烏拉奴斯），就如同一個人從日復一日的生活中，察覺出了渴望改變的「想法」，一個理念或夢想。

　　許多人認為天王星所象徵的叛亂，就如同故事中農神薩坦的叛變一樣。沒錯，但從原始的神話故事中我們就能瞭解，叛亂並非天王星的本意，叛亂來自於改變、改革，人們有了理想與夢想之後，開始出現了追求改變的行動，這才是天

王星的原型——因理想而展開的改變或改革行為。

烏拉奴斯的出生起因於蓋亞的希望和夢想,所以天王星的本意,其實也代表著理想與思想的產生,這些可能是偉大的理想或天馬行空的幻想,畢竟天王星是掌管空氣的,這些念頭與想法,來自於天上而不屬於人間,真要在人間執行總有實際上的困難。而這些困難也象徵我們追求夢想時容易遇到的狀況,以及過分要求完美或不切實際的態度,此時,天王星所展現的能量是一種激烈的、冷漠的、劇烈的、分割的、破壞的特質。

同時,當天王星能量在影響我們時,雖然是一整個世代都會受到影響,但我們卻容易感受到孤獨,這個孤獨是來自於內心擁有一種夢想一種理想,因而有了高人一等的感受,也因此天王星在心理占星學中的另一種重要的特質,就是不尋常、不平凡與不普通。

而天王星的星座,則代表每個世代擁有什麼樣色彩的理想與理念,以及會對哪些事物擁有想要去改變、改革,讓它臻於完美。屬於這個星座的事物,將會因為一種「追求完美理想」的念頭而引發改革,而且通常是相當劇烈的。由於三王星的逆行時間較長,幾乎有一半的人擁有逆行的三王星,因此心理占星學家傾向不解釋三王星的逆行。

天王星在牡羊座(1927-1935,2010-2019)

除了西元 1927 年到 1935 年間,天王星也在 2010 年進入牡羊座,這是一個相當值得觀察的時刻,出生於這個時代的人,將解放與牡羊座相關的特質,其中最重要的就是「自我意識」。我們可以說,這些人將會比其他人更不願意受到其他人或任何組織的約束。

如同紅衛兵一樣,這個世代的人用速度極快、力道猛烈,帶有血腥殺戮特質的方式,來改革任何他們看不慣的事物。由於牡羊的開創火象特質使然,任何阻礙這些人展現自我的事物都會受到嚴厲的反擊,甚至在這些阻礙出現前,這些人已經衝動地想去做些什麼,來預防他人對自己的理想造成阻礙。

天王星在牡羊座的人常會展現出「我就是不一樣」的特質,而且通常是一整個世代的人都如此。往好的方面想,這些人很強調自己的獨立特質,說難聽一點,甚至有可能對什麼事情都看不順眼,只要和自己無關的一切,他們都能冷漠以對的破壞。

土星星座的意涵
＊天王星的星座暗示著我們這個世代的人的共同理想、共同夢想和共同的希望。
＊天王星的星座暗示我們這個世代的人所冀望改變的地方，大刀闊斧改革的方向與態度。
＊天王星的星座暗示著我們這個世代與其他世代不同的地方、優於其他人的地方。
＊天王星的星座暗示著我們這個世代容易冷漠以對、容易割捨的事情，以及割捨事物的態度。

天王星在金牛座（1935-1942）

天王星上一次進入金牛座，正是二次世界大戰如火如荼的時刻，在這個環境下成長的人，首先面對的就是殘破的一切、缺乏的物質資源、貧困的環境、脆弱的身體，並且很可能一瞬間就被子彈帶走生命，而原子彈的出現，更讓一整個城市在片刻間就化為廢墟。

因為這些因素，使得出生在這時代的人對物質採取極端的態度，有些人對物質世界會感到極端不信任，有些人卻懷抱著夢想，希望在物質世界做更多突破，例如：創造更堅強的房屋結構、更快速的生產物質方式、更能對抗天災蟲害的糧食、健全的金融的制度等。

不過有趣的是，代表劇烈變動的天王星在受到金牛座影響後，對於改變將採取較為謹慎且和緩的態度，不會像前一個世代那麼猛烈，這些人面對改革與改變時，剛開始會有抗拒的態度，但最終仍會透過務實的想法與理念，讓這些改變慢慢發生。

天王星在雙子座（1942-1949）

天王星落在雙子座暗示人們在思考與溝通方面，容易有太過理想化的期待，對於生活中的常識、溝通，甚至交通的方式等，都有著一種強烈改革動力。同時這世代的人對於基礎教育的重視更勝於其他世代，也因此產生改革基礎教育的動力。

從另一方面來看，天王星在雙子座會讓人用靈活調節的方式，來追求夢想或

處理改革的事物，在追求理想的過程中，他們會結合一小群人共同協調分工，很少一意孤行，追求理想的過程中若遇到問題，也願意以溝通或更靈活的手段來處理，而非硬碰硬。

　　天王星象徵著劇烈的變動，而雙子座擅長調節溝通，使得這個世代的人遭遇劇烈變動時，也容易以雙子座的溝通與理智來面對，他們願意去理解變動的原因，並從中思考與學習，本身也習慣於變動的環境中，因此並不會像是固定星座一樣對於改革改變那麼排斥，反而靈活地以不斷的小改變，來取代一次翻天覆地的大革命。

天王星在巨蟹座（1949-1955）

　　熟悉的感受及安全感，是天王星落入巨蟹座這世代的人，在面對新事物時所考慮的第一要件，但矛盾的是，這些要求與改革、變遷通常是衝突的。當天王星落入巨蟹座時，理想夠不夠美好，事物該不該改變，全在於他的感覺對不對，如果感覺不對，且沒有一種認同的感受時，他們可能會相當排斥事物的改變。

　　家庭的型態、父母與子女的關係、養育子女的方式，或是醫病關係等，都與巨蟹座有關，從傳統的眼光來看，這世代的人會用極端的態度來面對這些事物，有些人急著掙脫，切割自身與家庭的連結（別忘記天王星與解放的關係），有些人則是努力去改變這些關係中傳統且窒礙難行的部分。

　　同時，人們也開始切割自身與家庭的關係，例如：過去大家庭的傳統生活方式，因為工業化及都市化等社會變遷而出現改變，人們對於家庭的模式與定義也開始有了新的觀感，例如：核心家庭的出現，以及家族中長輩權威與影響力的降低等。

天王星在獅子座（1955-1962）

　　在心理占星學中，獅子座的位置會帶來類似太陽的效應，亦即落入獅子座的行星，也可能是我們想要榮耀與發光發熱的一部分。從某個角度來看，天王星進入獅子座的世代，是一個求新求變、勇敢追求理想的世代。最近的一次天王獅子座時代是西元 1955-1962 年，這世代的人利用天王星的未來夢想進行式來榮耀自己的生命，同時也展現出這個世代集體的驕傲與自信。

　　天王星的解放特質將這世代的人從集體社會的運作中釋放出來，受到天王星

的鼓勵，展現自我特質、與眾不同，甚至成為一位革命（改革）英雄等，都是被鼓勵且容易受到矚目的。也因此，這世代的人在這樣的社會運作中，更容易從群體的束縛中被釋放出來。

在心理占星學中，這個世代對於追求理想有著其他世代所沒有的勇氣，而科技、創新與改變等和天王星相關的事物，也能夠替這一群人帶來自信。用熱情與自信追求理想，用改變來榮耀自身，可說是這一個族群的特寫。

天王星在處女座（1962-1968）

在作家道格拉斯·柯普蘭（Douglas Coupland）所著的《X 世代：速成文化的故事》（Generation X: Tales for an Accelerated Culture）中，我們看到作家對 X 世代的描寫，這群對未來不抱希望、擁有中高學歷的人們，領著低薪、擁有較差的福利、從事服務業，正是西元 1962-1968 年出生於天王星在處女座之下的明顯特質。

X 世代在某種定義上意味著被排除的世代，在他們之前的時代，那些認為自己與眾不同的天王獅子們，就如同天子驕子般自恃甚高，在天王獅子的眼光中，天王處女（甚至更後面）的族群，簡直就是一群普通的藍領螞蟻。

但從心理占星來解讀，天王處女的優點正是實際，比起天王獅子老是將心思放在發光發亮的未來，這一群人默默的將改革的目標投注在每天生活中能夠用到的事物上，用細心的態度及每日的實踐，來讓生活變得更美好。

這些人或許沒有想要成為革命英雄的偉大目標，但卻讓改革更貼近於每天的生活。從其他方面來看，這些人用細心、分析、服務、實際的作為、關注細節及關注自身健康，來改變每一天的生活。

天王星在天秤座（1968-1975）

西元 1970 年前後，當天王星進入代表婚姻與人際關係的天秤座時，我們看見許多關於婚姻制度的挑戰，隨著這個世代的成長，人們也開始質疑婚姻生活是不是如同傳統所定義的一男一女、互相照顧到老的關係。因此，諸如人我關係的改革、婚姻關係的改變，正是天王星在天秤座時極力要挑戰的目標。

天王星在這裡要我們看清楚，人與人之間的互動的真正意義，並非由年齡、宗教、性別、法律規範所能限定的，舊有的法律約束是否能夠適應新的環境改

變，這些都是天王星落入天秤座的世代所應該思考的。

　　單身貴族、同性戀、離婚率的提高，從表象上看來，是一種對於傳統婚姻制度的挑戰，但事實上這也意味著，這世代的人追求一種更接近完美理想的互動關係。

　　同時天王星在天秤座暗示著，我們可以透過與人合作來達成自己的理想，從自身與他人關係中的認識未來，同時透過知性思考、追求理想等過程，來引導自己朝向更美好的生活。

天王星在天蠍座（1975-1981）

　　位在天蠍座的天王星將改變的目標轉向深層的內心世界中，天蠍座象徵著情感的執著，天王星的進入則是要將人們從對情感的執著束縛中釋放出來，也要人們挑戰過去陰影所造成的內心恐懼，無論是透過內心革命或性愛態度的革命。

　　然而這個步驟卻十分不容易，天王星想要將天蠍所擁有的執著與固執和深層的恐懼連根拔起，需要長久和強大的力量，這一來一往的拉扯與抗拒的力量，將在這一個世代的人身上留下清楚的印象，卻也是這一個世代的人所擁有的偉大力量的來源。

　　天王星在天蠍座的世代，用深入內心世界、情感世界的方式幫助自己克服恐懼，透過對神祕或未知事物的瞭解，來提升自己的心靈，並透過對性愛的瞭解來增進未來的幸福，這都是促成他們朝未來前進的力量。

　　然而天王星在天蠍座的人，由於要面對固定星座特質的頑強抗拒，與水象的情感衝動，常常不容易輕易接受改變，也不容易輕易展開行動，往往要等到情緒與內在的感受負載到達極限後，才會用極端的手段來追求改變。

天王星在射手座（1981-1988）

　　天王星自由奔放的能量進入了射手座後，就如同脫韁野馬一般的狂奔，從能量展現的特質來看，這將會是一個快速變動的時刻，如果你無法想像這是一個什麼樣的年代，那麼請你回顧一下 1981-1988 年之間全球的變化，這段時間的變化之快，是先前人們完全無法想像的。

　　因此，這個世代常會用一種相當積極樂觀的態度，來面對未來的夢想與成長，但看在保守人士的眼裡，這種快速的改革，及不深思熟慮的方式，無疑會帶

來災難。

天王星在射手座的世代們，追求的是思想探索上的自由，一方面要求宗教思想的自由，但也可能表顯出從道德教條與宗教中的解放。同時，這個世代的人們也藉由高等教育、異國文化、信念與信仰的探索，來提升自我心靈的成長。

天王星在摩羯座（1988-1996）

在星座的原型中，摩羯座象徵著管理秩序以及事物的架構，任何有組織與計畫性的事物都與摩羯座有關，當天王星進入摩羯座時，天王星的夢想與理想會被投射在這些事物上，我們可以看見天王星進入摩羯座的九〇年代，許多大型組織（國際組織或國家機構）及超大型的商業組織（跨國企業），相繼興起了改革的風潮，人們寄望著更接近理想的管理模式。

這個世代的人，對制度架構與任何一種倫理秩序有著夢想，也因此會希望透過制度的改革、管理模式的改革與傳統事物的再造等，來達成這些理想。此外，摩羯是開創的土象星座，這也使得這世代的人以更積極、實際且謹慎的態度，來面對改革與追求夢想。同時要提醒的是，這世代的人可以透過對於權力、組織架構的運作的瞭解，來建構一個更美好的未來。

天王星在水瓶座（1996-2003）

天王星是水瓶座的守護星，當天王星進入水瓶座時，就如同回到了自己家一樣。在占星學中，水瓶座與科技、改革、人性關懷有關，因此，當天王星進入水瓶座時，無論在資訊科技、生化科技或醫療科技上，都有著關鍵性的突破。

在三個風象星座中，水瓶座代表的是一種鳥瞰式的俯視觀點，一種大格局的表現，也因此這個世代的人對於全世界的變化都相當在意，他們常認為人類應當互相合作才可能擁有未來，但他們仍認為，每個人仍應保有個人的特色。同時，這個時代的人也最不畏懼改變，會以健全且理智的態度來面對。

天王星在雙魚座（2003-2011）

雙魚座是變動的水象星座，對於事物的細微變化相當敏感，這個星座強調心靈、藝術、宗教等不具形體事物的層面。在天王星進入雙魚座的時刻，人們對於

心靈、精神活動會有不同的觀點，認為這些事物是改變人類未來的關鍵，因此我們看到許多心靈的成長團體，不同層面的心靈探索與研究都在這一個時代中出現。

在藝術、宗教和心靈成長的範疇中，我們可以看到有別於以往的改革，新型態藝術的出現，以及新的宗教組織的形成，甚至可以看到許多結合宗教與心靈成長的團體在運作。

天王星在雙魚座的人在追求夢想時，往往會以感受與感覺作為出發點，卻又隨著周遭環境的變化，不斷調整自己的態度，對於環境的變化雖然能夠及時回應，但也很容易在變動中迷失方向，因此，在追求理想的時候，這群人也常是比較隨性，且目標不明確的。

因夢想而引發的狂熱與熱誠——海王星

海王星在心理占星學中有著相當複雜的定義，就如同許多初學者對海王星的瞭解一般，「錯覺、幻想、欺騙」往往讓我們對海王星有著不確定的體認。在希臘神話中，對於海神波賽頓的描述並不多，波賽頓是克諾斯（土星）的兒子，和其他兄弟姊妹一樣，除了宙斯之外，所有克諾斯的子女都被他吞到肚子裡去，以防止有人取代他成為天界的霸主。然而有些版本則說，波賽頓的母親以羔羊代替了波賽頓，讓他逃過了一劫，因此占星學中對海王星的第一個定義「犧牲」就可以由此得知。

波賽頓、宙斯與黑帝斯三兄弟在擊敗以薩坦為首的泰坦神之後，以抽籤的方式分配掌管的世界，宙斯抽中天空，黑帝斯抽中了地府，波賽頓則抽中了海洋。而在希臘時代，人們對於海洋的依賴遠比我們想像來得重要，要在茫茫大海中航行需要精準的航海技術，否則很容易因為幻覺而在海上迷航。而海王星在心理占星學中所掌管的，也正是幻覺與迷失。

幻象、幻覺與不切實際等特質，常是心理占星師們描寫海王星時會用到的詞彙，這一點我們可以從神話故事中來印證。在希臘神話中，波賽頓為了取得雅典的守護權而與雅典娜競賽，兩人分別送給雅典城邦一份禮物，雅典娜送給人們橄欖，橄欖可以搾油、食用，同時具有和平的意涵，而波賽頓則劈開大地，送給人們一道噴泉。這原本對缺水的雅典人來說是相當珍貴的，但由海神所賜予的噴泉是鹹的，並不能飲用，最後雅典人選擇雅典娜。而無法飲用的泉水也像海洋中的海市蜃樓一樣，只是一種幻象，這些幻象不具形體，或者說不符合人們的期待，

且不具有實際用途,而這也是海王星的特質之一。

在早期的航海神話中,我們能看到人們對海神的祈禱與祭祀,唯有海神的保護才能夠確定行船的平安,海上旅行的平安與順暢,在當時不但象徵著漁貨的豐收,同時也象徵著商業交易的熱絡,正因為對漁貨豐收與商業買賣的熱誠期待,使得人們有勇氣踏向一條具有危險的貿易途徑——熱誠、狂熱、夢想與探險等,鮮少被人提及的海王星重要意涵,在心理占星學中,這些意涵卻遠比迷失還要來得具有海王星的原型。

在另一個版本中,海神被克諾斯吞掉了,他和兄弟黑帝斯同樣都具有被害人的特質,因此海王星與冥王星,在心理占星學中象徵著兩種遭遇命運殘酷挑戰的回應方式,海王星的模式為逆來順受、逃避、迷失、遺忘或沉浸在痛苦或幻覺中,而冥王星則是藉由瞭解挑戰、痛苦與恐懼的真相,而成為命運的主人。

由於三王星的逆行時間較長,幾乎有一半的人擁有逆行的三王星,因此心理占星學家傾向不解釋三王星的逆行。

海王星星座的意涵

* 海王星象徵著這個世代的人的夢想與冒險的方向。
* 海王星象徵著這個時代中哪些事物容易帶來狂熱與迷失。
* 海王星象徵著這個世代的人們容易為了狂熱的夢想而犧牲的事物。
* 海王星象徵著這個世代中人們對於幻覺、藝術與宗教、精神的看法。

海王星在牡羊座 (1861-1874)

受到牡羊座的熱情與勇氣特質影響,這世代的人們樂於追逐夢想與幻覺,一旦感受到夢想的渲染他們就會蜂擁而上,毫不猶豫的將生命的一切付出,熱情與勇氣是他們追求夢想的方式,就算是最後發現這很可能是幻覺與幻象,也不會一直沉浸在悲傷中,很快的投入下一個目標中。

海王星在牡羊座象徵人們對個人主體性有著狂熱,且會企圖排除任何束縛限制、瘋狂追求個人的自主性與自由,並且會呈現在藝術、宗教方面,甚至以冒險的方式呈現。

在占星學中,事物的發展可以有不同方向的解釋,例如:牡羊的象徵是個人,而海王星的象徵是狂熱、宗教、精神、藝術,如果說海王星在牡羊座的時

代，可能在某方面因為追求個人主體性的狂熱，而犧牲其他事物，那麼相反過來的，也可能因為追求藝術、精神、宗教領域的夢想，而去犧牲掉個人利益或自由。

海王星在金牛座（1874-1888）

　　金牛座在占星學中象徵著物質與資源的累積，以及穩定的物質環境所帶來的安全感，這個世代出生的人在物質、物質安全感及資源的觀點上，容易受到海王星的影響。海王星有著迷失的特質，此時暗示著人們很可能迷失在物質的堆積中，但也很有可能暗示著物質的消失與消融，因此，這世代的人對於物質的觀點有一種抽象且模糊不清的憧憬，可能認為物質能夠解決一切的問題，有可能瘋狂地相信看得見、摸得著的物質，甚至寧願為了物質的穩定或資源的開發，而犧牲其他的事物。這一個世代顯示了集體無意識中對於生存與溫飽的恐懼，然而過度仰賴物質的環境，很容易造成其他的問題。

　　從元素來看，海王星受到土象星座的影響，容易以實際的觀點來看待理想中的事物，此時或許會讓美夢變得有些不完整，但卻更容易落實。對於海王星的虛無飄渺來說，土象星座的好處是能夠落實他們的幻覺，壞處卻是讓他們瞭解自己的多數夢想可是需要付出相當的努力才有可能實現。

　　而從性質來看，海王星落入固定星座的金牛座，讓人們對於夢想理想的實踐更為小心翼翼，所以雖然這世代的人對物質的開發及依賴有些過度，本意仍是小心翼翼地在實現他們夢想中的世界。

海王星在雙子座（1888-1901）

　　雙子座象徵知識與溝通，加上海王星的狂熱意涵，使得這世代對理性與溝通有一種過度期待的崇拜，也正因為這樣的崇拜，讓人們在交通與通訊科技上有著突飛猛進的改變。十九世紀末期，交通工具與通訊的發達，使得資訊傳播開始變得便利，若我們查詢一下歷史就會發現，當時電話、電報與無線電收音機的技術，在海王星經過雙子座的十九世紀末、二十世紀初快速的發展，替人們帶來了縮短溝通距離的夢想，這種發展背後的力量，就是一種對於縮短人與人之間距離的狂熱的大眾心態。

　　同時，海王星在雙子座帶來對教育的夢想，特別是基礎教育，海王星會激起

這個世代的人們對教育普及的期待，期盼教育能帶來更美好的生活與夢幻，當時在許多地區和國家，人們都迫切的展現了他們對教育普及的渴望，期待著知識、教育與理性，能夠帶來更美好的生活。

海王星在巨蟹座（1901-1914）

海王星顯示著社會大眾在某一個時期所共同投射的夢想與狂熱，當海王星經過不同特質的星座時，就暗示著那些特質正好是人們盲目投射心中夢想的目標。在巨蟹座時，我們容易將這層關注投射在照顧與被照顧的關係上，以及我們生命中最重要的歸屬感，巨蟹座與這種原型有著明顯的關連，對於食物照顧養育方式的期待，對於家庭功能，以及女性母親所扮演角色的重視。

有趣的是，巨蟹與女性有關，在這一段時期中，女性爭取自身的參政與投票權也相當活躍，我們看見了另一種形式的海王巨蟹特質——女性的理想與夢想。而這樣的期盼表現在民族情感上特別明顯，西元 1901-1914 年之間，世界各國紛紛展開了以民族覺醒為主題的革命，人們對於家庭與民族血緣關係懷抱著夢想，認為只要國家民族強壯，人民就可以獲得更美好的生活，於是狂熱的民族主義，也成為海王星在巨蟹座的世代所容易表現出來的特質。

海王星在獅子座（1914-1929）

獅子座象徵人們的自我呈現，在心理占星學中認為，任何進入獅子座的行星在某些程度上，也可以是我們用來發光發熱的特質。因此，當海王星這樣的世代行星進入獅子座時，很可能就是讓這世代的人，透過海王星的夢幻、狂熱、重視藝術等特質來發光發熱。

因此，這世代的人們可以藉由藝術、影像、戲劇、宗教、精神、靈修或犧牲這一類的事，來彰顯自己的存在。

西元 1914-1929 年出生的人就有這樣的特質，我們不妨看看當時的社會環境背景，在北美無論是爵士樂、新藝術、達達主義或超現實主義的影響，都讓整個二○年代在歐美有著黃金二○年代的美譽。

由於海王星進入與自我表現有關的獅子座，會帶來一個人對於自我能力的迷惘，會使得這世代的人不知道自己的才華在哪裡，不知道自己的目標在哪裡，一次大戰中「迷失的一代」也證實了這樣的特質。

但這只是海王星與獅子結合的一種面向，另一層面向則是人們認為美好的未來將會蓬勃的發展，甚至認為世界上沒有任何不可能的事，但這個世代的人們也常迷失在過度自信中。

海王星在處女座（1929-1943）

海王星在處女座的時代，替人們帶來了對於工藝、技術、勞工與勞動生產的推進浪潮，心理占星學家在看待這一波推進力量時，認為背後有一種狂熱和夢想。在西元 1929 年，海王星進入處女座時正值二次世界大戰，因為戰爭的緣故，工業生產與醫療、科技似乎都被一股巨大又快速的浪潮推進著。

包括美國德國對於火箭系統的競爭，醫療及藥物的進步，就連納粹與日軍利用戰俘與百姓做殘忍人體實驗的背後，都與這種對於醫療科技的狂熱有關，進而讓自己或他人在這股浪潮下做出犧牲。

這種狂熱同時也模糊了道德與倫理的界線，處女座的其中一種特質就是區分、分別界限為何，然而這一條界限在這時也開始消失了，對於平等的要求也成為一種浪潮，諸如：女性與男性的不平等、殖民國與被殖民國的不平等，甚至是窮人與富人之間、勞工與雇主之間，這也正好是社會主義或共產主義在各國產生重要影響的時刻。

海王星在天秤座（1943-1956）

天秤座的原型與伴侶、人際互動與平等、平權有關，當海王星進入天秤座時，掀起了與這些事件相關的浪潮。出生在這世代的人們，對於平等、平權有著極大的憧憬，認為許多問題的根源就在於不平等，只要人人都能平等和諧的相處之後，許多問題便得以解決，海王星的夢幻與過度激進的熱誠出現在這裡，並從不同的層面切入。

而婚姻及合作關係是天秤座的另一個特質，人與人的關係在此時被賦予極大的重要性，甚至誇張、誇大了它的功能。在這時人們所關注的，不是自己如何看待這個世界，而是別人如何看待自己。

從某個角度來說，婚姻關係或合夥關係、聯盟的關係，也透過海王星的慈悲與同理心的特質來彼此認同，更進一步的加強了人與人、組織與組織、國家與國家之間的緊密聯繫。

但同時，這世代的人因為盲目地信仰來自他人的觀點，或相信自己能夠從合作與婚姻關係中得到好處，不願看清什麼是自己真正需要的，這時也很容易成為婚姻及合作關係下的犧牲品，而「犧牲」正是海王星的重要原型之一。

海王星在天蠍座（1955-1970）

天蠍座在心理占星學中與深層的心理有關，特別是內心深處的恐懼與害怕，這些原型其實都來自於一個共同的意涵：「隱藏的事物」。而海王星在天蠍座的時代，以及這個年代出生的人，會對這些隱藏的事物產生一種狂想，並堅信這些看不見的事物隱藏著宇宙的奧祕。也因此神祕學、玄學、心理學、針對微小事物（肉眼看不見）的探索、微生物，或任何以微米、毫米科技的探索，都使人們相信未來更可以靠這些事物而變得更美好。

天蠍座也象徵著力量與控制，其中有相當程度的連結來自於生存的恐懼，基於對生死的恐懼，海王星在這個世代的人們之中引發了兩種作用力，一種是對於生物與基因科技的控制，例如：優生學或基因的研究，基因改造的期待與夢想都是 1970 年代的大事，另外一種態度，則是以慈悲與無我的情懷來看待生與死，想要讓人們從生與死的苦惱中解脫，或獲得更大的力量，而宗教、靈修、神祕學與心理學都是一種途徑。

海王星在射手座（1970-1984）

未來、自由、成長、冒險都是相當射手座的原型，這些關鍵詞中的任何一個在遇上海王星的狂熱與夢想時，都會讓人有一種火上加油的感受。

在心理占星師眼中，這是一個無法控制的成長年代，只要是以未來、成長為名，都可以在這個年代得到瘋狂的支持，冒險與探險幾乎完全地失去了限制，在海王星進入射手座的年代，人們首次闖入太空登陸月球，超音速協和號客機打破了音速的限制，使得洲際飛行旅行開始變成家常便飯。人們對於速度與成長陷入著魔的狀態，彷彿這個世界的物產可以不斷地膨脹下去。

海王星在摩羯座（1984-1998）

摩羯座象徵著由秩序所帶來的安定，這個世代的人對秩序的觀念有不同的看

法。某一方面來說，管理成為一門熱門的學問，人們渴望藉由管理來創造更美好的物質世界，當然海王星無限上綱的特質也讓管理無所不在，甚至連心靈及精神世界都可以藉由管理與控制的力量，來達到更美好的境界，例如：諸多大型且有組織的心靈中心，與宗教機構慈善團體。

在現實生活中，透過對於管理、秩序與組織架構的狂熱發展，帶來了許多大型機構的成立，同時透過大型機構帶來了更多的夢想。海王星不只是狂熱而已，有些時候也會帶來虛弱與模糊，古老的制度與老舊的機構因為過度僵化無法運作，而逐漸失去功能，被淘汰或弱化的功能在這個時代屢見不鮮。

同樣的，人們對於摩羯座所代表的經驗、管理與秩序，也可能有著模糊的看法，以至於一方面呈現出無限制的擴張發展，另一方面則完全將經驗管理與秩序視為無物。

海王星在水瓶座（1998-2011）

「自由」與「未來」是水瓶座的重要關鍵字詞，就如同先前的海王射手一樣，迷失與狂熱遇上了自由與未來，就像是航向了無盡的太空，永遠沒有盡頭的前進，不會有限制，也不會有終點。彷彿透過海王星的重視精神與藝術的特質，人類的未來就可以無限的延伸下去。

除此之外，同時陷入狂熱與迷失的事物，還有人性與科技。首先來談談人性，水瓶在占星中有一種強調人性珍貴的特質，以人為本、關懷人類與環境互動的特質。在海王水瓶的世代，我們對於人性及以社會關懷為出發點的思想寄予厚望，許多人會瘋狂地獻身於這些行業。同時我們的確看到我們所處的海王水瓶時代，瘋狂的信仰科技，甚至會陷入一種科學迷信與科技萬能的迷惘中。然而行星與星座的影響總是雙向的，海王可以造成我們對水瓶的科技迷惘，反過來水瓶的科技與理性特質，也會影響我們對於藝術、宗教、精神、身心靈的看法，或是將理性、人性與科技的理論應用在其中。

海王星在雙魚座（1847-1860，2011-2026）

海王星進入了自身守護的雙魚座，自然會引起強烈的反應。當行星回到它所守護的星座時，通常會讓那一整個世代充滿該行星的特質，海王星的特質可以視為雙魚的輝煌年代，對於藝術與美學的狂熱將會充滿在我們的生活中，同時精神

與身心靈的信仰，慈悲與同理心的實踐，或許會讓這個世界充滿了善與美的氣氛。

有趣的是，上一個海王星在雙魚的時代，正好是馬克斯與恩格斯寫下共黨宣言的時刻，而當時的馬克斯主義充滿濃厚的悲天憫人色彩，希望打破窮人與富人的界線，試著想想，在當時的保守與階級制度嚴重的社會底下，所接櫫的「沒有階級、國家無界限、財產公有、各盡所能、按需求分配」等信念有多麼美好，以至於讓整個世代迷失在這樣的信仰洪潮中，甚至為了這個信念而犧牲。

或許在西元 2011 年時，類似的信念會重新出現，不一定是舊有的共產或社會主義，或許會有不同的慈悲、平等的觀念或信仰會被提出，且讓我們拭目以待。

同時，海王星位於雙魚的年代，為了藝術、信仰或更高層次的精神生活而犧牲，是一種相當正常的事，因為「犧牲」正是海王與雙魚的共同主題，在心理占星學上，尤其不能忽略這個特質。

待發掘的恐懼與寶藏 —— 冥王星

冥王星在心理占星學中，有著相當精采且戲劇化的地位，許多占星初學者只以簡單的認定來定義冥王星，我問過許多初學者對於冥王星的看法，暴力、恐怖是我最常得到的答案。沒錯，這的確是冥王星的特質，但卻不是冥王星的本質。而在遇到許多看過占星大師阿若優（Stephen Arroyo）《占星・業力與轉化》（Astrology Karma & Transformation）一書的讀者，總是對於阿若優的理論十分著迷，卻多半不瞭解冥王星為什麼和轉化有關。

要瞭解心理占星學對冥王星的看法，得回到神話故事中的原型來看。在神話中，冥府之神黑帝斯是克諾斯的三個兒子之一，黑帝斯一出世時就被自己的爸爸吞下，造成他一出生就面對黑暗與恐懼，這樣的人最痛恨的也就是黑暗死亡與恐懼，然而命運的作弄之下，再從父親的肚子中被釋放出來之後，他又因為抽籤再一次的被分配到了死亡的國度，因為這些原因，冥王必須學會瞭解和掌控黑暗和恐懼，來適應陰暗的死亡世界。

我們在介紹海王星的章節中，曾說冥王與海王代表著兩種遭遇巨大傷害的反應，海王選擇遺忘與幻想，而冥王則選擇接受恐懼、通過考驗，進一步取得轉化重生的力量。

「控制」是冥王星最常被點出來的另一個特點，尤其是控制自己的憂慮與不

安。看不清自身恐懼的冥王星會想緊緊抓住其他人事物（被解讀為控制）以獲得安全感，而清楚自身恐懼的冥王星，則學會控制自己、挑戰自己，對他人放手，甚至反過來去挑戰面對恐懼本身，成為恐懼的控制者。

所以，當我們面對星盤上的冥王星時必須記住這一點，瞭解恐懼本身，而不是讓周圍的人感到害怕。許多人說冥王星是恐怖份子，是加害者，但別忘了，這些人在先前也可能是一個被害者，然而他接受挑戰、熬了過來，選擇成為力量的控制者與管理者。只是，其中某些人選擇利用這樣的力量幫助別人，而其他人則選擇了加害他人。

在傳說中，冥王擁有一件隱形的盔甲，羅馬人也相信冥王普魯托（黑帝斯的羅馬名）掌管著埋藏在地下的寶藏，這些神話都暗示著看不見的事物，因此冥王星也與看不見的事物有關，特別是被隱藏、被埋藏起來的事物與寶物，必須透過挖掘、調查、研究才能發現。

黑帝斯象徵死亡後再重新出現，成為控制恐懼的主宰，而普魯托則代表等待被挖掘的寶藏。星盤中，冥王星的位置，往往暗示著我們對此事有一種生死交關的迫切危機感，需要透過冥王星的考驗才能夠突破限制，促成生命的轉化，唯有通過這些考驗，我們才能夠獲得活下去的力量。只是，人們通常會在這件事反覆受到考驗，歷經失望、恐懼，而後才有可能體會冥王星所代表的轉化。

當我們結合冥王星隱形與巨大的力量時，我們就能得到肉眼看不見的力量，這些力量的取得，要你親自到黑暗的國度去走一遭，要你親身的體會痛苦與挑戰，唯有這樣，才能取得他人無法擁有的力量。

在心理占星學中，冥王星也和神祕學、心理學有關，當一位心理諮商師要成為諮商師之前，也必須成為一位尋求諮商的求助角色，好親身體驗處於無助與痛苦的煎熬。

此外，由於三王星的逆行時間較長，幾乎有一半的人擁有逆行的三王星，因此心理占星學家傾向不解釋三王星的逆行。

冥王星星座的意涵
*冥王星所在的星座，象徵著我們用什麼樣的態度來面對最原始的生存法則——「適者生存」，象徵著我們這個世代認為該在哪些事情上淘汰掉不合時宜的部分，讓真正需要的部分經過時間的考驗後保留下來。 *冥王星的星座往往代表了這一個世代所感到恐懼、害怕與擔憂的事情，是這一個世代的人們共同擁有的陰影以及禁忌事物。 *冥王星所在的星座象徵著這世代的人對哪些事物有著關乎生死的危機感。 *冥王星所在的星座象徵著我們在哪些事物上會拋棄原本天真的想法，深入事物隱藏的真相研究瞭解，最後發現其最真的意涵，而獲得力量。

冥王星在牡羊座（1822-1851）

　　冥王星在牡羊座帶來這個世代的人對自我的存在有著迫切的危機感，這個世代在無法充分表達自我時，就如同失去了生命力以及瀕臨死亡的威脅一樣。也因此，這個世代的人，必須拋棄原本對「自我」、「意志」的天真想法，深入的去討論研究「我是誰」、「我生存的目的」，這些聽起來相當哲學的討論。

　　上一次冥王星在牡羊座時，哲學家們確實在「意志」與「主體」的議題上有著重新的認識，康德、叔本華到存在主義的先驅齊克果，對於這些主題有著精采的探討，正因為冥王星在牡羊座，使得人們對「我」與「存在」有迫切想要重新認識的危機意識。此外，由於牡羊座的影響，這些追尋的過程通常會刪去過多的綴飾，例如：「宗教」或「神學」等影響，去認識最原始的「自我」與「存在」。

　　冥王星在牡羊座的時代，會使人們用激烈且直接的行動來面對內心的恐懼，那種害怕自我不存在與自我主體消失的恐懼感，會迫使這個世代的人採取行動，去討論研究發現這些關於生存的主題。冥王星也與生存有關，透過牡羊座的行動與熱情，這世代的人會用牡羊座的積極態度，爭取各種生存機會（冥王星代表）。

冥王星在金牛座（1851-1883）

　　金牛座象徵著這個世界的物質與資源，冥王星經過此處時，暗示著人們對於物質、物體、身體、生物、能量、資源將會有一番徹頭徹尾的改觀。首先，人們容易激起對物質及地球資源重要性的認識，人們很容易體驗到誰掌握了資源（金牛），就掌握了生存的力量（冥王），於是，人們開啓對於資源物體的重新探索挖掘及研究。

　　讓我們來看看在冥王星經過金牛座時，人們透過哪些研究，開啓了對物質極度依賴的社會。首先可以看到，這個時代幾乎是達爾文發表演化論與物競天擇理論的年代，同時這時代還包括了石油工業、電力、炸藥的發展。炸藥在歐洲的出現，徹徹底底顛覆了物質世界，而諾貝爾發明炸藥的時間，正好就是冥王星在金牛座的時刻，炸藥不但被應用在開採礦物上，同時也應用在戰爭中，造成更劇烈的死傷，這些都徹底改變人們對物質及力量的看法。

冥王星在雙子座（1883-1913）

　　冥王星在雙子座的世代，對於雙子座所掌管的溝通、學習、思考、知識等事物上，有一番全新的認識。人們對於知識與教育，有種生存危機的迫切感受，彷彿失去這些事物就喪失了生存的力量，於是這個世代的人透過對於知識、語言、學習、教育上的瞭解，發現了「知識即是力量」的意涵，對於生活周遭事物瞭解更多，就越能夠掌握對於生活與生存機會的控制。

　　而言語也是另一個雙子座的特質，在面對生存的議題時，這個時代的人們會發揮語言的功用，並發揮冥王星的控制與影響力，以確保自己生存的機會。在另一方面，受到雙子座的影響，人們開始用理性與理智且實用的態度（雙子），來探索未知的事物（冥王星）。

　　風象星座除了與頭腦有關之外，也與社會的互動有關，而雙子代表著這層關係中最基礎的互動，包含與兄弟姊妹或鄰居、同儕等互動。一方面察覺到彼此的威脅與競爭，另一方面也察覺到必須透過與這些人合作，才能獲得更高的生存的機會，是冥王星在雙子世代必須學會的事情。

冥王星在巨蟹座（1913-1938）

在我的《占星全書》中曾討論過，冥王星進入巨蟹座時，會帶來當時社會對於國家民族的覺醒的特質，心理占星學家認為這樣的特質，除了巨蟹座本身有家園與家族的意思外，想要對自身根源的重新挖掘與探索，也相當容易帶起這樣的風潮。

對於整個世代的人來說，因為恐懼或疑惑自己是從何而來、屬於哪裡，透過這層共同的疑問，人們開始反思跟自己出身有關的問題，並像漣漪一般，從家庭、家族，進一步推展到地區、國家與民族。

這世代的人透過內心情緒、血緣連結與家族，甚至是生命源頭的探討，來重新定義歸屬感和安全感的問題，而恐懼也來自於對家庭父母的失去或依戀。當這個世代的人，深入內心瞭解這些與安全感有關的疑問時，就會像是獲得重生的力量，帶來更多的勇氣與無畏的精神。

冥王星在獅子座（1938-1958）

在冥王星進入獅子座時，獅子座所掌管的創造力會經過冥王星的整頓與洗禮，以全新的風貌展現在世人眼前，但我們千萬不能忽略冥王星展現力量的方式，並非直接讓創造力無中生有，而是透過一連串命運的挑戰，讓我們意識到創造力的重要性。

冥王獅子讓我們對自己的表現感到不滿，甚至很可能會覺得自己過去那些表現應該消失或加以摧毀，直到我們重新定義什麼是自己所要呈現的，什麼是最原始的創造與力量時，才會再一次將這些特質發揮出來。

如同神話故事中的黑帝斯與波賽鳳，在心靈上透過深入內心黑暗的審視而得到的珍貴自我，是這一個世代人的驕傲。這個年代有許多重要的心理占星師，都具有強烈的冥王獅子特質，這些人並非天生下來就是偉大的心理占星師，能洞悉人性，而是在經歷許多挑戰，學習黑帝斯與波賽鳳走出黑暗的幽谷時才獲得強大的力量，這也成為他們生命中發光發亮的事件。

這一個世代的人或許經過威權的統治與戰火的洗禮，而瞭解到可以自由的自我表達的珍貴，同時這些人也瞭解到爭取自我權益與展現自我，能夠帶來更多力量。

冥王星在處女座（1958-1971）

冥王星進入處女座會帶來工業及醫療的推動力，這些改變的背後有一股冥王星所帶來的迫切危機感受，反映在當時人的心中，冥王星所進入的星座，都會讓當代人對該星座的事物有一種生存危機感，而在占星學上，處女座與工業、技術、衛生等事物有著密切的關連。

這或許是這時期因為某些因素，使得工業的製程以及公共衛生的管理受到挑戰或無法發揮效應，接著人們開始察覺到公共衛生與工業技術的事情，將會是影響人類生死存亡的重要關鍵，才進一步在受苦中尋求改變這些事物的關鍵。

而處女座的特質在於區分物體的實質差距，一般人常說的「潔癖」，只是這種功能的其中一項而已。冥王星的挖掘探索，加上處女座的分析與應用，使得這世代的人傾向探索事物的細微差距，從中去尋找影響人類生存的關鍵，或是公司獲利的關鍵。

也因此造成整個世代擁有一種對於細節差距的在意，以及對不同膚色人種、性別、國籍的分辨等共同特質，別忘記，「discrimination」除了辨別、區別的意思，還有歧視的意味在。

冥王星在天秤座（1971-1984）

天秤座在黃道中強調對等的特質，及重視對話的特質，在這當中更延伸出對等關係、平等關係及伴侶關係的重要性。在心理占星學中，天秤座強調的就是人我之間，當冥王星來到這一個位置時，同樣的引起了不小的波動，大至國家的互動及權力結構的重新洗牌，小至人們每日生活中對於「人我關係」以及「伴侶關係」的危機意識。

無論當時的環境如何，冥王星在天秤座暗示著整個世代對於「平等」和「人與人之間的關係」都必須重新再教育，或許之前對人權或性別、種族差異的覺醒，使得人們迫切的需要去追求平等、平權，甚至不惜用激烈的手段來爭取，這都是將冥王的危機意識應用在追求平等的表現。

當然冥王星也迫使著這一代的人們，對於人與人的關係，特別是「伴侶」關係作一番重新的審視，這個世代的共同特質，不但是去重新檢視婚姻的價值，刪除婚姻中不適切的部分，更透過重新瞭解伴侶的結合（伴侶的合作），來瞭解生

存的意義以及獲得生存的力量。

冥王星在天蠍座（1984-1995）

人們總喜歡說冥王星回到自己的星座，帶來多麼強大的能量或磁場云云，事實上對於心理占星學家來說，冥王星回到了他所守護的星座，不過就是另一個重複強調冥王本身特質的時代來臨。這世代的人會對於挖掘、探索（冥王星式的動作）神祕事件、心靈深處恐懼的意涵、超越物質的事物或隱藏在表象之後的事物，都有著迫切的需求，那樣的需求就如同想要去爭取求生的機會一樣。

當然從這裡我們觀測到另一件事情，生死本身也一直都是天蠍座的特質之一，這個世代受到冥王星進入天蠍的暗示，顯示著人們不由自主的要去探討生死的議題。無論是從科學角度的基因科技或者突破死亡的限制，或從玄學、心理學的角度來探索生前與死後的狀態，或是從哲學與宗教的角度，瞭解生與死之間的偉大奧祕。

同時必須注意的是天蠍座對於價值觀互動的瞭解，兩個價值觀之間的結合與融合，成為冥王星在天蠍座的世代所關注到的重點，這並非一個零合遊戲，對於天蠍來說，能夠融合與結合的才是贏家，而不是控制或毀滅他人價值觀，就看這個世代的人們是否有學到這一點了。

冥王星在射手座（1995-2008）

如果你的記憶力不差，就會回想起一些與冥王星進入射手座的相關事件，因為冥王星在西元 1995-2008 間都在射手座運行，超音速客機協和號突然停飛，蘇聯與美國的太空計畫紛紛進度落後或停擺，這當中也引發人們對於外太空探險、向外探索的質疑。而在宗教的事件上，我們看見了許多宗教與世俗政治的交錯，例如：911 事件、回教地區對西方社會的抗議等等。

射手座的關鍵字中相當重要的就是「信念」，以及人們對未來的看法，這些特質遭遇到冥王星的嚴重挑戰，使得我們必須去看得更清楚未來在哪裡？什麼是我們的信念？同樣的，透過宗教延伸出來的問題也是信念的問題，究竟該為自己的信念付出多少？以及信念到底是什麼？也是一個值得探討的問題。

在射手座的另一個關鍵字——「擴張」方面，人類究竟能擴張多遠？速度能飛多快？這些究竟有沒有意義？許多國家都開始討論自己高等教育究竟出了哪些

問題？這是一個有趣的現象。事實上人們想問的是，人類的成長與學習，究竟能夠到什麼地步，究竟替我們的社會帶來了什麼幫助或影響，也是我們在這時候會想探索的。

冥王星在摩羯座（1762-1777，2008-2024）

接下來這一段對我們來說相當重要，因為我們正處於冥王星進入摩羯座的年代，一直到西元 2024 年之前，冥王星都會一直帶有摩羯座的特質，對於摩羯座象徵的世俗事物帶來挑戰，那意味著向權威、管理和統治挑戰。

而另一方面，也可能在數年之後提供給政權更大的力量，因為這段時間人們不斷的思索，我們要什麼樣的管理模式，要什麼樣的政權，該怎麼去淘汰不合時宜的政權與統治管理方式。上一次冥王星出現在摩羯座時，一方面有新型態國家的出現，同時人們對政權的批判聲浪也越來越大、越明顯。

冥王星一方面帶來人們對於組織、統治的恐懼心態，同時也對所謂的管理、規劃、統治的念頭有著不同的看法，透過淘汰的方式，刪除不合時宜的組織與管理方式，同時透過探索與搜尋，建立起適合未來的組織型態和管理方法。

無論是商業組織或政治組織，都是這一時刻被關注與改造的焦點。但是透過這樣的改造，才會帶來更強的的組織機器，這或許是另一方面令人們害怕恐懼的源由。

冥王星在水瓶座（1777-1798，2024-2044）

水瓶與射手是黃道上兩個與未來相關連的星座，他們也都帶著成長的意涵，冥王星在西元 2024 年之後就會進入水瓶座，暗示著人們對於成長必須有一番新的定義，人類的未來、人類的夢想、這一個世代的共同目標，都需要透過冥王星的考驗來重新檢視，究竟有哪些共同目標是需要的，而哪些共同目標是不切實際的，都會在冥王星的嚴選淘汰之下消失。

上次的冥王星進入水瓶座時，正值法國大革命爆發，這股浪潮讓人們開始對於君主政治的不適切，做出了反應與選擇。

而科技與未來也在冥王星的審視之下，脫離黑暗時期再一次的對人們產生影響。在上次冥王星進入水瓶座的時代，科技的快速發展讓人不敢想像，工業革命在這時進行得如火如荼，當然這樣的動力也多少來自於冥王星的迫切危機感受，

這個世代的人們，對科技是又愛又怕，愛的是期待科技能夠幫助人們解除危機感受，但另一方面又害怕科技對世界造成不可彌補的傷害。

更有趣的是，水瓶座一直被視爲和革命改變有所關連，在過去這些都被視爲反叛的同義詞，在這個時代，人們在嚴格審視後，對革命和改變有了新的定義。

冥王星在雙魚座（1978-1822，2044-2068）

冥王星在雙魚座，帶來一種對於藝術文化發展以及精神生活的迫切危機感受，在這樣的時代，一些過去被埋沒的藝術概念、藝術精神或宗教的概念，有可能透過挖掘出土的方式，改變了人們原本的生活。

冥王星同時也會透過嚴格篩選的方式，讓人們瞭解在這些虛無飄渺的思想中，哪些是對這個時代有用的，哪些對這個時代是沒有用處的。特別在這個雙魚代表的末世時代，更需要冥王星嚴格的把關，來淘汰那些不適合新時代的怪力亂神言論。

在藝術對心靈的啓迪上，冥王星以深入心靈的方式來刺激人們，如何從原始的生存危機中取得創作的動力，人們可以透過哪些隱藏在集體無意識中的生存掙扎與恐懼，來作爲藝術文化創作的動力，以及瞭解世界運作的方式，對於人們的心靈演化也有一番新的體認。

冥王星的控制與壓力也可能會展現在心靈上，我不敢預言它會用何種方式展現，卻敢說其結果，是人們瞭解到慈悲力量大過於控制與壓迫。

第二部
心靈的十二種面向‧
生活的十二個領域

Twelve houses: Twelve domains of your life

我們經由那個被稱作誕生的生死交關過程來到這世界，就算是一個相對來說較不複雜的出生過程，對母子來說都伴隨著極度的危險。這一份脆弱被銘記而且停留在上升點的位置，也因此我們從這個地方開始這段想要在世界留下記號的旅程。

——梅蘭妮‧瑞哈特
（Melanie Reinhart，殿堂級占星大師、凱龍星研究權威）

第一章　第一宮
自我的呈現（上升星座 ASC.）

　　在心理學的觀點中，第一宮表示自我的呈現，是我們對於外界的呼應所給予的回應。簡單的說，上升星座是一種自我形象塑造的呈現，尤其是在成長的過程中，「我」想要變成什麼樣的人。

　　在家庭環境與學校、社會環境中，有我們所喜歡的對象，也有我們不喜歡的對象；有我們喜歡的事情，也有我們憎恨的事情，這些外界的刺激對內在的自我產生了一些心理上的效應，我們會吸取那些自己喜歡的人事物，成為自我的一部分。但在與外界互動的過程中，也並非所有面向的「我」都能被外界所認同。

太陽在第一宮

　　第一宮除了代表此人的個性與帶給他人的感受之外，也代表了自我通往外界的途徑，掌管了我們呈現在他人眼前的形象，此形象將會表現出太陽所在星座的色彩與特質。這個外界形象包含了身體、行為、外表與個人態度，就像戴著一個對外展示的面具。

　　當太陽落入代表個人特質的第一宮時，向外展示出自己的自信與強烈的個人色彩（這個色彩由星座決定），將自己是否舉足輕重這件事情，視為證實自己存在的決定性指標，並在追求成功與被他人重視的挑戰中，證實自己的存在及價值，體驗並取得自我實現後的滿足感。只不過在心理學中，除了所謂的自我意識之外，還隱藏了許多人格特質，因為太陽在第一宮所表現出來的自我形象，往往來自於成長過程中自己與他人的互動經驗。

　　我們的世界觀與生活觀都與第一宮密不可分，這裡也包括了童年經驗，例如：小男生在哭鬧時，會被大人灌輸「男孩子不能哭」、「這是不勇敢的行為」、「你繼續哭也沒有人會理你」之類的觀念。這些訊息與正在哭泣的自我產生了衝突，於是，下次小男生遇到挫折，又有了想哭泣的念頭時，他會考慮他的哭泣行為是否會被他人接受，而決定是否要表現出勇敢。

　　在這個過程中，自我表達與表現模式都會受到太陽的影響，改而採取他人能夠接受的模式來呈現自我，這就是太陽在第一宮的效應，左右你對外界展示的形

象與行為模式，使他人能夠明顯的感受到太陽能量對此人的影響。

太陽在第一宮的人通常很重視自我實現，以自我為中心，合作觀念薄弱，可能會出現一味要求他人配合的情形。在心理意識上，強勢太陽容易使人想要位居於重要位置，擁有積極爭取權力或影響力的活力與勇氣，這多半來自於希望被人注意，與希望自己具有影響力的心理有關。透過生命的力量去追求自我，透過自我的追尋讓自己發光發熱，甚至成為英雄、受到他人的崇拜，這是太陽在一宮的人的願望。

在此位置，太陽能量帶來強大的驅動力，有助於實現夢想，完成想要追求的事務，但切記，還是要築夢踏實。

月亮在第一宮

月亮代表需求、情緒感受、伴侶關係及過去的經驗。月亮落入第一宮時，旁人將明顯感受到這些人的自我情緒表現，他們容易帶給別人情緒多變的印象，這些人不會掩飾自己的情緒起伏，因為這就是「我」的表現。他們也許既情緒化又容易激動興奮，易怒或動輒得咎，總需要有人來滿足自己的需求，時而對人大方，時而有些過分的要求別人，一向以自我為中心的態度，給別人有如坐雲霄飛車般高低起伏的情緒感

月亮在這個位置的人，常常會像個愛耍賴的孩子般，難以控制自我的情緒與情感，不時需要有人陪伴，就如同嬰兒需要母親哺乳，本能的對別人有著相當多的要求。一旦需求無法被滿足，就會直接展現出情緒反應（月亮在摩羯、天蠍、金牛、水瓶等位置時，此反應比較不明顯）。

月亮在一宮的人對於伴侶、朋友、母親、女性等人的一舉一動特別敏感，因為他們從童年起，就開始與母親或家中的女性長輩維持密切的關係，在相濡以沫中互相喜愛也互相照顧，長久以來，受到她們的潛移默化，影響他們對自我需求與自我認同的定義，所建立的童年經驗將表現在每天的日常生活中。

這些人必須找出本身的需求為何，透過需求的滿足來撫平內心的不安。有幸找到願意滿足這種需求的伴侶或朋友時，也要以投桃報李的心態來回饋他們的需求，千萬不要成為一個只求收穫，不願付出的自私鬼，否則，下次對他人有所要求時，恐怕就無法得到期望中的回應。

水星在第一宮

當水星落入了代表思考與溝通的第一宮時，這些人的思考能力相當活躍，溝通技巧也很靈活，通常給人能言善道的印象，自我表達的態度也很積極，但多半將溝通焦點與主題集中在自己的身上，給人自以爲是、自我意識強烈的感覺，往往帶給人不考慮到他人感受的印象。這些人在溝通上非常積極，因爲任何形式或風格的「發聲」與演說，都是「我」的表現，十足的「我思我說故我在」，甚至自詡爲偉大的演說家與思想家。

水星在一宮的人將溝通視爲與外界互動的主要橋樑，不斷的透過思考與溝通接觸周圍的事物。受到水星多變性質的影響，他們越是急著表達自我，卻容易造成反效果，因爲過於活躍而多變的思考模式，會讓別人眼花撩亂，搞不清楚他們到底要做什麼，甚至覺得這些人說話天花亂墜、太過急躁輕浮。

水星的多變性質除了反應在意識與心理層面上，讓人像傳信鴿一樣忙著疏通關係、傳遞消息，在行爲上也很難安定下來，不僅樂於以學習、旅遊、交流、溝通，作爲自我成長的主要目標與方向，更經常與鄰近的友人、兄弟姊妹密切的溝通交流，不斷的透過自我表現，來發揮水星的力量。

金星在第一宮

金星位在與個人特質相關的第一宮時，會帶來溫暖與和平的特質。這些態度總是親切和善，讓身邊圍繞著許多朋友，營造出溫暖而平和的唯美氣氛。金星在一宮的人對外總是表現出彬彬有禮、優雅迷人、富有品味的形象，自我感覺良好的自戀態度，也是希望能換取別人對自己的喜愛，來確立自我價值。

從心理層面來探討，金星在一宮的人在自我呈現的時候，爲了展現溫暖、討人喜歡的一面，同時也會削弱第一宮的個人特質，讓自我「變弱」，藉以增進自己與他人的關係，希望溫和可愛的自己能夠換取他人善意的回應，所以，通常無法拒絕別人追求的攻勢，因爲他們就是需要別人的奉承與注意力，來證明自己的價值與魅力。

金星位在第一宮的人，非常重視自己和他人的關係，通常會採取以和爲貴的方式交往。金星的交換特質會影響他們的自我呈現，他們往往先對別人表現出關懷，然後「期待」著對方給他們同等的回饋，從付出與回收中建立與他人的關係。

117

第一宮
第二宮
第三宮
第四宮
第五宮
第六宮
第七宮
第八宮
第九宮
第十宮
第十一宮
第十二宮

火星在第一宮

第一宮代表自我的呈現，讓火星位在這裡的人像是有用不完的充沛精力，一旦有目標出現，不經思索就拚命往前衝刺，充分展現火星的衝勁與競爭特性，這些人特別適合當運動員與軍人。火星的力量有利於自我實現，全力達成自己的目標、貫徹自己的意志。

除了命盤上受到天秤、天蠍、摩羯、金牛影響的人之外，火星一宮的人就像拚命三郎一般，什麼事都先做再說，因爲火星會讓人迫切的想要展現自我，急著去實踐每一件事，只要察覺到一個問題點或發生一點小狀況，就會急著要去行動、去回應，總認爲與其讓狀況找上門，不如先發制人，早點衝上去先把它們統統解決掉，因而塑造了草莽英雄般「亂槍打鳥」式的行事風格。

這個位置也因爲火星與一宮的雙重特性，讓人充滿自我防衛與攻擊性的強烈自我意識。實際上，這些人只是以實現自我爲第一目標，不顧慮他人感受，別人卻可能會認爲他們十分自私，因爲覺得自己被利用了，而將他們定義成爲達目的不擇手段的人。這種情況很可能引發人我之間的利益衝突，火星在一宮的人也可能爲了維護自我名聲或展現自我，而去挑戰他人，甚至帶來紛爭或法律問題。

什麼都「馬上要」，讓他們很容易因爲行動過於急躁魯莽，而造成身體上的意外傷害，像是頭部外傷。此外，暗示著經常發燒，或發生任何頭部發炎症狀的可能性。

木星在第一宮

第一宮象徵著自我與自己，上升點附近的位置也暗示了自我呈現的方式，木星落入這個位置，在信念與第一宮的自我相互結合之下，爲這些人帶來了強烈的自信與樂觀開朗的態度，在行動上給人誇張、戲劇化的印象。受到木星膨脹性質的影響，讓木星在一宮的人認爲自己無所不能，所擁有的天生好運氣，讓自己總能得分獲勝。

在心理層面上，木星的擴張性讓木星在一宮的人有種強烈的想法，想要去發展自己，提升自我成長。他們可能會覺得自己的運氣很好，也覺得自己的想法是對的，既然如此，就應該將正確的信念大肆宣揚、推薦給別人。木星往往帶來一種自我膨脹的感受，讓他們以行動去擴張自己的影響力，也會想要表現出自己善

良和樂的一面。

　　有時候，也可能因為過度的自我膨脹或過剩的自信，因而帶來一些事件，像是刺激冒險，甚至是非法的犯罪事件。木星在一宮的人可以藉由學習與研究任何事物，將這種追求冒險與刺激的動力，轉化為自我的發現、信念的建立與精神新世界的追尋。

土星在第一宮

　　土星在第一宮或是位於上升點附近時，暗示著這些人在與外人互動時，將土星的諸多特質和自己的人格特質劃上等號。他們希望別人認為他們是非常嚴謹、實際、仔細、重視倫理、專業、具有野心，但有時也容易給人小家子氣、心胸不夠寬大、太過嚴肅、官僚或無法親近的感受。

　　在心理占星學的課題上，我們往往會去討論，是什麼樣的成長背景，促使這些人希望他人認為自己是如此的謹守本分，是不是因為某些事情造成自信不足？是否給自己太多壓力？是否因為過度的保護自我，而無法與他人有更進一步的親密互動？

　　土星在一宮時，往往讓人們不敢勇敢地表現出自我，對自我懷疑得相當嚴重，不敢以真面目示人，或是在表現自我時，太過緊張或處處受到限制。在生活中，這些人會透過不同的方式，不斷的質疑自己的表現、自我的成就，或擔心他人如何看待自己。

　　每當成就一件事情，他人或許會因此而自滿，但土星在一宮的人反而會馬上開始展開檢討大會，或是因為某些小地方表現不佳而憂慮。有些時候，一種特殊的投射會透過父母與伴侶或他人來呈現，認為這些人總是不滿意自己的表現，而給予自己過度的壓力。

土星在一宮的個案分析

　　我在法國見過這樣一個個案，一個博士候選人在學界的表現令人稱讚，但是他卻嚴重的自信心不足，許多教授給的大好機會都被他莫名其妙的毀掉，甚至到最後不願意完成自己的學業，淪落到超市當收銀員，不過，他卻相當自豪他是最準時、最不容易出差錯的收銀員。

　　更有趣的是，他雖然清楚這是他心理上的重大課題，卻不願意去面對。他說，從小到大，父親從來都不滿意他的表現，於是他努力念書，卻無法突破自己給自己的困擾，因而否定掉自己所有的機會，淪落到這個下場。

　　土星在一宮的人，生活中重要的課題，就是透過不斷的挑戰與考驗來建立自我、建立自信，而非活在恐懼與陰影底下。或許可以透過自身星盤上，凱龍星與三王星所在的星座與宮位，來幫助自己突破土星限制的障礙。

天王星在第一宮

　　天王星在第一宮時，我們將天王星的獨立、特殊與自我劃上了等號。這樣的人生來就要與他人有所不同，他們相信每一個人都應該是獨特的個體，絕對沒有誰和誰是完全相同的。所以，當他們聽到那種「我們的性格非常相似」、「我們的長相非常相似」之類的話，絕對快樂不起來，因為他們希望外界認識的他們，是一個絕對、唯一、獨特的個體，僅此一家，別無分號。

　　天王星的冷漠，讓這些人以一種超然的立場來面對人我關係。但是，在某些時候，這些人不太容易與其他人打成一片，因為他們對自己與他人的特殊要求，看在他人眼中，不僅覺得這個人是個怪胎，還很有可能是一個難以親近與理解的怪胎。

　　許多天王星在第一宮的人，總有著相當精采且與眾不同的人生。當他們還沒有準備好時，或許會抱怨為什麼人生中有停止不了的驚嚇（雖然這樣的人不多見），但第一宮與上升點都象徵著人們面對外界的態度，天王星在這裡暗示著這些人應該要選擇自己獨創的人生道路。

　　世界上或許有些人能夠接受父母替他們安排的人生，但天王星在第一宮的人絕對不會接受。他們對自己的人生擁有強烈的理想色彩，以及對於自由的渴望，那絕對不是可以由長輩來建議，甚至是代為安排的。這些人只有靠著與外界事物的切割分離，來尋找與眾不同的自己，並且開創屬於自己的人生道路。

第一宮
第二宮
第三宮
第四宮
第五宮
第六宮
第七宮
第八宮
第九宮
第十宮
第十一宮
第十二宮

海王星在第一宮

有趣的是，擁有海王星在第一宮的人，雖然不一定會受到海王星的影響而成為藝術家或精神導師，但或多或少都有些我們所說的「藝術家性格」，對於許多事情並不是那麼在意細節，更重要的是，有時候他們給人感覺是糊里糊塗，很讓一旁的人擔心。

「自我的迷失」可能會用不同的方式來展現。它可以是透過幻想或表演或情感的驅使，忘記自己的身分地位，可以是獻身於某一志業或夢想而完全投入，它也可以是深受酒精毒品或其他事物的影響，醉生夢死。因為第一宮與上升點象徵著自我的存在，而海王星透過種種不同的特質來模糊這條界限，它可以是精神的、藝術的、夢想的、迷失的、狂熱的。最常被人提到的莫過於以下較負面的特質，包括了迷失在毒品酒精中，或者受到他人的利用與欺騙，為了他人犧牲自我等等。

但海王星的特質並非全然的負面，用在正面的用途上，它可以產生一股追求夢想的狂熱動力。海王星的狂熱被許多東方占星師忽略（過度簡化海王星的定義），事實上，這股動力往往能夠推動生活的美化與成長。擁有海王星在第一宮的人可以利用這股力量，不怕危險的去追求「真正的自我」，同時，自我的消失也可以應用在慈悲與同理心上，對於他人所受的苦難能夠感同身受，而非以個人主觀的評價來衡量他人，這是促進人我互動的好策略。但是，也必須注意界限和範圍，因為如果身陷其中，完全失去自我也不是一件好事。

冥王星在第一宮

位於第一宮的冥王星要人們認清的是自我，這樣的人往往擁有比起他人更根深固的我執觀念，對於放下自己或配合他人感覺到深刻的危機，也往往在與他人相處的課題上，遭遇到許多困難。在這些過程中，有時他們會因為感覺到他人或團體的排擠，而喪失自我或自信，拒絕與他人往來互動。

冥王星接近第一宮與上升點的時候，對外常顯示出對力量的渴望（權力、體力、控制他人）。我們必須瞭解到，這些動作根源於內心的恐懼與不安，就像是溺水的人想要抓住任何一種漂流在海面的東西一樣，也不管對方是否願意，是否承受得起，反正就是要緊緊抓住。冥王星在上升點與第一宮的人往往因此而讓他

人無法輕易靠近。

　　這些人必須做的事情，是透過對自我的深入探索（宗教、心理學、神祕學、玄學），瞭解究竟是什麼原因讓他們如此的保護自己，害怕失去自己的立場，然後，他們必須學會面對自我最深刻的恐懼，學會放下自我，放下執念，來征服自己最恐懼的事物。這就是自我力量的象徵，也是冥王星的轉化過程。

第二章　第二宮
價值與力量

　　當我們深入心理層面時會發現，自我價值觀在心理占星學的第二宮佔有重要的地位，當你的二宮起始星座落入某一個星座時，自己的價值觀就受到那個星座的影響，例如：二宮在土象星座的人，就會重視實用的物質。更進一步的，二宮也和物質帶給我們的安全感有著密切的關連，二宮起始星座顯示了什麼樣的物質能夠帶給我們安全感。

　　雖然我們的消費模式、對金錢的態度，以及賺錢的方式還是一般人比較想要瞭解的部分，但是學習占星時，你不能只注意到這些。心理占星的二宮除了物質之外，還包括能力與能量，以及獲得能量來源的方式，因此，在這裡我們可以理解到，爲什麼古代占星師比魯尼（Al biruni）認爲二宮也與飲食有關連。

太陽在第二宮

　　第二宮在占星學上的主要意涵是資源與能力，也代表著個人的物質觀與安全感，在古典占星學上則包含了錢財與資產、有價物品等。太陽位於第二宮的人相信有形物質具有其重要性，重視感官的呈現，因而容易忽視無形事物的價值，例如：那些超越具體形式、抽象存在的精神思想、思維概念、生命信念等，都無法引起這類人的興趣。過度追求物質安全感的結果，不但不容易擺脫現實的桎梏，反而容易被「地面上」的東西牢牢牽制住，因而無法向外發展。

　　太陽在此位置的人，往往將生命經歷耗費在追逐金錢物質上，金錢在生命中佔有相當重要的分量，擁有、愛護、維持的態度可以說是安全感的主要來源。太陽星座所在的星座將會影響個人一生的財務表現，其中以太陽星座在金牛、巨蟹、獅子、天蠍等的人較爲重視物質。

　　雖然太陽的特質讓這些人重視物質的擁有，自己是否重要、是否成功的指標也仰賴物質與能力的表現，但是不可否認的，太陽落入第二宮的人對於物質追求的貪欲，受到太陽帶來「追求」特質的影響，常常會讓他們忘了潛在的危險，如果無法控制貪念，就很可能帶來麻煩，例如：大量擴張自己的信用，或是利用貸款購買自己能力所不及的高價品等等。這些外在的問題往往肇始於內心的價值問

題，因此，透過瞭解自我價值而感到成功與重要性，是太陽在二宮的人的重要課題。

事實上，第二宮也與肉體的完整性息息相關，太陽在第二宮的人，多會重視自己的身體健康，並維持不錯的健康狀況。可以試著體驗心靈層面不同深度的感受，或是思索物質世界背後隱藏的意義，為看似安全穩固的人生帶來新的契機。

月亮在第二宮

第二宮掌管著物質生活，月亮在此一位置的人，受到月亮無意識與不安的直接影響，對於物質與金錢有著過於敏感的反應與強烈的需求。不管是受到過去經驗或童年成長的影響造成月亮的不安，物質與金錢將主導這些人的情緒與安全感，就像是幼童對從小使用的一條毛巾或陪伴在側的絨毛玩具，總有著難以割捨的強烈依戀。

就如同傳統的卜卦占星學中對月亮的描述，它帶有「遺失」的意思。月亮代表一種心理需求的投影，當它的投射標的落到第二宮所掌管的物質上，便讓人下意識的想要滿足許多物質上的需求，以有形的物質建立內心無形的安全堡壘。但是，單單滿足日常生活的需求仍然不夠，這些人就像是墜入物質追求的無底深淵，永遠不能滿足的不安全感將持續循環、累積，讓人繼續追求更多的資產。

這樣的狀況往往也會造成過度依賴金錢或某些物品的現象，有種類似戀物癖的情結。月亮在二宮的人會認定某些物品對他們來說別具意義，或是下意識覺得需要某個東西在身邊，儘管不見得真的「需要」它，而只是一種情感的投射。有些人會出現明顯的行為表現，像是透過物質消費或囤積來建立安全感，如同花錢買快樂的購物狂一般，因為心情不穩定、情緒不佳而瘋狂刷卡血拚，或是因為情緒起伏而做出一些對於財務相當不利的決定。

在與伴侶或他人的互動上，除了會以物質去衡量別人外，這些人也容易感到緊張不安，對於借出去的金錢和物品有著無法收回的不信任感，別人向他們借東西也會特別感覺不舒服。他們甚至將私人的財務狀況視為最高機密，不想跟別人討論，這些都是因為月亮的恐懼與不安投射在物質層面上所致。

所以月亮在第二宮的人，最好能避免情緒性的財務決定，像是因為恐懼與不安而不理性消費，任意購買奢侈品或是衝動投資。這些人需要以更冷靜、謹慎的態度進行消費或做出財務決定，不然，將更容易引起患得患失的不安。

第一宮
第二宮
第三宮
第四宮
第五宮
第六宮
第七宮
第八宮
第九宮
第十宮
第十一宮
第十二宮

水星在第二宮

水星位在第二宮的人，對金錢物質與投資交易這類的資訊特別有興趣，善於掌握金錢、掌控物質，不斷思索物質與金錢的意義，並透過學習金錢價值與資訊交流的過程，來建立自我價值。

當水星落在代表物質的第二宮時，讓水星所代表的交易行為更為明顯，這些人經常從事頻繁的金錢活動，經常進行採購或銷售，也促使他們不習慣將錢留在身邊，資產的收支會有頻繁的異動。金錢物質是流動的觀念，將促使他們不斷檢視整理自己的財務狀況，不管錢多或錢少，都會想要利用一些大大小小的工具來進行投資，不管進行的投資是否真的能夠獲利，總是期待在固定收入之外，再為自己帶來些許的額外收入。

就因為金錢隨時處於流動的狀態，便容易造成支出增加，因此，要特別注意與金錢有關的訊息和法律文件。在過於頻繁的金錢活動中，可能帶來一些風險，例如：陷入資金周轉的問題，或是陷入收入停滯的狀態。

金星在第二宮

金星是第二宮的守護星，落在代表金錢物質的這個位置，表示我們會以金錢物質來妝點人生、美化自己，透過追求金錢與物質來確立自己的價值。金星在二宮的人喜歡擁有美好的事物、不虞匱乏的金錢，不時享受佳餚美味，過著舒適安逸的生活，都能讓他們累積自信、感到滿足。在處理金錢事務上，也善於透過投資與理財，為自己帶來豐碩的報酬。

在情感上，金星在第二宮的人需要透過實際形體來確認，需要對方拿出一些證明來換得情感上的安全感。如果對方沒有採取行動或拿出實質證明，他們將很難感受到對方的愛意。對金星在二宮的人來說，「擁有」才是感情的證明，會有物質或利益至上的傾向，他們通常會被擁有藝術鑑賞品味、具有經濟能力的女性吸引。

然而人們所看到的表象，都是金星在第二宮的外顯特質。事實上，這些事情暗示著建立自我價值觀是一件極為重要的事情，否則，他們很容易將所謂的自我價值投射在外界的事物中。在尋找自我價值的過程裡，他們可能會期待他人給予指引，但若過度依賴他人或外界的觀點，很可能會失去尋找自我價值的真正意涵。

第一宮
第二宮
第三宮
第四宮
第五宮
第六宮
第七宮
第八宮
第九宮
第十宮
第十一宮
第十二宮

火星在第二宮

第二宮象徵著物質、資源、能力、與物質帶來的安全感，火星位在第二宮的人對於這些事物有著強烈的需求，對於物質或金錢展現相當程度的敏感度、野心與欲望，對於任何能夠賺錢的機會都躍躍欲試，將所有精力投注在金錢的追求上。

這些人之所以迫切渴望並積極追求物質與金錢，源自於對生活安全感的強烈需求。同時，我們也必須探索心理層面的因素，瞭解他們是否在成長過程中，曾經有過對於失去物質依靠的恐懼。因為火星位在第二宮，就是將火星所帶來的生存恐懼，明顯地表現在物質能力與物質安全上，對金錢與物質產生競爭心與佔有欲。基於火星對於安全的追求，這些人會盡力保護自己擁有的財產，當別人想要覬覦他們的的金錢、財產或物品時，會特別容易被激怒，或是覺得很不舒服；當別人想要入侵他們的地盤，或試圖接近他們時，通常也會激發強烈的自我防衛本能。

火星一頭熱的猛勁，往往會讓人忘了顧慮到安全與穩定，甚至可能讓人衝過頭，這時，只要記得稍加自我提醒，就可以讓衝出去的火車頭煞一下車。第二宮同時也象徵著肉體，受到火星帶來強勁動能的影響，如果不妥善運用與控制這些動能，就有可能造成受傷或意外的發生。所以，最好保持規律的運動來消耗火星的能量，避免強大的火星能量帶來負面影響。

木星在第二宮

木星落入與金錢、物質、能力相關的第二宮時，木星所象徵的無形富足感，將帶來金錢物質上的好運，同時也擴大了我們對物質安全的需求，讓我們擁有一些物質上的信仰。也許認為看不到、摸不著的事情難以相信，因此我們認為金錢物質和擁有能力都是相當重要的事情，也因為擁有擴大自己財富的力量，使賺錢變得相當容易，在投資理財上好運連連。

「來得快，去得也快」，木星的力量讓我們輕鬆獲得想要的資源與能量，但木星擴散的能力也讓我們把金錢、物質擴散出去，以換取精神上的滿足與愉快，像是花錢買東西來取悅自己，或是捐錢佈施、幫助別人來獲得心靈上的富足。因

為在心理上，木星象徵著一種無形的富足感，這時，我們會把這種非常精神或心靈上的富足感也視為一種財富，而事實上，這就是自我價值的最佳證明。

值得注意的是，木星同時也帶來一些冒險與尋求刺激的心態，讓我們過度自信而失去警覺。如果過度揮霍或太重視物質，也可能促使我們走上冒險的道路，像是擴張自己的金融信用借貸，對於金錢物質等資源過度貪婪，或是進行一些非法的金融理財手法等，所以要盡量以精神的富足來取代物質的貪婪。

土星在第二宮

在心理占星學中，土星的憂慮反映在與二宮有關的物質層面上，帶來了警惕的作用，讓人容易擔心自身的財務狀況，以及物質生活上的安全感，但這也讓當事人因此而受惠，不至於真的窮困潦倒。土星在第二宮的人或許在物質生活上容易有不滿足，或者時時刻刻感到不安，但真的窮到一文不值的機率卻很少發生。

物質上的憂慮讓這些人不斷去累積更多的金錢與財富好保護自己，不讓自己挨餓受凍。但許多時候，我們仍看見土星在二宮的人無法滿足於安穩富足的生活，事實上，可以說再多的財富都無法滿足他們，他們仍會不斷的在外追求財富的累積，或者建立各種物質生活上的保障。或許是過去的經驗讓這些人相信物質環境的不可靠，所以必須不斷的累積更多的物質，好在問題發生時，有足夠的物資來應付。

心理占星師們並不認為這是一個全然的病態問題，也不認為土星在二宮的人就容易窮困潦倒，我們更關注在這些人的價值觀上，究竟出了什麼問題，過去是否經歷過關於金錢和物質所帶來的問題，或者是否在成長的過程中，對於自身價值的質疑，例如：「我不夠好」、「我不值得他們如何如何待我」等等，又例如男尊女卑帶來的自我貶抑，在東方的社會是很常見的土星二宮或凱龍二宮的問題。

外在財富的追求或物質的累積，並無法輕易的滿足這些人的內心憂慮和陰影，必須回過頭來關照自己的自身價值，瞭解問題的根源，給予自己更多的肯定，來彌補過去所造成的傷痛，這才是土星在二宮的人一生中最大的挑戰，這麼做也才不會被物質的世界給過度限制住。同時，我們必須知道三王星與凱龍的星座與宮位，這是幫助我們解除土星詛咒的一個重要關鍵。

第一宮
第二宮
第三宮
第四宮
第五宮
第六宮
第七宮
第八宮
第九宮
第十宮
第十一宮
第十二宮

天王星在第二宮

受到天王星的影響，越是獨特的人事物，越具有唯一性，越容易被這些人視為有價值的事物，如同珍貴的寶藏一樣。天王星在第二宮，暗示著這些人習慣用一種超然而又疏離的態度來檢視自己的自我價值，在他們的成長過程中，某些事件的發生促使著他們對所謂的價值與傳統與他人有著不同的觀點。

從某方面來說，他們有一種獨特的價值衡量系統，同時也不喜歡被任何事情給羈絆影響，因為對於這些人來說，天王星所代表的自由與獨立、獨特或希望，很可能就是最珍貴的寶藏。於是，他們對於受到物質世界影響的傳統價值觀無法認同，並認為既然物質無法帶來安全感，那麼又何必將一切的成就與價值都寄託在這上面呢？

天王星位在第二宮時，一個人的獨立、自主與獨特性，就是一個重要的能力，同時，創造與改革事物的能力也是此人可以善加應用的寶藏。天王星被心理占星師視為世代共同的理想特質，或許此人正可以將這一種世代共同的獨特理想、思想（特質），以具體的方式呈現出來，或者將整個世代的共同夢想（對未來的期待）以具體的方式呈現，這不但是此人的能力，同時也可能是此人獲取金錢溫飽的方式。

海王星在第二宮

海王星的迷失可以從不同層面來觀察，對於物質世界的迷惘是一個重點。海王星有一種將事物太過簡化的特質，當海王星在第二宮時，這種簡化的特質讓我們關注在金錢物質議題時，會無緣無故的忽略了物質有牽扯上其他事物的能力，例如：有人會認為金錢、權力、貪污、醜聞統統都是綁在一塊的，然而，海王星在第二宮的人卻很少會做這種聯想，甚至因為海王星本身強調精神特質，而不把物質當作是很重要的一回事。

某些心理占星師認為，海王星在二宮的人不重視形體與物質，必須歸咎於海王星的消融特質，因為海王星所到的宮位，該宮的特質都很容易消失，但這並非海王星的唯一特質，因為「迷失」更能夠貼近於海王星的原型。

海王星在第二宮時，帶來了迷失的物質安全感，因此，我們很可能開始對物質世界感到迷惘。所謂物質觀的迷惘不一定是沉迷於物質安全感的追求中，也可

能是感受不到物質所帶來的安全感，同時，也很可能是不知道自己擁有哪些能力或價值，將會形成自我價值觀的混淆，這可以說是海王星在二宮所帶來的危機，也是最值得關注的一點。

海王星的迷失迷惘，很可能讓一個人不知道自己有多重要，或者讓人忽略了自身的重要性，於是輕易的出賣自己，或者任他人踐踏自己，或者迷失在他人的價值觀中，同時認為自己相當的可憐，像是一文不值的奴隸或垃圾一般。許多海王在二宮的人十分耽溺於這樣的幻想中，我見過許多個案，樂此不疲卻又抱怨自己容易遭人利用。

事實上，瞭解自身重要性與建立自己的價值觀，可以與人分享但又不會任人宰割，是海王星在二宮的人必須學習的功課。

冥王星在第二宮

冥王星在這一宮只有一個目的，要我們認清物質與力量的真諦，也就是去思索靠著它們，我們是否就能夠生存下去。冥王星之所以不討人喜歡，就在於它展現的方式十分不溫和，甚至可以說是極為不人道。因為在命盤二宮的冥王星習慣先摧毀有形的物體和資產（身體），或者掩埋糟蹋這些人的自我價值與能力，讓他們無所適從好一陣子。

大多數的人可能會因此放棄自我的價值，認為自己沒有能力，認為自己不重要也不值得人家疼愛，但是，願意接受挑戰的人將會真正進入物質世界的核心，瞭解到物質、財富和形體是什麼，究竟物質對生命有多少意義，透過一連串的生命事件，來重新建立起自我的價值，一旦瞭解這些真義，就可以獲得力量。但是，要瞭解這些意涵，有人用了十年的時間，也有人花了一輩子。

第二宮的冥王星，要我們徹底去檢視自己價值觀。對價值有著不安全感的人們，會將自己的價值寄託在物質上，以豪宅轎車、存款數字來證明自己的「身價」、「自我價值」。我們可以去檢視——為什麼這個人會這樣？為什麼他會這麼迫切的需要物質來建立價值和安全感？我們會發現一部分的人在童年生活時，曾因為家中經濟狀況不善，經歷過生存的恐懼，一部分人的體驗是因為害怕，而緊緊抓住了物質。

如同電影「亂世佳人」中的郝思嘉說過的名言：「即使要我去撒謊，去偷、去騙、去殺人，上帝作證，我也不要再挨餓了，上帝作證，我再也不要挨餓了！」這些人會繼續經歷冥王星的挑戰，直到他們放下了對物質、能力、有形價

值的執著。那些瞭解物質在生命價值的人，不會害怕失去一切，反而能夠從物質中獲得更重要的力量。

　　當然，冥王星不是要我們完全的放棄形體與物質，冥王星是來平衡我們的價值觀，將錯誤的觀點全都抹去，讓我們知道不能太過於重視物質，但也不要輕視物質的存在意涵。

第三章 第三宮
溝通與學習

第一宮
第二宮
第三宮
第四宮
第五宮
第六宮
第七宮
第八宮
第九宮
第十宮
第十一宮
第十二宮

第三宮代表我們對周遭環境的認知，生命中初次的探索過程，簡單的自我表達，以及對於周遭事物的認知與命名。這是一種具體的認知，與第九宮所代表的抽象認知有著明顯的差異。這同時也顯示了小時候的學習環境對我們的影響，在二到四宮的行星往往可以反應出我們的童年生活，之前提過的二宮代表著童年時的物質環境，第三宮代表著童年時與他人的互動，即「同學、玩伴、老師、校園生活」等。

此外，在傳統占星學中，第三宮屬於降宮的位置。傳統占星學認為降宮裡的行星多半「無三小路用」，因此在傳統占星師眼中，太陽或命主星落入三宮的人，多半被認為成不了大器，也有點像我們常說的「小時了了」，但是，在現代的占星學裡，我們並不會做出如此武斷的判斷，特別是經過法國占星師與統計學家高葛林（Gauquelin）的研究之後，發現降宮位置的行星特別靠近角宮時，影響力反而大過了角宮行星的影響。

不可否認的，太陽或一宮守護星進入三宮造就了許多創意驚人的作家，例如：知名童話作者安徒生、法國文豪雨果、英國文豪王爾德，及帶給孩童無數歡樂的華德‧迪士尼。此外，以幽默言語著稱且被選為「最偉大的英國人」的英國前首相邱吉爾（又有多少人知道他拿過諾貝爾文學獎呢？）我們還能說這些人是「無三小路用」嗎？當然不！

太陽在第三宮

第三宮代表個人心智、基礎學習、語言模式、溝通模式、短程旅行與鄰近的人事物。太陽在第三宮的人不斷地進行溝通、消息傳遞與分享，像個報馬仔一樣，不斷把小道消息傳佈給不同的人，或是擔任中間人角色，把各種不相關的人事物拉攏在一起，串聯起一個小型的資訊網絡。這些人帶有雙子座的社交風格，表示與鄰近的人事物，包括與兄弟姊妹、鄰居、好友之間的關係向來是他們的生活重心，他們對旁人具有父親般的影響力，彼此的互動也能為他們帶來更多的活力與自信。

第一宮
第二宮
第三宮
第四宮
第五宮
第六宮
第七宮
第八宮
第九宮
第十宮
第十一宮
第十二宮

　　不過，太陽落入這個位置也容易讓人將重點放在生活周遭許多瑣碎的事物上。有時候他們會被周圍的大小事物給吸引，忙著處理其他事情，而忘記了真正重要的工作，像是自己應負的責任，或是生命中需要被滿足的基本需求。受到這些生活瑣事的轉移，他們常會出現眼光短淺的現象，看不見長期的影響，忘記了人生重要的目標。

　　對於太陽在此位置的人而言，太陽的能量將有助於對外溝通能力的發展，減少因溝通而產生的誤會，不以曖昧不明的方式表達。一般而言，這些人小時候在溝通能力、語言學習與人際關係上都有不錯的表現，不過，也會出現只有三分鐘熱度或學習時注意力無法集中等情形。

　　由於太陽所代表的自我中心與主觀意識會讓部分的人只顧著發表，拚命將自己的觀念灌輸在別人身上，而忘記聆聽也是溝通過程中相當重要的一環，因此，多多豎耳傾聽他人的建議，將有助於改善這種情形。而適時的短期學習與短程旅行，跳脫現有的生活，將太陽能量引導至正確的方向，則能為生命帶來更多新意。

月亮在第三宮

　　月亮落在第三宮的人，會在溝通、學習、消息傳遞與分享的過程中，獲得滋養與哺育，撫平不安的情緒，從與生活周遭的互動中建立安全感。他們的表達能力和溝通技巧雖然都不差，卻容易受到情緒起伏與心情變化的影響，過度解讀別人話語與問候背後的意義，或是使用情緒化的語言與他人溝通，甚至在情緒不穩定時，以言語攻擊別人。

　　雖然別人毫不在意日常生活的對話，但這些人卻會不自覺的去猜想他人話語背後的意涵，過度解釋對方為什麼要特別來跟他們打招呼，也可能會對鄰居或熟人的言行產生猜忌、懷疑與不信任。

　　就如同月亮在雙子座的人一樣，月亮在第三宮的人會給人多嘴的感覺，以喋喋不休的方式來宣洩情緒，平復他們內心的不安，因此常被認為是廢話特別多的人。他們緊張兮兮的說話方式特別急促，通常會一股腦兒的將大量的資訊丟給別人，讓人頭昏腦脹、抓不到頭緒，甚至感到不耐煩。

　　許多占星家認為月亮的不安與童年經驗有關，那些表面聽似沒有意義的廢話背後，其實暗藏著內心的缺口，那些資訊需要經過仔細的分析，才能發現此人原來這麼擔心這些問題。這時候，可以和別人討論小時候的回憶，不管是歡樂的時

光，或是不堪回首、痛苦難當的經歷，都可以從這些事件的背後，找到影響情緒的回憶與問題的根源。

第三宮也與日常生活環境有關。在情緒不穩定或受到創傷時，回到故鄉去走一走，或是重溫童年的舊夢，回到熟悉的環境，都將有助於滿足內心的需求。因為與幼時玩伴、老同學或鄰居親人的交流所帶來的親切感，總能撫平內心的不安，能夠從他們身上獲得心靈的平靜，重新取得能量。

水星在第三宮

水星在第三宮象徵著學習、溝通與討論。當水星落入這個與雙子座守護的位置，這些人的思考與溝通能力顯得特別活躍，多半具備聰明機智的頭腦，也擅長人我之間的智力交流。對於身邊事務的好奇，對待各種特質的友善，也讓他們在溝通的過程中，不斷擴展心智的彈性與寬度。不過，他們說話或思考事情的方式通常十分的急促多變，語氣中容易帶給他人急躁的感受，這都是受到水星不安定與急著改變的特性所影響。

水星的力量展現在三宮上，對於學習來說，在增強學習動力的同時，也讓人不容易定下心來，學習持續力較差，比較適合採取短暫而密集的學習方式。在工作或從事商業行為時，反而會廣泛收集意見，多方觀察學習，不會急著下定論，再三考慮後才做出決定。

水星在第三宮也會增強與親友之間的互動關係，兄弟姊妹、死黨朋友、親戚、鄰居都是經常往來的重要溝通對象，有許多機會與這些人聚會、討論或者八卦。此外，水星往往會造成性方面的不安定，需要更多的行動來消耗能量，多多踏青、郊遊與短程旅遊，就可以達成這樣的目的。

金星在第三宮

金星在象徵著生活周遭事物的第三宮時，帶來了愉快的生活，通常有著快樂且受歡迎的童年。第三宮象徵著與周圍環境的關係，與鄰居或兄弟姊妹的互動，金星在第三宮的人多半能充分的享受朋友、鄰居和兄弟姊妹帶來的溫暖與喜悅，也容易跟青梅竹馬、鄰居等對象談戀愛，也容易被聰明機智、活潑靈敏、辯才無礙的女性吸引。

第三宮也象徵著言語與溝通，受到金星的影響，讓當事人的溝通方式具有社

交性質，因爲愛好和平的天性，讓話題避開爭論與爭議，喜歡與他人談笑或是說些比較無關緊要的事情，因此談話內容容易流於嬉笑、八卦或不重要的瑣事。金星在第三宮的人對於藝術頗有天分，常在寫作、藝術、繪畫上有不錯的表現。

然而，金星在第三宮的人在學習態度上較爲鬆散，可能有些好逸惡勞或是滿足於現狀，也可能在課業上依賴其他人。此外，他們也頗具商業頭腦，能維持不錯的人脈和金源，投資目標可以放在日常生活會接觸到的事情，或鄰近的人事物上面。

火星在第三宮

心理占星學上認爲，火星所在的宮位代表著我們積極進行的事物幾乎是攸關生死，有種「不做這件事情就會影響到生存」的驅動力，所以，火星在第三宮的人會迫切的需要溝通，需要和兄弟姊妹鄰居打交道，需要四處趴趴走，才會感覺到自己的存在，有一種自我實現的滿足與安全感。

火星第三宮的人在學習上也是衝勁十足，卻不太有耐心，甚至有些人從小就像是過動兒或機關槍一樣靜不下來，無法長時間專注在一件事情上，讓老師很傷腦筋。我們可以從火星所在的星座，判斷他的學習模式，也許是急躁而虎頭蛇尾，也可能是乖乖牌，一步一腳印的踏實學習。

火星的衝勁與急迫性往往會讓他們在與人溝通時，讓人感覺到急躁而不耐煩。他們講話急匆匆的口氣，會讓人誤以爲是在吵架或爭執，這都是因爲太過急躁與強烈的自我保護特性所造成。

第三宮也掌管鄰近交通，在交通及短程的旅行上，火星的衝力讓人們在出門時也緊張兮兮，在行動中不由自主的急躁起來，也可能因爲魯莽或粗心大意，而發生一些意外事故或傷害。

木星在第三宮

在心理層面上，木星掌管信念、信仰與精神成長，也包括了宗教哲學與高等教育。從某一個角度來看，木星位在第三宮，就是把信念與信仰拉到較爲務實的生活層面，使得童年有傑出的表現。由於第三宮同時掌管了與兄弟姊妹、親戚、鄰居或鄰近地區間的關係，彼此的接觸相當頻繁，大多能夠拓展生活領域，但卻不是每件事情都會帶來木星幸運的感受。

第一宮
第二宮
第三宮
第四宮
第五宮
第六宮
第七宮
第八宮
第九宮
第十宮
第十一宮
第十二宮

第一宮

第二宮

第三宮

第四宮

第五宮

第六宮

第七宮

第八宮

第九宮

第十宮

第十一宮

第十二宮

木星位在象徵溝通的第三宮，讓我們對溝通產生一種很強烈的感受，想要透過溝通或書寫的方式將事情表達出來，讓人明白，但是，木星卻往往使人在言語或溝通時過度膨脹，出現誇大、打腫臉充胖子或欺騙他人的行為。然而，我們也可以將木星的特質轉換成與遠方的溝通，以及對外國語文和異國文化的興趣，透過這種方式來滿足想要透過言語擴張影響力的念頭。

呼應木星在第三宮能量的最好做法，就是「學習」。知識與學習受到木星的影響，進而有了擴張的機會，可盡量利用木星的能量來成長，多學一些有趣好玩的東西，以利擴展自己的智識與技能。同時，透過學習將可以發現，自我的信念的確存在於生活裡的小事物，因此，對生活中每一件事物的體認，都將成為證實自我信念的重要步驟。

土星在第三宮

土星在三宮在某些層面上有著類似於土星雙子的特質，在學習、溝通、閱讀、思考、交通，以及與兄弟姊妹、同學、鄰近人事物的關係上，總是「必須」特別小心謹慎。若是不謹慎，就如同我，會遇到許多對文字挑剔的人，來「幫助」我完成這份工作。

土星在三宮的人相當在意自己的言語和溝通的方式，在成長的過程中，很有可能遭遇到這方面無法避免的挫折，也因此，對於這類事物更為小心謹慎。許多個案顯示，土星在三宮的人習慣用更為仔細、繁瑣的方式來表達自己，深怕一個不注意會留下什麼話柄，或者少解釋了什麼而引起誤會。

但有些時候，他們會在特定層面的事物，用一種不在乎或逃避的方式，來面對曾經遭遇過的挫折。但別忘記了，人們可以透過在不斷失敗和挫折中的學習，進一步的成為專家，因此，這些人多半也因為長久的文字思考與溝通訓練，而成為該方面的高手，如作家、國文老師、作文老師、溝通談判高手，但是，這些特質都難免會使這些人的言語表達多了一些實際、現實、冷漠的成分。

第三宮也暗示著我們和鄰近環境的互動，周圍環境的人事物都和第三宮有關，而與鄰人還有兄弟姊妹的關係，是土星在第三宮的人需要謹慎的事情。在許多時候，土星在三宮的人會覺得他們與鄰居、兄弟姊妹有著較為嚴肅或沉重的關係，甚至是認為這些人是替自己帶來麻煩的人，或者因為種種因素而和這些人保持距離。

若能學會如何以負責任的態度來面對這一層關係，或用分工合作的方式與這

些人產生互動，在某些時候對土星在三宮的人會有更好的幫助。

天王星在第三宮

　　天王星在象徵才智與溝通的第三宮時，往往就如同我們所說的「天才與瘋子只有一線之隔」。天王星強烈活躍的能量，往往讓這些人用非常快速的方式進行溝通或思考，這種速度比起他人，甚至比自己能夠察覺到的速度還要來得快，也因此，當他們在和他人談話時，旁人常有一種聽不懂他到底在說什麼的感受。因為他們的思考與說出口的話語之間常常有一大段距離，有時候你還在和他討論十分鐘前發生的事件，這個人已經在思索明天要做哪些工作。

　　這些人不僅僅在思考與溝通的速度上令人驚訝，在思索的主題上也往往與眾不同。他們不喜歡自己的觀點受到他人影響，所以喜歡採取不同的觀點。天王星在第三宮的人喜歡用綜觀全局的方式來觀察事物，也因此他們可以利用較為深遠且寬廣的角度來思索，特別是在日常生活的事物上，常常會不由自主的顯現出這樣的特質。

　　第三宮的天王星往往替這些人帶來一些困擾，例如：在日常生活中，他們會用太過疏遠的距離或太過客觀的態度來觀察許多事情，會讓周圍的親友感受到太過疏離且無法親近的感受。或許第三宮的天王星要他們透過客觀的角度，觀察旁人認為與自己切身相關的事物，來瞭解生命所受到的束縛與壓力是什麼，他們不但可以藉此帶給他人一些新的觀點，也可以藉此解放自己的束縛。

海王星在第三宮

　　許多人都說海王星會削弱能力，但是事實上，這一層解釋在三宮往往說不過去。我看過的個案中，許多從事廣告、行銷的人常擁有海王星在三宮的特質，原因在於削弱與消融是海王星的迷失特質，然而，迷失的特質用在與三宮有關的溝通上卻不是削弱，而是迷惘，他們可能會讓自己掉入思緒的死胡同，也可能使他人掉入他們所構築的海王星式夢幻中。

　　說到這裡，許多人可能會拍桌大喊「騙子」。許多觀念較為傳統的占星師會跟一般人一樣，認為三宮的海王星具有被欺騙與欺騙他人的能力，這一點我並不否認，但是，我們必須回到核心中，海王星在此處帶來的並非欺騙，而是因為夢幻所引起的狂熱，就如同在沙漠中找水的人，一旦看見海市蜃樓，就會瘋狂的向

前進，直到脫水渴死為止。

海王星的夢幻特質帶來了一種狂熱，運用在溝通與思考上時，往往會讓人們只看見事物美好的部分。別說他欺騙你了，就連他自己也是被海王星欺騙的對象，當他們完全信服於海王星所帶來的夢想時，他們的雙眼就被遮蔽起來，對於其他的事物完全視而不見，接著，他們會運用自己的想像力，將這些美夢優點渲染得更豐富，並且傳播給其他人。

那些有勇氣到海外進行傳教的傳教士裡，就有許多人擁有這樣的夢想和勇氣。一方面，他們的思考擁有海王星的狂熱與重視精神的特質，另一方面，這些傳教士多半都有著慈悲的奉獻精神。

在占星學上，有人常說海王星代表著直覺，也有人說這是一種纖細的敏感。正因為海王星消除自我的態度，容易使海王星在第三宮的人吸收他人的感受，而誤以為那是自己的感受，也讓他們很容易去感覺周圍發生的事情，然後成為其中一部分。好處是他們的適應力很強，並且容易知道他人的想法，但這樣的接觸卻容易讓他們失去獨立思考判斷的能力，而嚴重的被他人左右，這些事情都是特別需要注意的。

冥王星在第三宮

在心理層面上，第三宮象徵著思考與溝通，冥王星有所謂掩埋與深入挖掘的意涵，我們必須深入去挖掘言語的力量。命盤上有冥王星在第三宮的人，在成長過程中，可能有一些痛苦與難堪的記憶，讓他們瞭解到說哪些話可以傷害到別人，或者他人的話不一定會顯露出真相。他們通常會有好一段時間，對於溝通、語言、思考、學習感到相當灰心，但也有可能反過來，因此而深入地去挖掘語言、知識和學習的重要性，透過深入瞭解這些事物來取得控制的力量。

事實上，冥王星就是要我們瞭解到溝通與知識是一種力量。擁有冥王星在第三宮的人，會不斷與內心做無意識的溝通，並透過這些線索，展開認識過去傷痛與恐懼的工作。

同時，冥王星的習慣是去看穿隱藏在事物背後的真相，在我們對外溝通時，不斷地想要去挖掘「背後的祕密」。我們有可能輕易洞悉他人背後的意涵，也可能是疑神疑鬼的懷疑每個人所說的話、所做的事，過度的猜疑可能會直接影響到我們與親朋好友之間的關係。而冥王星也要我們深入的探討、挖掘我們和兄弟姊妹、鄰居的關係。

在第三宮的冥王星暗示著，學習與知識正是這些人的轉化關鍵。他們或許是那種早年學習較為適應不良的人，這可能造成對於學習的恐懼，他們必須體認到學習雖然有些痛苦，卻能夠帶來新的生命道路。冥王星在三宮的人需要很長一段時間的挖掘，才能找出學習對他們的重要意涵，一旦發現了這一個轉化的關鍵，他們就會獲得強大的生存力量。

第四章　第四宮
心靈的原鄉（天底 IC）

天底又稱 IC，是拉丁文「Imun Coeli」的縮寫，「Imun」是低的、底部的意思，而「Coeli」是天的意思。傳統占星師認為天底是一切事件的結束，因此把第四宮與死亡作連結。占星學認為天底象徵著我們的根，也就是我們從何而來，但在實體上，第四宮可以是家人（特別是父母或撫養我們的人），也可以是我們居住的房子或土地、國家等。此外，第四宮的起點 IC 也象徵著我們與上述人事物之間的關係。

現代占星師則認為，每個人對父親與母親的感受都不同，想要去分辨 MC（天頂，Medium Coeli）是父親或母親，需要作更多仔細的研究與分析，並從 MC 與 IC 附近的行星所象徵的意涵，去仔細推敲對應當事人與父親或母親之間的關係。

從心理的角度來看，我們可以清楚的表示，四宮的感受是一種「歸屬感」，一種我們與所屬地方或人的連結，我們與家庭之間的關連（不管是所謂的原生家庭，或是你所組織的家庭，它們都會為你帶來歸屬感）。這也就是為什麼我們會把第四宮的意思擴大到國家與民族的感受，因為有時候這種同文同種的關係，也會造成一種歸屬感。當你對一個地方有了歸屬感之後，就不會覺得孤單，甚至會有更多的安全感。

第四宮同時也是一種安全感的象徵，代表心靈所需要的安全與撫慰，以及在何種環境之下覓得了安全的感受，就會像是回到了家一樣。

太陽在第四宮

當太陽落入掌管家庭、國族與根源的第四宮時，這些人會以家庭為重心，將生命能量傾注於家庭及其成員上，在心理上也深受家族歷史或男性成員的影響。他們希望成為家中的主導者，保護家族成員，甚至在雙親年邁後，也能反過來成為雙親的照顧者，甚至扮演起實質上「父母親」的角色。

太陽位在這個宮位，象徵著父母與家庭生活在生命裡佔有舉足輕重的地位，也可能將這種情結加以延伸，將熱情與力量擴大到國家與民族，化為大愛，為自

己的國族發光發熱。

在物質層面上，第四宮也代表居住的地方，使人特別在意居住環境的品質，力求營造一個舒適的居住環境，像是採光與通風是否良好，對家人健康是否有所影響，他們會積極建構一座保護自己與家人的安全堡壘。

第四宮在心理占星學有不同詮釋。心理占星學大師史蒂芬・阿若優認為，第四宮也代表人們心靈深處對安全的需求，以及對寧靜的渴望，如同心靈的原鄉。太陽在此位置，部分的人容易受到週期性情緒波動的影響，具有敏感纖細、多愁善感的特質，所以透過對週期性生命韻律的掌握，調整自己的步調，將有助於安撫個人不安的情緒。

那些在原生家庭、童年或過去受過傷害的人，可以試著將重心擺在家庭和自我上，在與家人的互動中，尋求內心的平靜，或是多去參加心靈成長團體，接受心理諮商師提供的意見，多接觸心靈成長活動，以治療過去自己在心靈與情緒上受到的創傷。

月亮在第四宮

第四宮象徵著家庭、私人領域的事物，月亮位在第四宮就像是回到了溫暖的家，帶有守護星巨蟹座愛家、愛鄉土的意涵，同時也代表著個人情緒與安全保護，讓精神或情緒充滿了對安全與寧靜的渴望，有被照料與被保護的需求，他們將月亮所代表的情緒與感情，朝著第四宮這個出口傾注。

這些人相當重視家庭與血緣關係，對家庭抱有深刻的感情，亟需家人和親密伴侶的支持，在生命中建立平靜的私人領域，就像是一個舒適安全的祕密花園，在那裡一邊休憩，一邊培育著心靈的寧靜花朵。

對於月亮位在第四宮的人而言，面對不安與情緒創傷時，真正重要的並非在外追求成功，而是先創造一個舒適安定的家庭或私人空間，在那裡休息療傷，取得足夠的能量，唯有先滿足這樣的基本需求，才能毫無後顧之憂地向外發展。第四宮也是面對無意識、情緒與過去創傷的窗口，月亮的不安與緊張使人無法輕易面對那些不舒服的經驗，因此需要親友的陪伴與照顧，尤其是那些真正深入瞭解他們的朋友和家人。

就因為這些不安與恐懼，讓月亮在四宮的人更想拚命抓住過去的人事物，沉溺在過去的回憶中，或是寄託在身邊的親密伴侶身上，深怕失去他們而牢牢將對方箍住，卻沒有發現自己越是害怕失去他們，就越容易陷入緊張不安的狀態，甚

至使情緒失控，傷害到自己或他人。

學會如何獨自面對、處理慌亂的情緒，正是這些人必須面對的重要課題。一旦他們做到了，就表示他們已經長大，可以獨自滿足自己渴望被照顧的需求，就算是離開母親的臍帶與乳房，也可以安全無憂地存活下去。

水星在第四宮

水星落入與家庭有緊密關連的四宮時，代表這些人與雙親之間的關係良好，通常有著頻繁的互動，在思考與溝通上容易聚焦在家庭關係、居家環境等，家庭的教育帶來了長遠而深入的影響。在心中建立一個穩固的「內心之家」以後，他們便能更安心的遊遍五湖四海，「四處為家」。

在水星的助力下，他們可以清晰地表達感受，輕而易舉地透過交談或閱讀來瞭解別人的想法，就像是天生的詩人或作家，總是能夠透過文字或語言盡情揮灑。除了對歷史、環保、植栽、居家生活與健康感到興趣之外，水星還能夠幫助他們思考與表達對家庭價值的看法，也能順利推動他們和家庭成員間的溝通關係，但卻也可能帶來挫折與壓力，這時，只要「繼續溝通」，就能取得雙方都可以接受的共識。

第四宮也與意識表層的情緒有關，水星讓人們經常檢視內心的處境，探索自己對精神上安全感的需求，在遇到問題時，可能會喚起過去的遭遇與經驗，使人可以透過對過去事件與心中感受的檢視，找出與目前問題最類似的經驗，幫助釐清癥結。也就是說，過去的經驗將有助於解決現在的問題，甚至溯及過往，連同過去的問題一併解決。

金星在第四宮

當金星落入第四宮時，代表這些人通常與家庭長輩有著和諧的關係，尤其是受到女性長輩的疼愛與幫助。家庭環境是這些人生活的重心，比起出外社交應酬，他們更喜歡待在家中當宅男宅女，或在家裡招待親友。他們對待伴侶親切、體貼，給人溫馨的感覺，會將母親的形象投射在自己喜歡的對象身上。

第四宮在占星學上的意涵，還包含了人們的根源、與父母親的關係、情緒的浮現等。金星的力量讓這些人表現出和諧的個人情緒，也不吝於對他人表現出關懷之情，但是，在他們對他人付出關懷時，很可能也期待著他人回應他們的情感

需求，就算不一定說得出口，因此，他們也常因爲別人沒有察覺，而感到些許失落。但基本上，他們會讓自己維持著一定的和諧程度。

金星在第四宮的人也會將心力投注在居家佈置上，營造一個具有品味、舒適溫暖的居家環境，不時進行一些家具擺飾的調整，或是購買品質不錯的生活用品、裝飾品或家具，就像是一個室內設計師或生活大師。因爲在心理層面上，舒適的環境能夠安定他們的心靈，舒適的家庭也會使他們更加喜歡待在家裡，懶得出門。

火星在第四宮

火星在第四宮會激發我們與雙親的關係，包括那些養育我們長大、被我們視爲父母的人。我們和他們有著緊密的互動，他們的一舉一動也容易引發我們的危機意識，在自認爲對他們盡心盡力時，也要注意自己的行動是否違背到他們的意願，因而發生爭執與衝突。

火星的力量會促使人們採取主動出擊的態度，讓落入第四宮的人熱愛家庭生活。火星在第四宮的人會將大部分的精力花在家庭事務上，逛大賣場、改變裝潢陳設或居家布置、烹飪烘培等等，常常爲了房地產或房屋的事情而奔波，也喜歡在家裡進行一些手工 DIY。

在心理層面上，第四宮是外界事物通往心靈的入口，也是內在情緒對外的出口，火星四宮的人拚命表現對家人的熱情與關愛，但也必須留意到，自己的一頭熱是否會影響到周遭人們的生活，因爲火星的自私與侵略性，讓他們經常不顧他人意見而率性行動，往往會引發家庭衝突。

火星就像是攪亂一池春水的石頭，喚醒隱藏在內心的過往，讓火星在四宮的人做一些緬懷童年的事情，沉浸在美好的懷舊氣氛中，但這也可能會引發他們在童年時不願意面對的恐懼與不安。

火星所引起的莫名焦躁，讓身邊的人覺得他們動輒得咎，這是因爲火星刺激到某個情緒出口，稍有風吹草動就會讓他們釋放出不安的情緒。這些找不出原因的不安與焦躁，往往會影響他們在工作職場或婚姻關係的表現，因爲它們來自心靈深處，解決之道是，盡量不要讓自己太過情緒化，或是因爲一時衝動而有所行動。

第一宮

第二宮

第三宮

第四宮

第五宮

第六宮

第七宮

第八宮

第九宮

第十宮

第十一宮

第十二宮

木星在第四宮

在物質層面上，第四宮與父母、家庭、家族有關，木星在這個位置讓人們很有機會從家庭中得到有形與無形的富足感。在心理層面上，第四宮則關乎一個人的過去、心理感受、安全與歸屬感，木星的力量容易擴張心理的感受，很可能讓人在情緒表達上有戲劇化的誇張表現，讓雞毛蒜皮的小事變成驚天動地的大悲劇。

某方面來看，木星會擴大我們的「家」。從精神層面來看，木星四宮的人把所有同在一個屋簷下的人都視為家人，或是將家人的定義擴大到非血親的人們身上，可能包括朋友、同學或同事等人，這是因為第四宮所掌管的歸屬感被木星擴大了。不管是搬家、改建房屋或是投資房地產等事情，他們都能在從事這些活動時，得到精神上與實質上的多重收穫。

木星擴張的效應也會為他們的家庭和根源帶來許多有趣的發展。木星落在天底與第四宮的位置也代表著，越接近這些事情，越能夠為他們帶來自信，不管是探討自己的過去，與父母多加接觸，來一段尋根回溯之旅，去研究家族歷史與演化等事情，都能夠為他們帶來許多歡樂與趣味，以及精神成長上發展與刺激。

土星在第四宮

土星在第四宮是一個相當明顯的指標，我們知道土星若出現在上升、天頂、下降、天底四個重要位置附近（前後 8 度）時，都會明顯地展現在個人的人格特質上，也就是說，這些人很容易會表現出土星的嚴肅、實際與憂慮。然而，當土星位在天底時，這些嚴肅、實際或是不安的特質，很明顯的與童年、家庭生活或父母家族之間有著密切的關連。

或許傳統的占星師會認為土星位在四宮或天底附近的人，有著破碎的家庭，在社會上的發展也會受到限制，但我們的研究發現並非如此。不過我們也發現，土星在四宮的人往往對家人或者家庭關係，容易感到一股壓力或不舒服的感受，與家人之間不容易擁有親密的互動（有時甚至嚴重到恐懼的程度）。

對於心理占星師來說，土星在第四宮的人必須去探索的是歸屬感上的不安，透過深入探索童年與父母間發生的事情，找回這種來自於生活根源的不信任與不安全感。他們通常會不斷地在生活中尋求與他人的連結，但另一方面又礙於安全

感缺乏，而無法完全信任自身與家人之間的關係。

土星四宮的人最常遇到的課題，就是一方面痛恨來自於家庭或父母所帶來的問題，這些問題可能是生活責任、壓力、期望，甚至是來自於父母的傷害、家族紛爭或長輩遺留下來的問題，但另一方面，卻怎麼也無法從中逃脫。土星在第四宮的人必須去檢視心裡對安全與歸屬感的渴望，透過檢視自己與家庭父母之間的關係，把過去的心結解開，以緩和與長輩之間的關係，處理與自身根源相關的認同危機，並解決個人情緒安全感的問題。

天王星在第四宮

象徵心靈與精神改革的天王星進入第四宮時，暗示這些人將藉由家庭事件、家族關係或許多與歸屬感、安全感有關的事件，來創造屬於自己的生活。我之所以在一開頭就這麼說，是因為我常聽到許多人強調，天王星在此會帶來破碎的家庭（基本上，許多人認為天、海、冥在第四宮都會對家庭有傷害）。

或許對於一個擁有傳統家庭概念的人來說，天王星在這個位置帶來了許多他不願見到卻發生在家庭的事情，例如：家庭成員的分離與獨立，或是彼此之間冷漠的關係，與父母之間的隔閡或距離。的確，在一個人的成長過程中，這些狀態很可能會引發日後在歸屬感與安全感上的強烈渴求與自我保護，同時，也會直接影響到此人處理伴侶關係的態度。

天王星的切割特質，讓大多數的人有一種從家庭被徹底分割出來的感受，在成長的過程中，或多或少有「我不屬於這個家庭」，或「我的父母（或其中一方）並沒有給我足夠的溫暖，我得靠自己或另外尋求不同的保護與慰藉（歸屬）」的感覺。

這些人在過去很可能擁有不同於一般的家庭型態，甚至在日後對家庭功能的寄望並不多，在未來也或許會發展出屬於自己的特殊家庭型態，例如：與朋友、同事有著類似家人的關係，或者選擇獨身，或者分隔兩地的家庭狀態。

然而，我們必須瞭解到，天王星除了破壞之外，也暗示著解脫與創新，有些人的確在這種創新觀念的家庭中成長。而無論如何，我們都可以瞭解，天王星落入第四宮或天底附近，暗示著這些人必須透過創造出不同的家庭來重建生活，也必須重新建立起一套與眾不同的歸屬感，或者不再依靠強烈的歸屬感作為內心安全的憑藉。

對他們來說，或許獨立、不依賴他人才是永遠保有安全感的最佳模式。然

第一宮
第二宮
第三宮
第四宮
第五宮
第六宮
第七宮
第八宮
第九宮
第十宮
第十一宮
第十二宮

而，很少有人願意選擇這條較爲艱辛的道路，而會一再的將自身的安全感託付在他人身上（丈夫、子女、情人、朋友、團體國家等），接著，便很可能在生命中的某些時刻，對於這樣的寄託再一次感到失望。

海王星在第四宮

海王星在第四宮，帶來了對於家庭與心靈上的安全感的迷失，我們大體上可以看出海王星在星盤上的效應，包括了心靈上的迷失與缺憾。透過這樣的感受，讓人一方面搞不清楚他們想要的安全感究竟爲何，另一方面卻讓他們瘋狂追尋某種更高層次的心靈安全感，甚至願意爲此奉獻出生命。

這一方面是因爲海王星相當靠近四角而引起的強烈個人特質，但另一方面，我們可以說因爲迷失迷惘，加上了海王星的狂熱，使他們像是追尋海市蜃樓般地，朝著一個不確定的目標前進。這種存在於人們心靈中的集體無意識力量太過於強大，有些時候會讓人們顯得與現實環境脫節。

許多抱持著傳統觀念的占星師會說，海王星合相下降的人擁有破碎或不美滿的家庭，可能擁有精神狀況混亂或酒精中毒的父母，同樣的話你會在土星與三王星出現在四宮時聽到。我並不否認，有些時候海王星暗示著對家庭概念的模糊，或者對家庭認知的混亂，「很可能」來自於破碎或不美滿的家庭。

但事實上，我也見過許多家庭美滿的人擁有第四宮的海王星，在他們出生的家庭環境中，很可能有人具有強烈的藝術、宗教、精神靈修特質，同時，他們所描述的家庭背景如同完美的神仙家庭一般，讓人無法挑剔。

無論眞實的童年家庭生活是否幸福，這些人都相當樂於再去製造另一個夢幻神仙家庭，來延續童年的幸福或者彌補缺憾，而海王星鼓勵這些人爲了這些夢想而犧牲，但某些時候，他們也可能會有一種受到欺騙或成爲被害者的感受。這些人必須檢視的是，自我的歸屬感與安全感眞的能夠建立在童話故事的泡沫之上嗎？

許多時候，海王星在四宮讓人們接受了童話故事或他人所敘述的甜蜜家庭，將他們的安全感與歸屬感建立在其上，並且願意爲這個夢想來犧牲，可是卻常常遇到現實生活的挫折，而又無怨無悔。海王星在第四宮的問題必須回到現實層面來解決，擁有夢想的家庭，但又不至於被幻覺遮蔽；感受他人、吸收他人的經驗，卻不受其左右；爲夢想的家庭以及爲家人犧牲，也還要顧及到自己，這些都是值得努力的目標。

145

　　海王星要我們透過為家庭而迷惘、狂熱、犧牲與悔悟，來體認到無常，並學會用平常心來面對及包容這個社會所賦予家庭的定義，與自身和他人的家庭遭遇。

冥王星在第四宮

　　冥王星位在第四宮，暗示著一個人對於家庭關係、血緣關係與雙親關係上的難題。事實上，對於過去事件無法忘懷，就是上述問題的根源。在童年生長的環境中，遭遇到的問題讓這些人失去了心靈上的歸屬感，簡單的說，這是一種被遺棄的孤獨感受，而人們會用不同的方式來面對這種情結，有的人排斥任何親密的關係，有的人則是不斷的尋找依附，好讓自己能夠安定下來。

　　但事實上，這兩種做法都過與不及。冥王星在四宮的人必須瞭解情緒、安全感和歸屬感在人生中的重要意涵，究竟這件事情重要到什麼地步？是不是重要到攸關生死？或是我們可以完全的摒棄？（注意！若你的冥王星在第三宮，但是距離 IC 大約五度以內，那麼，也請參考冥王星在四宮的解釋。）

　　在心理占星學中，冥王星有一種深入調查的味道，冥王星要這些人檢視第四宮管理的歸屬感與安全感，這可能暗示著早年父母的身心與生存遇上了重大的危機，例如：死亡、重病或離去。嚴重的沮喪讓他們對「歸屬於誰」這件事有著嚴重的害怕與恐懼，深怕這種被遺棄的關係會帶來「我」的死亡。

　　除此之外，冥王星也可能藉由家庭問題，來提醒他們檢視自我的歸屬感與安全感，像是與父母有嚴重的衝突，或是心裡的陰影、童年的不愉快（這可能是過去從不知道的家庭問題，也可能是醜聞）。

　　因為冥王星象徵著彼此之間的不安全感，這些人常感受到父母深深的控制，很可能是父母為了保護子女或者對子女有過多的要求，卻被誤會為一種自私的想法或利用。無論是何種表現方式，冥王星在四宮的人都要重新挖掘家庭、歸屬感的意義，重新檢視自己與父母的關係，去認識家庭與父母，並且發現他們的重要性。

　　如果你的冥王星與天底（IC）合相，那麼在你的生命中，極有可能發生極端冥王星特質的事件（請參考本書對冥王星的描述）。這件事情通常極為難受，且帶來一種宿命的無奈，有可能改變你的人生道路，若你選擇面對，並且發揮堅強的意志力，坦然無畏地走過去，將會獲得強大的生命力。

第五章　第五宮
自我的目標

現代的占星學將創造力、自我目標與第五宮作連結，這是因為在黃道的第五個星座獅子座與第五宮相互呼應，同時也與太陽產生了連結，而衍生出「自我呈現」、「創造力」，及「自我目標」的意涵。

從心理發展的過程來說，這是經過一個沉澱階段（四宮）之後的自信與發光發熱。占星大師霍華．薩司波塔斯（Howard Sasportas）認為這一宮的自信與歡愉，就如同是火象星座燃燒般的自我呈現。在第一宮時，它只是燃燒，卻不知道為了什麼，只為燃燒自己而燃燒，但經過一番經歷後，來到第五宮，卻是一種想展現出個人的體驗，想去影響他人，而且也是一種想將快樂帶給別人的燃燒。

我們可以看出，第五宮位在代表「自我呈現」的第二象限，同時十分接近「與他人互動」的西邊，因此這個位置就代表與他人互動時，會呈現出來的性格特質，並結合了與它相關連的太陽與獅子座的自信。但是，它畢竟是一種十分自我的呈現，並以自我的歡愉與目標為依歸。至於創造力，更是第五宮古典定義「子女」的另一種呈現，生命的本身就是一種創造的過程。

太陽在第五宮

在占星學中，太陽守護著黃道上的第五宮，代表自我創意的表現與歡樂的事物。受到太陽神阿波羅守護，讓太陽落入第五宮的人感受到像是回到家裡一般的舒適自在，衷心相信生命充滿了可能性，對自己的獨特性與創造力深具信心，愉悅的透過創意表現來發光發熱，渴望成為一個眞正的王者與領袖，追求眾人仰慕的眼光。

在心理占星學上，第五宮與自我目標的實現有關。太陽在第五宮的人擁有排除外在干擾、完成自己設定目標的充沛活力之外，內在也擁有源源不絕的創造力，這種創作力將透過大大小小的事物發展與表現，儘管只是插了一盆花、煮了一桌菜、寫了一篇文章等小事。

他們的內心總是渴望自己的創意能夠被塑造、被誕生、被實現，唯有不斷的展現創作力，跟藝術沾上邊，才能夠體會到自己的獨特與不凡。培養一些興趣嗜

好，或從事一些美術、藝文創作工作，能夠將太陽充沛的能量引導入這些人的生活中。

此外，他們在娛樂時也同樣得心應手，不管是休閒活動或嗜好，都能與創意結合，為自己和別人的生活帶來娛樂與歡笑。他們對愛情也充滿了憧憬與期待，當愛情的渴望出現時，也能積極的去追求每一段愉快的時光，沉浸於每一段戀愛關係中。跟小孩、子女的互動關係良好，也是生活中非常重要的一部分，他們把小孩當作「創作」的一種形式，也希望自己在子女的生活中扮演起吃重的角色。

月亮在第五宮

第五宮象徵著創造力與自我目標，月亮在這個位置的人，呈現出有如青少年階段的自我認同需求，建立自我的意識成為最重要的事。他們在遊戲玩耍之時，也希望自己能從父母家庭的保護傘中獨立，成為一個被別人承認的「獨立自我」，並渴望人生的第一次戀愛趕快展開，卻也帶來了少年維特的不安與煩惱，讓情緒反應充滿戲劇性。

就像是一個初出茅廬的年輕演員，即使沒有豐富的舞台經驗，也希望能以自己與生俱來的舞台魅力來贏得他人的目光與掌聲。月亮在五宮的人總是迫不及待地想展現自己的成就或計畫，將自己的情緒與感受大鳴大放，以引起他人的注意。但危險的是，如果他們表演得不是很精采，只得到觀眾稀稀落落的掌聲與迴響時，這種不符合期待的失落感將會引發另一波情緒的危機。

除了遊戲之外，第五宮也與愛情、娛樂事務有關。對愛情與快樂的渴望會帶來焦慮，但月亮會引導人們尋找愛情或歡樂的事物，來撫平內心的不安。他們特別重視內心的歡愉，將那些會帶來快樂的事物放在第一順位，盡情培養自己的興趣，因為趣味的生活將帶來光與熱。月亮也帶來了豐富的幻想與浪漫的情懷，對愛情的渴望所激發出來的化學作用，將有助於他們在藝術與文學創作上的表現。

不過，月亮往往也引導人們朝向錯誤的方向，充滿患得患失的情緒。如果想藉由歡笑來隱藏心中的不安，只是強顏歡笑的與朋友相伴，很容易在表面的歡樂中逃避自己的真實需求。如果可以與朋友或情人真心交談與互相安慰、撫平不安，才能感到真正的滿足。

第五宮也與子女有關，喜歡小孩、照料他人也是月亮在第五宮的人的拿手強項。這些人可以藉由這種方式來滿足情緒上的需求，但他們對待他人的態度卻有情緒化的表現，可以試著透過情感交流，來促進情緒安定。

第一宮
第二宮
第三宮
第四宮
第五宮
第六宮
第七宮
第八宮
第九宮
第十宮
第十一宮
第十二宮

水星在第五宮

水星在掌管娛樂與愛情的第五宮時，讓人把思考方向放在情人、孩子身上，還有那些既好玩又有創意的事情上頭，因此，他們總是散發出愉快與歡樂的訊息。水星化身為感情上的傳訊使者，是名副其實的「談」戀愛高手，總能透過一通簡訊、一封情書、一個來電邀約，清楚而明白的傳達愛意。

另外，他們也熱愛各種心智遊戲，透過這些方式來吸引別人，同時也被吸引。水星落入這個位置的人，表達方式往往充滿創造力與藝術性，腦筋靈活而充滿創意，總會有神來一筆，因此在藝術創作與設計上有不錯的表現。

第五宮也代表自我呈現以及子女，讓這些人能與子女溝通良好，以啟發性的教育方式來引導子女的發展，透過討論來分享對文化與藝術的心得。

但是，在平時的表達上要特別留意，水星在第五宮的人可能會受到水星自我意識的限制，開一些自以為有趣的玩笑，讓人感到難堪或不舒服。就因為玩笑太過於自我，或是將腦筋花在娛樂、賭博、冒險、遊戲等有關的事務上，容易給人玩物喪志的觀感。

金星在第五宮

當金星位在象徵愛情的第五宮，將有利於戀情的進展，會帶來甜蜜的戀情。這些人在與他人的互動時，只要展現自我風格與物質品味，就可以吸引許多異性的眼光，金星將帶來協調與溫暖的情感生活。金星在第五宮的人相信物質會讓生活更美好、更舒適，喜歡奢華的生活品味與享受，有著不錯的生意頭腦，既會賺錢也會花錢，也很懂得用金錢物質來討好情人。

金星所在的宮位是人們發現自我價值的地方，當它進入第五宮時，人們可透過自我的呈現與創造的事物來認同自我的價值。如果你有任何的嗜好或興趣，將它鑽研到一定的程度時，你的自豪與自信將會展現出來，也進一步的提升了自己的價值。

金星在第五宮的人也能經營出不錯的親子關係，跟他們的互動時，氣氛總是和諧愉快。第五宮在占星中也代表著創造和娛樂，他們宛如天生就是吃喝玩樂的高手，喜歡涉足熱鬧有趣的場所，充滿創意且適合創作，總有豐富的靈感可以進行大量的藝文創作，呈現自我創意。

可是，金星的舒適特性也容易讓他們紙上談兵，可能僅僅將金星的能量以娛樂的型態呈現，沒有辦法成爲專業人士。

火星在第五宮

在占星學上，第五宮代表著愉快的事物，讓火星在這個位置的人將精力投注在追求愛情、子女與自己的興趣上，讓他們顯得活潑好動、創意有趣，玩樂跑趴也總是衝第一。

這些人會將時間精力花在小孩身上，不受控制或生病受傷的小孩將成爲他們四處奔波的主因，或是他們會自告奮勇的擔任起別家小孩的臨時保母。如果這些人把自己的寵物當作狗兒子、貓女兒一樣看待，一副狗爸貓媽的架勢，也是火星位居五宮的表現。

在心理層面上，第五宮象徵著自我的呈現與自己的目標。受到火星的激發，讓這些人把力量花在自己喜歡的事物上，這些事物變成了「我就是這樣」的替代品，他們像拳擊手在運動場上受到挑釁一般，演出生死格鬥，來表現出火星攸關生存的動能與衝勁。像是喜歡運動的人，就算不是職業選手，也會拿出要在運動場上奪牌拿獎的力氣，跟別人拚個你死我活，來證明自己生存的價值。

當這樣的生存意志爲五宮帶來競爭的氣氛時，無論是多麼靜態的娛樂都會變成自我呈現的工具，讓別人感受不到「好玩」的成分，但他們多半一點也不在乎，只管自己有沒有得勝，因而可能引發爭執與衝突。

火星在第五宮讓人們迫切需要透過愛情來證明自己，喜歡一個人就會直接表達出來，並以行動證明。在被人拒絕或出現競爭者時，他們很容易變得惱怒或沮喪，因爲戀愛不再只是單純的戀愛，而是生存意願面臨了挑戰。

木星在第五宮

在傳統占星學中，第五宮掌管子女與喜歡的事務，也代表著我們對感興趣及喜歡的事情所抱持的方法與態度。當木星的力量與第五宮結合時，帶來了五宮與木星的雙重歡愉，讓這些人積極去發展自己的興趣，特別是與木星有關、帶有知性成長意味的興趣與嗜好，或是去他們喜歡的地區旅遊，以及享受親子互動的無窮樂趣。

也因爲他們常覺得有太多好玩的事情要做，興趣廣泛之下，讓自己的時間不

夠用，什麼事情都沾一點，最後往往落到一事無成的下場，然而，木星帶來的喜悅心情卻絲毫不受影響。但是，受到木星帶來過度擴張的影響，他們往往過分樂天、沉迷於遊戲中，特別容易沾染刺激或冒險的事，因此也要特別謹慎，不要讓自己做出非法或傷害他人的事情。

木星在第五宮讓他們容易享受到愛情的擴張成長，和愛情帶來的幸運與愉快，使得他們什麼戀愛都想談。然而，過分的自信與刺激冒險的追求，也可能為他們帶來劈腿與多彩的情感關係。

土星在第五宮

許多西方占星師用「創造力的阻礙」來說明土星在第五宮的狀況，但是對許多人來說，「創造力的阻礙」是一個模糊的字眼，許多人甚至無法理解，但是，如果我們用傳統占星師的解釋來說明土星在第五宮的狀況，或許就會很清楚了。傳統占星師認為，五宮與愛情、興趣、子女有關，土星在第五宮可能會少子，甚至膝下無子。你想一想，子女是不是一個人一生中最重要的創造呢？我們更常聽到父母形容子女是自己快樂的泉源。

古代的占星師以實質層面來定義五宮，而心理占星師們則以心理狀態，來描寫五宮所代表的創造與喜愛。創造的原動力來自於一種自我呈現的積極心態，說得更白話一些，就如同許多人所說的「愛現」，這也是為什麼有這麼多人會說獅子座愛現，畢竟它的位置就在黃道上的第五宮。而土星所代表的擔憂與不安進入星盤的第五宮時，會讓當事者用小心謹慎和不安的態度，來看待他們所呈現出來的事物，雖然都和過去的事物有關（土星代表過去）。

當心理占星學家在研究這一層問題時，多半會從兩方面下手，其一是來自於自信的問題，也就是對於自我是否擁有足夠的信心，是否有勇氣呈現自己喜愛的事物；另一層問題則是自我價值的問題，在成長的過程中所遭遇到的否定，是否直接貶抑了一個人對自我價值的認定。

在心理占星學中，這兩者都會直接造成人們無法盡情的表現自我，或許這些人用自我限制的方式，來告訴自己和他人「我辦不到」或「我不快樂」，但事實上，他們要說的卻是「我覺得我沒有用」、「我覺得我不夠好，因此不值得人愛」，或者「我沒什麼事是值得驕傲與自豪」，更因為這樣，心生「我怎麼可能像他人一樣快樂開朗？」、「我怎麼可能去盡情的展現自己的喜好？」等念頭。

土星在第五宮的不但必須去瞭解喜好與喜愛的真正意涵，同時得透過再一次

認清自我的價值，建立起愛人與被愛、尊重人與被尊重的能力，透過這樣的實踐，最後才能呈現出踏實且深厚的創作力。

天王星在第五宮

天王星在第五宮中，會讓人們在所喜歡的事情上，強烈展現出與眾不同的特質。第五宮的心理特質是一種強烈的自我呈現，這當中包含了對自我的認同，以及自我價值的感受。

天王星進入第五宮，暗示著這些人認為獨立和與眾不同的特質，是他們能夠表現出來的特質。這樣的人多半不喜歡和他人一樣，一窩蜂的去從事相同的娛樂活動，也只有表現出與眾不同，他們才會感受到自我呈現的滿足感。

例如：當所有人在假日還躲在昏暗的 KTV 包廂裡唱歌時，天王星第五宮的人就可能喜歡一個人騎著單車四處走，可是，當大家一窩蜂的在假日要騎單車出去玩時，他卻會將單車鎖在家裡，另外再去找一些更特別的活動。第五宮是我們所喜愛的人、事、物，當天王星在第五宮時，人們喜歡的特質就是「與眾不同」。

提到喜歡的人事物，我們就不能不提到愛情。既然天王星在五宮的人喜歡的特質是與眾不同，那麼我們或多或少可以知道，這些人所喜歡的對象不可能太平凡，也因此，在情感的探索過程中便多了不少刺激與冒險，或許也可以說不安穩或不順暢，但是，太過平凡穩定的感情模式大概也無法吸引這些人。

天王星在第五宮的人很容易遇到一個問題，就是當這一段戀情不再新鮮有趣、不再特殊時，是否就要選擇抽身了呢？許多擁有天王星在第五宮的人，不斷追求情感上的新鮮、刺激、冒險，但事實上，他們卻遺忘了一件相當重要的事情——人們所喜歡的人事物，不過是在反應對自我的期待，應從自身改變起，而不是透過外物的追求，讓自身的感情狀態變得如此不穩定。

海王星在第五宮

海王星在第五宮時，人們的目標以及所喜愛的事物，就如同一個強烈的漩渦，讓他們不由自主地被捲進去。當然，很少有人在被海王星漩渦捲入的初期有任何怨言，因為他們幾乎是心甘情願，為了他們的目標或喜歡的人事物在做所謂的犧牲、奉獻。

第一宮
第二宮
第三宮
第四宮
第五宮
第六宮
第七宮
第八宮
第九宮
第十宮
第十一宮
第十二宮

第一宮

第二宮

第三宮

第四宮

第五宮

第六宮

第七宮

第八宮

第九宮

第十宮

第十一宮

第十二宮

海王星位在第五宮的人，常常有一種悲劇情結（希臘式的或好萊塢式的），他們爲了喜愛的事情，必須犧牲另一項喜愛的事情；爲了喜愛的人，放棄心愛的小狗；或者，必須爲了照顧子女，放棄喜歡的情人，其中最有名的例子，莫過於爲了迎娶所愛而放棄王位的英國國王愛德華八世，或者大家比較熟悉他的另一個名字——溫莎公爵。

「犧牲」是海王星的重要特質。因爲所愛的人犧牲而造成了遺憾，因爲犧牲卻得不到所愛的事物而遺憾，海王星一方面讓這些人乘風破浪，瘋狂追尋某一個特定的目標（愛情？興趣？子女？），但在另一方面，卻要他們捨棄某些事物。魚與熊掌不可兼得，這是一個再平常也不過的道理，然而，海王的纖細敏感卻讓這些人容易爲了其他喜愛的事物而悲傷。

這些故事都被海王星的豐富幻想力給渲染得極爲凄美，這些強烈的海王星特質，若不藉由藝術創作、藝文創作，或者透過小說電視來抒發（陪著故事中的男女主角哭泣），那麼，這些人的精神與心靈很可能會融解在海王星的漩渦中。

相同的，這些人也可以藉由犧牲自我，服務他人，或者透過宗教藝術創作，提升精神層次，來避開這樣的影響。然而，有一個最根本的問題，我十分建議擁有海王星在第五宮的人問一問自己：爲什麼你這麼迫切的想要證明自己？或者，你（眞的）認爲自己應該要去犧牲嗎？

冥王星在第五宮

簡單來說，星盤上的第五宮與喜歡的事物有關（包括了興趣與愛情，喜歡的人、情人、子女、寵物等），把喜歡的物品當成了收集品，但在心理占星師的眼中，它們都與心理層面上的自我呈現與自我創造有關，更深入的來看，這與自我的身分識別有關。進入第五宮的冥王星要人們重新檢視這些事物對生命的意義，也暗示他們可以透過重新瞭解喜愛對生命的眞正意義，瞭解愛的眞諦。

當冥王星在第五宮的人，可能會有難以表現自我的困難，無法表達出自己的喜好，無法表達出自己的愛，甚至可能會以他人無法接受的方式，表現出他們的喜好。從事藝術創作的人可能無法突破，或者愛情可能會出現危機，與情人之間的相處出現許多問題。

在心理占星學中，我們認爲，自身價值觀的扭曲（二宮、金星、二宮與五宮守護星）都可能暗示著問題的根源，唯有探索根源，才能夠解開心中的結。我在法國求學時，遇到了一位來自緬甸的年輕畫家，因爲情感的困擾以及創作的瓶頸

來向我求助，當我思索這兩個問題時，不由自主的將問題關注在第五宮的冥王星與二宮土星的四分相。

在幾次諮商並建立互信關係之後，我才請他回憶這些相關的事情。原來，他的父親在抗爭中被人槍殺，當時還是青少年的他認為自己無法保護父親，是個沒有用的兒子，甚至常常質疑自己當初如果不是學畫，或許還能夠挽回父親一命。

冥王星在第五宮，用不同的殘忍手法剝奪了人們喜歡的事物，讓他們質疑起人生的目標，這個陰影與恨意卻會成為他創作的最大動力，但也使得他無法在感情的世界裡，順利的表達情感。

第六章 第六宮
生活的態度

第六宮掌管職場上的人際關係，特別是指「與部屬之間」的關係，或是那些職位較低於我們的人，對於世俗占星學而言，則代表工業與勞工階級、疾病與公共衛生系統等。當然，我們也要談談第六宮掌管的身體健康，第六宮的起始點，多半暗示著身體有哪方面應該注意。

現代占星學的第六宮有了較多的變化，對個人而言，代表著每日的工作、身體與健康、規律的生活等等，特別是行星進入第六宮時，會替此人的日常生活增添一些不同的意義。

同時，第六宮也象徵著落實在第五宮發揮的創意與才華，如何將這些光鮮亮麗的點子變得更貼近生活，去調整想法中不切實際或是過於華麗的部分。尤其，當點子還在創意階段，一些沒有顧及到的細節都會在第六宮時跑出來。

第六宮可讓夢想中的目標變得更接近現實，沒有第六宮的實踐，一切都只是空想。所以，在這裡我們可以辨別出來，第六宮的工作包括了我們每天實踐的工作，第六宮的星座與行星是我們貼近每天生活的方式。至於第十宮是代表社會地位、自我經營、我們與公眾的互動，這些其實也與第六宮努力的堆積不無關係。

太陽在第六宮

第六宮掌管著每天的工作、日常生活的瑣碎事物，太陽在這個位置的人與處女座有所連結，同樣重視實用性，認為有形物質更具有價值，也許沒有其他土象星座那般崇高的理想或偉大的目標，但卻能腳踏實地的處理日常瑣事，並透過這些程序維護內心層次的整齊與秩序。

這些別人看來只是繁瑣的日常小事，他們卻以正面的態度來對待，因為對他們而言，生活細節是一個不得不面對的課題，認同實際、有用、安全等價值，透過處女座般分析與控制的特質，對每天的生活事物與細微末節進行分析與檢視，好讓自己的生活更有規律、更加完美。如果別人必須上戰場才能成為英雄，那麼太陽六宮的人在每天的生活中，便成就了一個平凡英雄。

對工作認真負責，善於區別與分析的特質，讓他們成為超級糾察隊。為了維

第一宮 第二宮 第三宮 第四宮 第五宮 第六宮 第七宮 第八宮 第九宮 第十宮 第十一宮 第十二宮

第
一
宮

第
二
宮

第
三
宮

第
四
宮

第
五
宮

第
六
宮

第
七
宮

第
八
宮

第
九
宮

第
十
宮

第
十
一
宮

第
十
二
宮

持一定的秩序，太陽位於六宮的人很擅長壓抑自己的渴望，總是要求自己以理性平和的方式與人溝通，嚴格自律、處處控制的結果，卻容易造成神經緊張，累積不小的心理壓力，可能造成神經與消化系統的問題。

這些人就像是天生的超級服務員，不求金錢權力等社會地位，願意犧牲自我，以服務他人為己任，幫助別人重整秩序或解決問題。在自己的專業領域上，通常也是扮演著腳踏實地、默默耕耘的阿信角色，就算當上老闆也會事必躬親。這些人可以透過參與社會服務，發表對自身所處環境的意見，將諸多想法和批評投入社會改造與社會公益，不失為善用太陽能量的好方法。

月亮在第六宮

第六宮掌管著工作、與下屬的關係以及日常生活的瑣碎事物。月亮在這個位置的人將每天的生活細節放大檢驗，不管是日常飲食、身體健康和心靈層次都很重視，只要發現細微變化，都可能帶來情緒的不安，容易因為發現一點點小毛病而過度恐慌；實事求是、身體力行的工作態度也經常受到情緒影響，這很可能是工作上的不滿造成神經緊張，影響自己的身心健康。

第六宮具有高度的服務精神，月亮讓人們經常出現需要自我犧牲、成全他人的妄想，無論現實狀況是否真的如此。這種無意識去犧牲自己利益的行為，卻可能讓他們感到委屈。就算是得到犧牲小我的壯烈感，卻很可能因為不必要的犧牲而帶來更多的挫折感，累積更多的情緒需求。

但是，當充滿情緒需求的月亮落在具有壓抑特性的第六宮，常常會讓他們不由自主的想要以理性來壓抑並掌控自己的情緒。情緒沒有出口，無法正常紓解，讓他們感到更不自在，所累積的緊張情緒讓他們更加緊張，甚至在壓力變大的情況下，會將所有蓄存的情緒轉為憤怒與防衛，甚至開始嚴苛地批評他人與嫌棄自己。

此時必須做的就是放鬆自己，卸下防衛機制與緊張態度，學著正視自己需要被安撫的需求，將積壓的情緒表達出來。不必在乎這樣的方式是否合理，因為過度的壓抑自己敏感的神經，更容易造成身心不適。

水星在第六宮

水星位在自身守護的第六宮，為了平日的工作、服務他人、強身健體，讓這

些人將思考活動集中在每日行程中，將健康與生活的資訊融入每天的生活裡。他們也熱衷於與他人溝通和討論，總是會在談話中提起這些內容，這些人的例行公事總會帶有濃厚的水星風情。

也因為這樣，第六宮的水星在思考與心靈活動中，讓原本週而復始的日常生活變得更為實際。他們會用比較嚴肅與實際的觀點來看待周遭的人事物，在實際執行的問題上，也能夠透過詳細的分析與反覆的思索來找出問題，讓自己有更好的表現。

他們不但有反應迅速、行動敏捷、機智靈活的職場表現，也很重視工作環境中人際關係的經營，跟上司、同事、下屬都能進行良好的溝通，在彼此的對話與互動中取得更實用的資訊。此外，他們也很能遵守職場上的規範，對於專案計畫的執行進度也很能掌控。

在身體健康上，有些人要特別注意水星所代表的神經系統、呼吸系統與循環系統等，以及水星所在星座所代表的健康狀況。

金星在第六宮

金星位在象徵著每日規律生活的第六宮時，讓人們能夠體會日常生活中的樸實美感，就算是不起眼的瑣碎事物也能讓他們覺得舒適愉快。在工作環境中，他們能維持不錯的職場關係，喜歡輕鬆的工作氣氛，也容易在工作場合上「吃窩邊草」，與下屬、同事或客戶日久生情。

不過，金星的鬆懈特質不太適合第六宮的勞動性質，期望有個錢多、事少、離家近的好工作，會讓他們在工作態度上，出現得過且過或依賴他人的情形。位在第六宮的行星都是必須每天辛苦琢磨的，或許他們夢想成為藝術大師、音樂大師，但是如果沒有勤勞不懈的練習（很可惜金星在六宮真的容易讓人鬆懈），就很難在未來發揮專長。

金星在六宮的人往往會忽略身體健康的維護，體會重視生活品味之餘，也要重視飲食與健康，要特別注意喉嚨、腎臟、甲狀腺、生殖系統與飲食等問題。如果輕忽了健康，很可能會帶來隱憂。

火星在第六宮

火星落入第六宮時，將會影響人們的工作，因為火星的求生本能促使他們身

體力行且事必躬親，工作的態度會非常認眞，並且強調親力親爲，也會對底下部屬造成影響，強迫別人跟他們一樣的作息，一旦有人牴觸他們的規則，很可能會引發他們的生存危機意識，而產生衝突。

他們的積極與急迫，容易帶給下屬或他人壓力，若能將態度修改爲服務他人，便能適當的抒發火星的能量。

雖然現代占星學不完全將火星視爲凶星，但火星仍具有高溫、利器、傷害、強大能量等意涵。火星位在與每日工作、身體健康有關的第六宮時，提醒人們要注意日常生活，特別需要以實際行動來保護自己的安全。這些人可以透過每天的鍛鍊，培養很好的體力。

從占星的觀點來看，規律的身體勞動或每天的工作可釋放火星的能量，能量就不會累積起來，對健康造成威脅，或是因爲強大的能量，而造成衝動下的意外傷害。另外，每天規律的運動與體力消耗，還能自然的提高免疫力，減低生病機率。

木星在第六宮

當第六宮所代表的每日例行事務與身體健康，遇上了木星的擴張與成長，爲他們的每日例行事務帶來理想與發展，讓他們每天執行自己的信念，將崇高理想與現實生活結合，不管是傳播宗教理念，還是認眞執行他們篤信的事情，他們每天都在進行讓心靈和精神有所成長的修煉或課程。

木星位在重視細節的第六宮，每一個細微末節，生活中的一朵小花、一根小草都可能是帶來幸運和自我成長的關鍵。在傳統占星觀念中，木星屬於吉星，認爲它會在人們辛勤付出之後，帶來豐富的獎賞與好運。

一體兩面的是，木星也很可能促使他們在日常工作中，擴大自己的領域範圍，增加許多原本不屬於他們的工作。往好的方面發展，這可能是職務的擴張，但若是在不好的層面，則代表可能要去處理許多下屬無力處理的問題。

也因爲在工作上付出太多心力，引發了健康問題，讓他們更加重視身體保健，將規律運動、節食養生、控制體重等事情視爲每日必需工作，確實執行存在腦海中的健康信念。這些人要特別注意的是，因爲過度的勞動或飲食帶來健康的危機，尤其是與肝臟系統相關的疾病。

土星在第六宮

第六宮是星盤上強調實際與實用的宮位，更是與我們每天生活息息相關的宮位，許多人以工作或健康來看待這一宮，但這樣只看到了這一宮表面的影響，透過土星在六宮的解說，或許你更能明瞭第六宮的意涵。

土星在第六宮的重要狀態是：我們必須將土星的特質，在每天的生活中表現出來。第六宮在我們的星盤上代表的是一種實用狀態，而土星更是所有行星中最強調實用與實際的一顆，在這樣的組合之下，土星在六宮的人，強調用如履薄冰的態度來面對生活中的每一件事。然而我們必須回頭想想看，每天戰戰兢兢地生活，是否會有哪些問題發生呢？是的，長期處於緊張狀態之下，無論身體或心靈都無法放鬆，自然容易遇到一些和緊張焦慮有關的疾病，這是我們應該注意的。

並非每個土星在第六宮的人都會遇到這樣的問題，關鍵在於這些人是否有在生活中「每天」發揮土星的特質，用「簡單」、「穩定」、「實際」、「緩慢」的態度來過每一天、處理每一件事情，任何一種超越土星講求實際原則的事物，都會立即引起土星的焦慮，更遑論活在講求效率生活中的人，在無法緩慢且穩定的過日子時，所遭遇的的挫折與焦慮將透過時間的累積引發身心問題。

土星在六宮的人應該關注的，並非急忙回應外界的責任要求，那只會帶來更多焦慮，這些人應該關注的，是對於自己每一天生活中的責任，對於身體和生活的責任，用仔細、小心與緩慢且有規劃的態度來面對每一天的生活，用這樣的方式來回應土星，減少壓力所帶來的衝擊。

天王星在第六宮

天王星有一種非比尋常的特質，不甘於平凡，也不喜歡遵循常軌。當天王星在第六宮時，人們就必須在生活範疇與工作領域裡，發揮這些不甘於平凡、喜歡與眾不同、具有創造力、創造特殊與驚奇的特質。

天王星強調的是創造與改變，這些人必須在每天的生活中，從事一些創造或改變的事務，他們通常會在科技部門、研發部門裡從事研究工作；就算是在一般的行政或其他部門，在工作中包含了發揮創意、改進工作狀態與模式的部門或職位，也可以讓他們充分的發揮天王星的不尋常特質。

打破傳統與常軌是天王星的本質，天王星在第六宮的人就算是個上班族，也

第一宮

第二宮

第三宮

第四宮

第五宮

第六宮

第七宮

第八宮

第九宮

第十宮

第十一宮

第十二宮

希望在每天的工作中有不同的變動與挑戰，他們很不喜歡日復一日重複相同的動作，若是違背這種天性，很可能會引發身心上的不適應。

談論到與第六宮有關的健康，我們首先得認識天王星的特質。在占星學中，天王星代表一種激烈的活躍狀態，就如同強大的電流一般，讓人們產生動能。如果天王星在六宮的人沒有在生活中善用，並釋放這些激烈的能量，那麼這些動力就很容易以焦慮、不安、煩躁的特質出現，越是壓抑，之後的反應將越是激烈。

所以，占星師們常建議天王星在六宮的人要保持不斷的活動狀態，像是勞動工作、腦力激盪或是從事運動等，否則，天王星的躁動長期累積下來，引發的問題將無法輕易解決，會造成健康的危機，包括精神上的焦慮不安，甚至更為嚴重的病徵，也可能是身體上的突發病變，更常見的是意外傷害。

海王星在第六宮

在占星學中，海王星、雙魚座和第十二宮有著相互的關連，相對的，海王星的特質與第六宮或處女座就顯得有些格格不入。當然，如果我們因此就說此人命不好，也未免太過武斷，但的確有些人會因而感到沮喪。占星師要知道的是，在心理占星中再怎麼格格不入的特質也有可以發揮的地方，同時透過更多的挑戰，人們會在生活中獲得更多的心得。

海王星模糊與迷惘的特質，應用在第六宮的生活領域，最需要注意的就是區分事物細節的能力。或許海王星出自於慈悲心態而一視同仁，或者永遠處在夢境中分不清現實，所以很容易造成許多無法區別的狀況。

去細分生活事物的是非黑白，或將不同事物歸類，是第六宮的範疇，但對於海王星在第六宮的人來說，必須付出更多的努力，才能夠做出一些分辨。海王星往往會模糊了區分事物的能力，使人感到沮喪，或者必須付出更多的努力來獲得具體的成果（如果他們真的希望如此）。

海王星的犧牲與沉迷，是許多人能輕易看見的表徵，事實上，這樣的特質來自於對理想的狂熱追求與奉獻，而應用在生活中卻有許多種不同的狀態，例如：有些人從事的工作可能與宗教或社會服務有關，有人可能瘋狂的追求某些事物，如藝術、影像、音樂、精神成長、靈修，或從事與化學、藥品相關的工作。

有趣的是，海王星雖然相當具有精神與藝術特質，但另一方面，它的特質卻很可能讓一個人在工作領域裡，表現出沉迷且不規律的狀態，我們甚至可以說這樣的人為了每天的工作而犧牲奉獻，或者迷失在每天的工作中。

冥王星在第六宮

冥王星在第六宮時，透過人們對每天生活中的例行工作來進行**轉化**，這樣的過程在一開始，人們可能會因為恐懼或內心中的陰影，而忽略應該注意的生活細節，也可能是忽略自己的身體健康，以及身體發出的警訊，最後因為這些因素而有所病痛，或者在工作中遭遇到重大的挑戰與困難。透過正視這樣的問題，重新喚起人們對健康的關注，以及每天必須謹慎面對許多事物。

當冥王星在第六宮時，它要人們嚴肅看待每天生活的細節，也會影響工作以及與部屬之間的關係。冥王星會讓這些人產生質疑，去思索——「這樣的工作究竟價值在哪裡？」

冥王星在六宮有可能因為危機意識過強，而導致人們對於權力與控制欲望的無度索求，那種緊張的危機感或許可以透過冥王星所守護的宮位來查詢（星盤上以天蠍座為起點的宮位）。這些危機意識會讓他們緊緊抓住工作上的每一個細節，不想因此而失敗，讓他們更想去「控制」住每一個可能的變數，使得一同工作的人無法喘一口氣。

雖然有人會說他們有權力癖與控制欲，但事實上，當事人並不這麼覺得，他們只是希望將工作以完美的成果來呈現。這種生存危機可能會反映在每天的生活工作中，使得他們無法以平常心來看待，最後的結果可能會因為健康或公司的因素，而被迫離開他們緊緊抓住的工作。

這些人可能因此感到憤恨，認為別人不感激他們辛勞付出的一切，或者埋怨上天為何這樣作弄自己。但事實上，冥王星帶來的是一個學習的機會，這些人必須瞭解內心中的危機感，挖掘其根源來化解緊張和焦慮，同時重新瞭解生活規律的脈動，重新瞭解身體的重要性，藉此獲得重生的健康和生活。

第一宮
第二宮
第三宮
第四宮
第五宮
第六宮
第七宮
第八宮
第九宮
第十宮
第十一宮
第十二宮

第七章 第七宮
人我之間（下降點 DSC.）

從現代的占星學來分析，第七宮就是第一宮對外在社會的延伸，第一宮掌管「自我」，而第七宮相對的就掌管「他人」，而這個「他人」仍和當事人維持著重要、平等的關係。這些關係通常會有契約或法律的約束力來加以規範，例如：結婚證書或合作契約等，所以第七宮也代表著法律問題。

由於與第一宮遙遙相對，第七宮在個人的星盤上佔有重要的地位。一個人與外在世界的結合，首先反映在婚姻上，所以第七宮第一個重要的執掌就是「婚姻」。落入第七宮的星座代表一個人對婚姻的態度，以及此人希望挑選什麼樣的伴侶。

然而，心理占星學將第七宮解釋為「我與他人的關係」，這裡的「他人」被定義為「與我地位相等」的人（在第七宮又有「平等」的意涵），所以合作夥伴、公開的競爭敵手都是第七宮所掌管。

太陽在第七宮

太陽在第七宮的人，極為重視自己與他人之間的互動關係，相信「人我合作」會帶來更大的效益，不吝於向他人求助，也願意伸出援手，能仔細考慮別人的感受，並從與他人互動的過程中找到自我、確認自己的重要性。

太陽在這個位置具有風象天秤座的特色，思維上習慣運用理性分析，參考歸納出各人的意見後，不斷平衡左右不同的觀點，以尋求一個最公平、最和諧的處理方式。這個行為模式可以套用在生活中各個層面，不管是工作、人際關係，甚至是婚姻關係。

第七宮掌管所有的人際互動，合作與妥協通常伴隨著競爭與衝突，太陽在第七宮的人早已認清事情並沒有絕對的好與壞，卻可能為了平衡而讓自己的立場有所偏頗，或為了反對而反對。

追求完美的平衡，用心中的那把尺去衡量所有事物的美醜與對錯，因此能夠進一步發展這些特質，成為藝術家、經紀人、外交官、公關人員或談判高手。但也因為考慮的因素太多，在其他人早就起而行動之時，太陽在此位置的人卻還停

留在整合歸納的階段，希望找到每個夥伴都能認同的最佳合作方案，為了追求折衷之美，猶豫不決反而造成事情的延宕。

這些人很可能為了受人喜愛，過度包裝自己以掩飾原始的情緒，不允許自己表現生氣、歇斯底里、嫉妒、貪婪等負面情緒，過於理性可能讓心理和身體狀況失去平衡，歸咎到最後，問題往往出在於他們太過在意別人的眼光，希望從別人的認同中找到自我。但事實上，真正的自我只存在自己的內心中，而非外界。

月亮在第七宮

月亮在掌管伴侶與合作事物的第七宮時，讓這些人很重視與伴侶、合夥人與團隊夥伴間的相處，對人際關係有著高度的期待，對美滿的婚姻充滿幻想。他們亟需別人所給予的安全感，不容易被滿足讓他們在精神上更加緊張，因此，與人的互動與相處有了更多不安的情緒，有人為伴的需求更加強烈，對伴侶的依賴程度也很高。

月亮位在第七宮的人對伴侶有更多的要求，希望對方能夠與自己形影不離，特別需要有人陪伴在身邊、傾聽他們說話、滿足他們的需要。他們容易對伴侶關係有很多幻想與憧憬，高度渴望伴侶的關注，需要經營一種黏巴達式的互動關係，一旦這些需求沒有被滿足，便很容易掉進情緒的泥淖中。他們需要對自己知之甚詳的伴侶，不然這種「愛的暴食症候群」容易讓他們吃醋，或覺得對方不夠關心自己，並造成伴侶間的負面爭執。

第七宮同時也掌管合作搭檔與競爭關係，他們對於競爭與合作的互動張力也很敏感，面對他人的挑戰時會沒有安全感，很容易出現情緒化的反應。他們的不安與焦慮也可能會引發對方的不滿，在面對競爭對手時，也很可能讓自己的情緒成為致命的弱點，對這些狀況的擔憂讓他們變得更焦躁不安。

這時，必須承認自己需要他人的幫助，任何滿足自己需求、有人陪伴的安全感都能減少負面情緒。就算身旁沒有伴侶，一個好朋友、一個善於聆聽的死黨，都能撫平不安分的情緒。但是，這些負面情緒也必須小心控制，避免讓這些情緒淹沒自己，讓伴侶關係潰堤。

水星在第七宮

第七宮代表著我們與他人之間的平等關係，掌管婚姻伴侶、地位平等的合作

第一宮
第二宮
第三宮
第四宮
第五宮
第六宮
第七宮
第八宮
第九宮
第十宮
第十一宮
第十二宮

夥伴等密切關係。水星七宮的人相當重視與他人的溝通，將此視爲學習成長的一部分，以自己的智力爲基準，透過與他人的交流來贏得對方的重視。

重視客觀，不僅讓自己的思考與觀點容易受到他人影響，也能夠從他人的角度出發，易於與人溝通，並能夠理解他人想法，善於表達自己的想法讓他人瞭解，讓水星七宮的人相當適合投入伴侶間問題的思考與分析。

水星讓他們在伴侶的取決與選擇上，特別重視伴侶間的溝通、機智與才能，這些條件都將凌駕於外貌長相。他們傾向選擇善於表達、有才能的人才，期待另外一半也是自己的心智夥伴，因爲他們不希望因爲溝通而帶來衝突與誤會，難以溝通的情況會爲他們帶來挫折感。

這些人適合與他人共同學習、寫作、出版、教學與法律等事務，他們也特別注意因爲文件往來或溝通不良所產生的法律問題。

金星在第七宮

稱爲「婚姻伴侶宮」的第七宮，其實還包括了我們與他人的關係，以及與他人的合作。金星位在第七宮，就像天生的公關人才，與生俱來的迷人特質讓人樂於親近，貼心有禮的態度讓他們有著不錯的人緣，總能維持著溫暖和諧的人際關係，是一個非常有利於伴侶關係，以及與他人合作的位置。

金星落入第七宮多半暗示著與伴侶之間的互動良好，彼此的關係既甜蜜又愉悅，結合藝術或物質的交流也讓彼此更加契合。但是，在婚姻或伴侶生活中，金星的出現讓這些人沉浸於喜悅中，卻也很可能讓他們過度依賴別人的付出，再說，自己的付出並不一定能夠得到期待中的回報，就算他們感到失望或有些不愉快，大多也是採取退讓的方式，強調以和爲貴。

現代心理占星學家建議，他們應該委婉的表達自己的立場與心中的期望，而不是默默的退讓或隱忍。然而有趣的是，金星在第七宮的人很少願意這麼做，他們往往認爲如果這麼做，就像是「要來的」一樣，顯得自己很沒價值。

事實上，金星在第七宮的人也常仰賴另一半的評價來定義自我價值，這一點往往更加強了這個人對於伴侶的依賴，以及不太願意表現出自己的想法和需求。在伴侶關係上，這些狀態所引發的問題都是他們必須注意的。

火星在第七宮

在占星學上，第七宮暗示著婚姻伴侶、合作夥伴、法律事物，以及與對等夥伴或競爭對手之間的關係。當火星位在這個位置，破壞了七宮所需要的平等、和諧與和平氣氛，讓他們與他人的合作中，爲了自己的利益與他人引發爭論或衝突，所帶來的競爭經常會引發危機。

因爲他們不但會積極和這些人展開實際的行動或合作關係，也因爲火星帶來強烈的競爭色彩，讓他很容易採取法律行動來維護自己的利益，在面對競爭敵手時引發正面衝突，都是火星意涵的表現。

第七宮也代表人們的生活伴侶，俗稱爲「夫妻宮」。雖然單身的人們會很積極的尋找伴侶，但已經處於伴侶生活中的人，也會有「非做不可」的想法，透過某些行動來刺激他們的伴侶關係，讓伴侶關係出現一種張力與能量，如果不適當地抒發調解，這種能量很可能會轉變爲負面的爭執與爭吵。解決之道是與伴侶共同籌畫一些活動，將能量導爲正向，使兩人的互動更具意義。

木星在第七宮

大家都知道第七宮掌管婚姻關係，木星在這個位置同樣帶來了禍福相倚的影響，讓人們的另一半充分發揮其影響力，帶來快樂與成長，婚姻成爲這些人重要的信念。木星在第七宮的人相當重視與他人的互動，深信自己不應該單獨存在，需要與夥伴合作、共同努力，因爲與他人合作常常會替他們帶來好運。只不過，木星也會讓他們變得有些貪心，或是太過大意、輕忽合作細節而帶來麻煩。

木星帶來愉快婚姻關係的同時，也可能將他們婚姻中的合夥關係給擴大了，讓婚姻具有更多的意涵，像是他們的仁慈與寬大爲伴侶關係帶來幸運，卻有可能因爲過度自信而喪失危機感與警覺心，忽略了伴侶關係的質變。木星在七宮也可能暗示他們想要從婚姻中解脫、爭取個人自由，甚至在婚姻之外進行冒險與刺激的外遇，因而提高了離婚的機率。

在占星學中，第七宮有著更廣泛的意涵，包括人與人之間的互動、他人帶來的影響，也包括了法律上面的問題。因爲木星在七宮會將人們與他人的合作或合夥關係擴大，他人很可能帶給這些人相當強烈的影響，啓發他們、帶給他們精神上的成長與進步，同時也擴展了視野。

第
一
宮

第
二
宮

第
三
宮

第
四
宮

第
五
宮

第
六
宮

第
七
宮

第
八
宮

第
九
宮

第
十
宮

第
十
一
宮

第
十
二
宮

另外，木星在七宮的人與具有木星特質的人也會有頻繁互動，像是有智慧、體型高大或龐大，甚至是外國人，也可能是一個快樂的人，但也可能是一個說話誇張、愛說謊話、說話不算話的人。但需注意的是，木星七宮的人也容易出現婚姻關係外的伴侶。

土星在第七宮

第七宮在占星學上與「人我關係」有著明顯的關連，但許多人都誤以為第七宮只管婚姻，事實上，第七宮掌管了一切的平等關係，如合夥關係、伴侶關係、競爭關係，無論友善或不友善，都與第七宮有關。

土星在第七宮時，非常明顯的讓人們對生活中的人我關係，採取了更為謹慎的態度，許多時候在第七宮的土星會嚴格地要求他人，這是基於對於他人的不信任、懷疑，有些時候他們容易拒人於千里之外，無法和他人太過親近。

土星在第七宮的人實質上感受到的，往往是一種渴求穩固和實際的伴侶關係，但是卻又常常在伴侶關係中，出現威權管理與控制的相處模式，或者因為太過講求實際，而扼殺了伴侶生活中的許多可能。土星在第七宮的人很可能把伴侶關係當作生意一樣來經營，戰戰兢兢，卻又錙銖必較，或者太過嚴肅，使伴侶生活變得有些乏味。

土星的課題就在告訴人們，伴侶關係（合作關係）並不如想像的輕鬆或簡單，不能等閒視之。如果能夠以負責任的心態來面對，就可以避開許多麻煩，但某些人又會渴望伴侶生活中的浪漫，因此有一種無法忍受的感覺。

更重要的是，我們必須回到問題的根源去尋求解答。由於土星代表著過去的陰影，當我們探討土星在第七宮的個案時，不妨先從過去與家庭和父母之間的關係切入，若沒有明顯的印象，則進一步地探索在成長過程中，任何「伴侶」或「合作」互動上是否有過不愉快的記憶。

我們發現，人們多半會在無意識中，在自身的伴侶與合作關係上，複製父母親的親密關係。

天王星在第七宮

我經常會遇到許多初學者拿著星盤，指著位在第七宮的天王星，面露擔憂地問我：「聽許多人說這樣的星盤會離婚，是真的嗎？」或者會說：「那我會找到

一個很冷漠的伴侶嗎？」面對這些問題，我一方面覺得好笑，一方面覺得無奈。

事實上，位在四個角的天王星都會在我們的生命中出現明顯的特質，即天王星的冷漠疏離與要求自己獨立獨特，然而，很多人卻都忽略了這一點，當星盤上天王星位居於第七宮時，更是容易讓人們產生一種迷思，誤以為那是別人的疏離、別人的獨特，而非自身的問題。

事實上，天王星在第七宮的人本身很容易用一種理智與抽離的狀態來面對人我關係，特別在伴侶關係上，並不喜歡完全受伴侶的控制。如果今天順其所願，遇到一個非常黏人的伴侶，或者控制欲非常強烈的伴侶時，第七宮有天王星的人搞不好會馬上拔腿就跑，也不管自己先前抱怨過：「為什麼我會遇到疏離的伴侶？」或總是問：「為什麼我會離婚？」

天王星在第七宮的人必須透過觀看生命全局的方式來面對伴侶關係，最常擔憂的往往是那些傳統價值觀的困擾，離婚是不好的？疏離是不好的？如果是一段無法契合的關係，那又何必勉強在一起？如果兩個人都在親密關係中失去了自我，受到對方的控制，那麼這段關係又有什麼意義？

事實上，天王星在七宮的人本身就不喜歡被他人牽絆，並不是很期待黏膩的親密關係，同時必須去尋找自身的獨特性與獨立的優越感，而不是將它寄託在伴侶身上。這並不是說這些人就不會擁有幸福的婚姻或一定會離婚，而是必須建立起雙方都認同彼此仍需要擁有自我的獨立空間，並且為了創造更美好的未來而結合，而不是奉父母之命或子女之命而結合，或是在婚姻關係中就夫唱婦隨，失去自我。

第七宮的天王星透過婚姻合作與伴侶關係，解開了對於傳統觀念的迷思，也透過對這些事情的重新瞭解而獲得新的成長機會，不再受到過去的困擾。

海王星在第七宮

為了他人或伴侶關係而犧牲奉獻，只為了追求夢幻的理想，是我們常常在海王星七宮的人身上看到的。無論這些人究竟是為了「伴侶」而犧牲自己，或是為了追求「美好的伴侶關係」而在所不惜，他們常在伴侶關係中表現了「迷失」的特質。

無論是自我的迷失，或是尋找迷失的另一半，他們可能會想要藝術家的另一半，最後又忍受不了那種不修邊幅或不切實際的藝術家性格，但卻仍繼續犧牲沉迷。或者他們可能會對另一半有著相當高的期待，於是頻頻抱怨另一半的缺點，

第一宮

第二宮

第三宮

第四宮

第五宮

第六宮

第七宮

第八宮

第九宮

第十宮

第十一宮

第十二宮

或者抱怨找不到另一半，但事實上，這種出現在伴侶關係的問題並非來自於另一方，而是因為他們常常將自我投射在對方身上。

海王星在七宮時，會讓人想要變成藝術家，卻可能因為種種因素（自認能力不足或沒有足夠的環境支持等等），而將這樣的責任投射到所追求的伴侶身上，然後，再從他們身上看見自己為什麼不能，或不願意成為一個藝術家。

他們也可能在伴侶關係中過度高估自己的能力，悲天憫人的希望為他人奉獻一切，因此往往會吸引許多需要幫助的人過來，搾乾此人的精力與生命。而對某些海王星在七宮的人來說，另一半無論做什麼都是完美的（這更是迷失的一種），直到盲目了大半輩子之後，才發現自己的另一半原來有那麼多問題。

這時，海王星的另一種特質出現了——犧牲與悔恨，或許有些人用衣帶漸寬終不悔的方式，來表現出他們的犧牲與奉獻，但是在某些狀況下，海王星會讓人看清事實的真相，而產生「我被愚弄了」、「我被欺騙了」，或者「我怎麼這麼傻」的感受，這往往是人們在經歷海王星課題的感受。

從夢（幻想）中清醒過來是一件相當痛苦的事情，但卻帶領著人們在伴侶關係中認識自己。在這層關係中感覺被他人欺騙，往往是一開始自己就在欺騙自己，高估自己的能力；而期待一個更完美或更具有藝術精神的另一半的人，必須去做的是在自己身上找到這些特質，然後停止去要求他人做自己做不到的事情。

冥王星在第七宮

冥王星的生存危機感受與象徵伴侶關係的第七宮產生連結時，暗示著這些人的重要人生課題將透過伴侶關係來轉化，但也別忘記，在冥王星幫助人們轉化的過程中，有些必要承受的痛苦。

因為在過去的生活影響之下，人們並不能輕鬆的看待伴侶關係，有些時候必須用相當嚴肅的態度，就彷彿是沒有處理好與他人的關係，這些人就會毀滅一樣的感到恐懼，有時候甚至會有「我要是沒有你，一定會活不下去」的悲劇情結。在伴侶關係上緊緊地抓住對方，在合作關係上、敵我關係上，小心翼翼地控制任何因素，這種態度來自於剛才提到的恐懼戒慎。

第七宮的起點又稱「下降點」，在占星學中是一個相當重要的位置。當冥王星與下降點接觸時，暗示著冥王星那種無法抗拒命運的重大危機將出現在生活中，容易展現在伴侶關係間。自身的不安全感會讓他們希望對方多給一些關懷，或者感覺到對方無法滿足他們的需求。

　　其實，他們在意的是安全感與關注，想要身心緊密的結合，但是又說不出口，這些都可能以憤怒、爭執、威脅的方式，出現在伴侶生活中。

　　回過頭去尋找這種對安全感的渴望是相當重要的，藏在過去生活的陰影裡，像是父母親的問題，容易在這時候被投射在婚姻與伴侶生活上。如果能夠瞭解隱藏在問題背後的問題，加上對伴侶的體諒，或許就能突破冥王星所帶來的挑戰，進而擁有更穩定的伴侶生活。

　　合作夥伴或競爭對手的問題也是一樣，冥王星象徵著人們所感受到的恐懼與威脅，展現在人我關係上的危機，促使人們去檢視自己對伴侶或合作關係是否過度依賴，或是在生活中的恐懼不安，是否來自於自我與他人的關係的拔河。我們必須瞭解到，冥王星所帶來的，是要我們深入思考伴侶或競爭關係的眞正意涵，並從中獲得成長的力量。

第一宮
第二宮
第三宮
第四宮
第五宮
第六宮
第七宮
第八宮
第九宮
第十宮
第十一宮
第十二宮

第八章　第八宮
深層的渴望

　　從心理占星學的角度來看，第八宮與內心深層的恐懼有關，甚至有心理占星師認為，一個人的無意識層面與第八宮有著緊要的連結。我認為這個道理說得過去，但事實上，個人的無意識牽涉甚廣，幾乎每一顆行星、每一個宮位的陰暗面，都會被吸納進集體無意識上。

　　同時，第八宮是第二宮的延伸，既然第二宮掌管個人的財務，那麼第八宮就是個人財務的延伸，包括投資（股票、期貨等）、保險、透過經理人的理財工具（如共同基金），以及從他人那邊得到的財產（像是遺產與贈與），或是你與他人在金錢上的合作表現。但歸到心理層面時，第八宮又代表著他人的價值，以及他人價值觀對你的影響。

　　四、八、十二這三個宮位代表著人們對內心世界一層比一層更深的感受。若第四宮是人們可以挖掘探究的安全感層面，那麼第八宮的深度絕非普通人能夠獨自去面對與挖掘的，這涉及到長久以來就一直困擾著人們的生死問題、生存問題。

　　想一想，原始人為了活下去，必須面對多少恐懼，而這些記憶深植於我們的信仰文化與記憶中，於是有了禁忌，於是有了鬼神的崇拜，於是必須結合他人的物質與能量（八宮是七宮的第二宮）而活下去。

太陽在第八宮

　　當太陽位在掌管個人內心深層渴望的第八宮時，所代表的性與死亡是很難以文字描述的。許多剛接觸占星的初學者對第八宮有著模糊的感受，無法清楚表達此宮的意涵，其實這就是天蠍座帶給人們的感受——既神祕又隱晦不明，脫離不了危機、死亡、轉化、重生的色彩。

　　在心理占星學中，第八宮代表隱藏在心靈深處的自我，可能是我們不願意面對的事情，如傷痛、欲望、野心，以及無法理解的事物。這些我們不願意承認與面對的事物，平時會被理智與意識壓抑，卻會造成強烈不安的情緒。

　　第八宮所隱藏的感受與事物，通常經由長時間的累積而擁有巨大的心靈能

量，這些情緒構成生命樂章的主題旋律。太陽在此位置的人，表面的冷漠與內心對親密安全感的渴望，形成極大的反差。他們重視物質資源的分配，與他人透過物質關係的交流成為生活重點，而藉由身體性愛交流心靈感受，也是這些人所重視的。

就像是心理學所說的，所有的執著、佔有、嫉妒、憎恨等黑暗情緒，形成一個無法掙脫的情緒深淵。這些心靈衝突像個突襲者，突然浮現在意識表層，造成個人心靈與行為上的重大衝擊，在情緒瞬間爆發的時候，也會為生活帶來巨大的改變。太陽在這個位置的人能藉由心靈深處的強烈渴望，來帶動實質生活的轉變，進行著結束、改變與重生的心理程序。

如同瀕臨死亡威脅的人可以與獅子放手一搏，而擊退獅子成為英雄，太陽八宮的人擁有的力量，同樣也是來自於生死危機的感受，只有在遇到危機時，才能發揮本身強悍的能力。這樣的人，自己也不知道為什麼常常將自己推入陷阱與危機中。

心理占星師認為，這是一種追求力量的表現，他們最需要做的，就是認真去感受內心的渴望，多多與內在的自我對話，以降低自我衝突，並認清理智與思考是無法解決此時的問題，改用感覺與感受去體會與滿足心中的欲望，或是透過心理諮商人員的協助，將更能面對這些在太陽光芒下，不易被看見的傷痛與黑暗。

月亮在第八宮

第八宮代表著性、恐懼、禁忌、神祕學與死亡。月亮在這個位置的人容易被這些黑暗事物所吸引，卻也可能為他們帶來恐懼與不安。那些埋藏在心靈深處的不愉快經驗，像是地雷般潛伏在無意識中，隨時可能引爆他們的情緒。

從心理占星學的層面來看，第八宮與月亮都與個人的無意識層面有著相當緊密的關連。月亮在第八宮就像自己的影子，是一個與主體同時存在的另一個自己，就如同容格心理分析中所提到的陰影，那個你不接受或討厭的自己。對於那些陰暗層面，像是性與肉體關係，都令人更加敏感、有更多的需求，甚至是恐懼。

第八宮也與死亡有關，當月亮在這個位置時，讓人們對於死亡感到不安，對心理學、醫學、神祕學感到好奇，這些學問幫助人們去挖掘黑暗深處的祕密。其實，你大可接受這個原本不熟悉的自我，面對並承認自己也有這樣的一面，接受自己需要這些黑暗力量，安撫照料這個層面，讓平時壓抑的陰暗面有一個發洩的

第一宮
第二宮
第三宮
第四宮
第五宮
第六宮
第七宮
第八宮
第九宮
第十宮
第十一宮
第十二宮

第一宮
第二宮
第三宮
第四宮
第五宮
第六宮
第七宮
第八宮
第九宮
第十宮
第十一宮
第十二宮

出口，如此一來，對自我的精神成長與狀態將有正面幫助。另外，也可試著尋求精神層次的扶持與支柱，透過宗教與哲學的書籍或許能穩定情緒。

在傳統的占星學中，第八宮掌管他人的財務與物品。月亮八宮的人對他人的物品有所需求，需要他人的金錢幫助，從其他人的物品或身體能夠獲得安全感。但這些人要小心與他人的合資，或金錢上的交流，這往往會替他們帶來不安與麻煩。

對權力的著迷也會讓他們想要掌控一切，主導事情的變化與發展，想要控制他人的思想和行動，積極的與有力人士合作、與權力結合，能夠讓他們感到安全而滿足。但是，這些無意識的權力需求卻往往讓他們在被束縛，卡在陷阱中動彈不得。

水星在第八宮

水星位在這裡，通常具備了不錯的投資觀念，對於市場消息也很敏銳，對於投資和交易也能做出正確的判斷。在與他人金錢相關的事務上，也有很多活動與交流，有相當多的機會與他人從事合資或交易，因此在這方面要小心。

傳統的占星學對第八宮的解釋，為麻煩與障礙，也與性、死亡、遺產、內心的恐懼有關，這不僅讓水星八宮的人對於黑暗事物充滿了興趣，甚至把它當成知識學習的好題材。不過，他們在言語表達上可能會有困擾，思考的內容也可能偏向心靈深處的黑暗面，他們善於表達心中的不安、不滿，以及性愛、金錢等心靈深處的欲望。

在心理與人文占星學上，水星位在第八宮（代表複雜心靈深處）的人，可能隱藏著強烈的心靈與激烈的情感，常常在無意識中透過夢境，或不經意間脫口而出的話，來表達深藏於心靈深處的渴望與不安。這些人最好注意聆聽心底所發出的訊息，甚至以筆記、日記或部落格等方式記錄自己的言行，才能更加瞭解自己不安的原因，以及那些潛在的欲望。

水星在八宮也暗示著，這些人會透過無意識的言語，宣洩過去累積的負面自我，但他們也能透過檢視與分析來瞭解自己，讓自己有更多的成長機會，必要時，也可尋求心靈諮商師的幫助，找出自己心靈深處的祕密。

金星在第八宮

第八宮代表心靈深處的不安，促使金星在這個宮位的人，對於愛情有著高度佔有欲，渴求與他人維持更緊密的關係。對他們來說，性與愛、靈與肉都要能契合，才是真愛的表現；有和諧的性生活，才有美滿的愛情生活。他們傾向以物質、金錢、性愛、藝術等事物來安撫內心深處的恐懼，容易被尤物型的性感女神或帶有神祕氣質的女性所吸引。

由於內心中的不安，這些人必須檢視第八宮的金星所代表的自我價值，與他人價值的結合。他們為了成為別人眼中有用的人，或是希望證實自己在別人眼中的價值，往往會任人擺佈。

事實上，如果他們更深入自己的內心，將會發現他們瞭解許多別人不明瞭的事物，他們看得見別人只憑表象無法判斷的事物價值，也因此，這些能力成為他們更勝於他人的特質。透過這樣的方式，從而建立起自我的價值，是金星第八宮擺脫他人價值影響的重要步驟。

金星位在第八宮的力量，使人們與他人的身體、物質、金錢維持著和諧的交流，不但經常獲得他人的財務援助或金錢贈與，也讓他們在與別人共同從事投資合作時，有著相當不錯的收益。金星在第八宮的人很適合從事財務管理的相關職務，能成為不錯的投資顧問或基金管理人。

火星在第八宮

火星身為第八宮與天蠍座的傳統守護星，這適得其所的位置為火星帶來強大的能量，卻因為第八宮代表的心靈深處，讓他們無法馬上察覺自己內心的恐懼。這些恐懼多半來自過去受到的壓抑或外界的刺激，因此，當火星落入這個位置時，將深深刺激人們內心深層的不安全感，迫使人們感受到生死轉變與黑暗事物的恐懼。

火星的力量驅動人們展開一些行動，想要更深入的瞭解自己的心靈，或是去探索自己不知道的過去與事物，深入瞭解自己的黑暗面。這些行動往往會帶來對生活以及對自我認識的改變，同時也帶來了自我蛻變。

性愛也是火星與第八宮共同擁有的象徵意義，代表生物為了克服死亡限制、延續生命的行動。這種生物繁衍的本能、與他人在身心靈上緊密結合、佔有他人

身體，或是透過性愛來轉變兩人關係、克服恐懼的意涵，正是火星在第八宮的表徵。火星與八宮的雙重力量，讓這些人對性充滿熱情與好奇，性愛對他們的意義非常複雜，甚至具有神祕宗教儀式的意味，與對方的身心靈更為貼近，將有助於撫平心中的慌亂與不安。

第八宮也有分享與處理物質金錢的意味，這些人在與他人或伴侶分享資源的同時，可能因為利己與分享的衝突而引發爭執。因此，學習如何控制自己的操控欲或貪婪欲望，同時也能維護自身利益，成為他們必須面對的重要課題。

木星在第八宮

當代表著擴大的木星，位在代表人們無意識黑暗面的第八宮時，人們常會擴大內心無名的恐懼，深入研究去瞭解性、死亡等神祕事物，讓他們變得比較迷信，對於許多禁忌或是心理深層的憂慮等，抱持著「寧可信其有」的態度。

另外一方面，也因為他們深信心理作用的影響力，引發探索內心深處未知領域的需求，可能會學習心理學、進行靈修、神祕學活動等，透過冒險犯難的精神，探索未知的心理或靈性的世界，並利用這個層面的影響，來驅動與進行自我改變的實際行動，透過他人實際的幫助來認識內心的恐懼與黑暗面、改變自己，或是學會面對內心的黑暗恐懼。

由於第八宮也暗示著他人的物質資源，具有管理重整的意涵，讓這些人常可獲得他人的物質援助與贈與，或是在他們與他人的財務互動中取得一些好處，與伴侶之間的財產或身體的互動也更有趣而頻繁。

透過投資或借貸而得到金錢，或得到傳統占星學中所代表的「遺產」，也都可能會發生，因為木星讓他們在取得「他人的金錢」上，擁有更多的可能性與好運氣。

土星在第八宮

在占星學上，第八宮是相當複雜的宮位，涉及第八宮的事物往往有一種危機性，讓人感覺到緊張。八宮所涉及的生命奧祕是一種相當原始的生命動力，土星在第八宮挑起人們對生命（活著）的恐懼，往往讓他們跟溺水的人一樣，想要抓住一些事物換得安全感，如同台灣俗諺說的「捏怕死，放怕飛」。

八宮的土星讓人們對生活中所掌握的事物感到憂慮，一方面怕無法掌握，另

一方面又怕抓得太緊、太過依賴而扼殺了某些機會，因此在無意識中，會帶來金錢、性慾，與他人金錢物質或身體上的關係，及心理上的憂慮。

土星在此往往因為許多無名的擔憂，搞得人們神經兮兮，第八宮的不安與恐懼往往讓人們感到害怕。土星在第八宮的人相當重視恐懼與害怕的探討，就像是要抓出隱藏在內心具有形體、叫作「恐懼」的怪物一樣，他們不斷的對內心的憂慮和恐懼下定義，想出各種策略來應對。土星在第八宮的人往往對心理學有著十分強烈的好奇心，也有許多人對於神祕事物、宗教、神學、玄學的領域大感興趣，想要進一步的探索。

第八宮展現在生活層面，象徵著我與他人的連結，物質上與他人的合作與連結，精神上一種緊密的交流與結合。相對於第二宮的自我價值，第八宮暗示著他人的價值觀，土星在第八宮的影響，暗示著人們經常關注在價值觀上的主題上，容易陷入惡性循環中，這往往起源於對自身價值觀的懷疑，而在無形之中開始接受他人價值觀的影響，甚至很有可能放棄保護自身的利益，進一步任人利用自己，接著，察覺到他人的侵犯與利用時，便開始保護自我，不再接受他人的建議，並建立起一套封閉的機制，以保護自我價值。

土星並非要來處罰人們或是帶來什麼報應，透過一次又一次的金錢、身體、互信和生存危機的挑戰，土星八宮要人們一次又一次的明確定義自我的價值在哪裡，他人存在的價值又是什麼。

天王星在第八宮

在心理占星學中，我們認為第八宮所帶來對於生命、神祕事物的恐懼不安，以及生與死的奧祕有關，這些或許被人稱作「黑暗的力量」，或是隱藏在內心，許多人不願面對的事情隱藏的一種生命活力。天王星在這裡帶來了騷動與刺激，我們對這些事物的感受不同於他人，並可能透過這些事情來打破過去的束縛。

許多人認為第八宮代表恐懼、害怕、不安，但事實上，第八宮象徵著肉眼無法立即觀察的事物，也就是說，如果人們深入的探索，或許就能明瞭這些不安來自於何處。知識與新觀念所帶來的力量就是天王星的特質，應用在第八宮上，如同人們用先進儀器去探索地殼底下藏有哪些東西，也好比人們用心理學去解開無法解釋的心理機制。

也正因為如此，我們很少看到天王星在第八宮的人，因為神祕生死、性愛、禁忌而感到恐懼，相反的，這些事情往往替這群人帶來活躍的動力，不同的見解

第
一
宮

第
二
宮

第
三
宮

第
四
宮

第
五
宮

第
六
宮

第
七
宮

第
八
宮

第
九
宮

第
十
宮

第
十
一
宮

第
十
二
宮

將為他們帶來更多的生命活力，然而這些能力並非與生俱來。在他們全然排除對第八宮的恐懼之前，仍然受到這些人類共同的憂慮恐懼所影響。受到第八宮天王星的影響，這些人很可能在成長過程中，因為某些因素，要自己不受他人價值觀的影響，這是一種獨特的態度，一方面想要緊緊抓住他人帶來的安全感受（可能是控制他人），但另一方面卻想要脫離他人的控制，這並非雙向、也不是平等的互動，更有可能切斷他們在親密關係中的緊密聯繫。

天王星常常用分離的方式，幫助人們成長，但對於渴求緊密連結的八宮事物來說，這是很大的痛苦與挑戰。許多時候，這種切割與分離是為了未來著想，但並非當事人或對方都能有所領悟，所以，這樣的舉動很可能帶來許多怨懟，但其中的掙扎卻也可能是他們朝未來前進的最大動力。

海王星在第八宮

如同我們知道海王星的複雜性，可能是犧牲、混亂、狂熱，但卻代表一種途徑——用來追求完整自我的理想狀態，透過對第八宮事物的單純設想或理想狀態來展開追求，這很可能包括了在性愛上的追尋，對於性愛有著過多的幻想，但也可能將性愛看得相當神聖且具有精神性，認為性愛是一種奉獻，也可能是自覺在財務或性愛上成為犧牲品。

海王星在第八宮所能表現出來的狀況，往往比起傳統占星師認為的性愛混亂或財務狀況混亂來得複雜。從心理占星學來看，海王星在八宮的人在財務與性愛上的表現只是一個表徵，事實上，這暗示著此人希望透過實現他人價值觀、與他人結合的方式，來提升自我到更完美舒適的境界。

心理占星學認為，三王星分別象徵著人類集體無意識中的力量，海王星往往代表對於生命源頭（子宮羊水中的舒適混沌狀態）的嚮往。在這個境界中，我們與另一個人（母親）不分彼此的分享一切，甚至可以說我們的一切都依賴著母親，也因此，海王星所在的宮位特別容易喚起這樣的記憶。而第八宮所暗示與他人的關連（性愛、共同財物）正好能夠輕易的與這層嚮往產生共鳴，特別在性愛上，這些人追求的往往是精神滿足的完整狀態，有的人需要許多伴侶，而有的人卻不需要伴侶。

無論這些人是否濫交，或完全摒棄性生活，或者在財務上不負責任，海王星所指引的課題卻是對他人價值觀的迷惘，甚至成為其下的犧牲者。八宮的問題往往會引發出生命中的重大危機，原因在於如下的自問：「為何我必須為了他人的

價值觀而犧牲？」或者「爲何我對他人的價值觀如此狂熱？我自己的價值觀又是什麼呢？」

海王星在二、八宮的軸線上，往往會讓人有這一層迷惘，自我價值觀的建立可能透過對性愛關係的意涵，或者伴侶財務關係、危機處理、對恐懼害怕事物（死亡）的認識等等。這些議題並非三言兩語就能輕易解決，可能需要占星師與個案用更多的時間來做探討。

冥王星在第八宮

冥王星進入了與它性質相同的第八宮，暗示著人們應該透過挑戰自身的恐懼來轉化成長，整個過程可能十分隱晦曲折，因爲在第八宮所代表的神祕幽暗，在心靈世界中都得在黑暗裡摸索，你不知道會出現哪些事件，但是你已經感覺到這些事情，將威脅到你的生存與自我價值。

冥王星在第八宮的人必須比誰都勇敢，因爲他們挑戰的是恐懼本身，是生與死的恐懼。許多人認爲第八宮和冥王星的共同特質是死亡，然而死亡只是一部分，八宮與冥王星所掌握的特質是生命的奧祕，當冥王星進入第八宮時，這層意涵更加深刻，讓人們在無意識中，想要對生命的起源與結束，有更深入的瞭解。

性是另一件非常第八宮的事情，在心理占星中，我們認爲這是自身與他人身體的結合，同時也是心靈上的深入結合。冥王星落入八宮暗示著，這些人透過更深層結合的挑戰，來體驗親密關係的眞正意涵。冥王星的執念可能暗示他們相當在意自身在對方眼中的表現，用自己的身體來取悅對方，但他們可曾想過在親密課題上，自己爲何總是屈身求愛？

第八宮暗示著我們怎麼看待或接收他人的價值觀。冥王星在第八宮的課題是問自己——爲什麼總是隨著他人的價值觀來改變自己？就如同電影「落跑新娘」中的女主角，不知道自己眞正喜歡吃的蛋要怎麼做，是炒蛋、水煮蛋、煎蛋，或只吃蛋白？跟不同的人在一起就吃不同的蛋，卻沒有自己最喜歡的一種，這暗示著自己拋棄自身的價值，被他人的價值觀嚴重影響。冥王星要人們透過曲折的路程，找回自己值得被愛的理由，而不再是別人眼中的附屬品。

第
一
宮

第
二
宮

第
三
宮

第
四
宮

第
五
宮

第
六
宮

第
七
宮

第
八
宮

第
九
宮

第
十
宮

第
十
一
宮

第
十
二
宮

第九章　第九宮
信念與成長

　　過去在解釋第九宮的時候，我們往往侷限於宗教、哲學、大學和旅行，一如這個宮位星座的守護行星木星的本意一樣，方向十分寬廣，讓初學者有點抓不住。

　　在心理占星學中，第九宮就是自我成長的意涵，我們提高了生命的視野，想要看得更遠一點；從地理環境來說，這就解釋了國外與長途旅行爲什麼與第九宮有關；人們得透過深度的學習來成長，於是這又涵蓋了研究所與大學的學習。但是更重要的是，「信仰」這個關鍵詞常常讓我們頭痛，很多人都說自己不信宗教，那該怎麼辦呢？

　　事實上，因爲我們的成長需要方向，所以在生活中會有一些「信念」。古代占星師認爲第九宮與外國、旅行、宗教、哲學有關，這也是爲什麼我們一直被侷限在這裡的原因。

　　從心理的層面來看，一、五、九宮都象徵著「自我」，一宮的直接呈現，五宮的意識到自我目標的存在，到了九宮是該做些改變的時候了，這時我們想要的是「長大」與「成熟」。

太陽在第九宮

　　太陽在掌握宗教哲學與國際事務的第九宮，將爲這些人帶來寬闊的視野。這些人相當重視人生信念與心靈成長，將生命力量投注在自己相信的事物上，包括了宗教、哲學、學術理論、生活中的信念等。

　　這些人總認爲生命就是要不停的向外擴展，冒險是爲了自我的實現，在不斷變化與燃燒中體會到自己的存在，將目光傾注在生命的意義上，思索著自己究竟是誰？自己有能力完成哪些事情？就像是哲學家或思想家一般，對意義與信念的追尋讓他們的生命不斷散發光芒。

　　太陽進入第九宮的人重視成長、夢想與自由，他們對未來的重視遠勝過其他人。活到老學到老，透過任何一種形式的學習都能讓他們樂在其中，因爲成長對他們來說非常重要，也只有在成長的過程中，他們才會發現自己的存在，「人類

因爲夢想而偉大」這句話，就相當於第九宮的標題。

他們認爲夢想使人成長，有未來才有希望，於是他們會直接將生命之路的方向鎖定在未來的目標上，勇於出發，有趣的是，這些人很少眞正到達當初設定的目的地，也很少眞的到達任何目的地。因爲他們相當重視生命成長的過程，也希望爲了未來保持靈活的彈性，所以每當外界有所變化時，他們就會不自覺的改變自己的目標，即使重視未來，但也相當享受當下的生活。

太陽在第九宮也代表著長程旅行或長期旅居海外，這些人多半熱愛旅行、關心國際事務。在海外旅行中增廣見聞，或與來自遠方的人見面，這些都能爲他們的生活增添許多色彩。

對於新知的渴望，有助於新想法的產生，他們會主動接觸新的理念，像是重新回到學校學習，或是參加各種成長團體、宗教團體的活動，爲精神與信仰帶來新的刺激，也能成爲帶動自我成長、改變自我，或建構出屬於自我理念的主要驅動力。

月亮在第九宮

第九宮掌管著自我成長、宗教哲學和你所相信的事情，也掌管國際事務與旅行。月亮在第九宮對於知識、信念與眞理有著高度的渴求，這些人可能無法忍受一成不變的生活，無法停頓下來，需要不斷的汲取新知、學習成長，如果生活停滯不前或單調不變，那種窒息感將造成情緒的不安。這時，可以透過長途旅行、資訊的塡補與滋養、深入的學術研究與討論，或是人生信念與宗教信仰的追求，來恢復生活的平靜。

月亮在第九宮的人渴望對自我有更深刻的瞭解，需要更多的成長體驗。占星大師羅伯·漢（Robert Hand）認爲，月亮在此位置其實違背了月亮對安全舒適環境的需求，第九宮的冒險精神讓月亮感到不安，月亮所帶來的不穩定性，可能會讓遠途旅行充滿變數，增加許多旅途上的困擾。

如果改而從事心靈之旅，透過靜態的心靈旅程，比較能符合月亮的特質，在享受舒適環境的同時，也能兼顧到成長的需求。爲了擺脫逐漸感到乏味的固定生活，可以重拾某一門感興趣的學問，在家裡看看探索頻道、國家地理雜誌或是與旅遊相關的書籍，也可以進行靈修或是心靈探索的工作，這些都是平撫情緒的好方法。

這些人的宗教信仰很可能會受到童年經驗或父母的影響，這些懷疑與質疑卻

是接觸宗教的點金石，讓他們進一步去探索宗教的本質。

水星在第九宮

　　第九宮的自我成長與提升意味相當濃厚，當水星落入這個宮位時，代表人們經過上一階段的意識與無意識整合之後，將重新出發，爲自己帶來精神層面的提升。這些人常常會透過對世界或精神層面更深入的學習與思考，來引導自己成長。

　　水星在九宮的人透過學習外國語文、瞭解異國文化、旅行或進修，甚至接觸宗教文化活動等過程，來達成自我提升的目標，爲自己帶來愉快且舒適的人生旅程與心靈體驗。

　　「讀萬卷書，不如行萬里路」是水星在這個位置的最佳寫照，讓這些人擁有出國留學、環遊世界、旅居海外的精采經歷，透過研究與旅行來進行個人的擴張，從中證明自己的生活哲理，與世界溝通過程中的所見所聞，將不斷的與自我信念印證。此外，他們也會像傳教士或專屬使者一般，成爲理念的開拓者與領導者，積極對外宣揚自己的信念。

金星在第九宮

　　在一般觀點中，第九宮與研究、宗教、哲學、長途旅行有關，金星讓人們在高等教育的領域和與外國相關的事物，像是外國語言與國際事務上等，都有不錯的天分。他們到國外旅遊或與外國人接觸時，也會有不少發生異國戀情的機會，本身也容易被外國人吸引。

　　這些人喜歡到國外旅行、與外國人接觸、交談或談戀愛，和外國人交換想法和生活哲學，爲他們帶來心靈的啓發，維持和諧愉快的人際關係，並激發出溫和舒適的感受。

　　在心理占星學中，第九宮也象徵著自我的信念、自我的成長與擴張，讓這些人對宗教、哲理充滿興趣與喜好。金星帶有趨簡避繁的特質，讓他們的研究流於表面，使這些人在接受高等教育時較不認真，有種淺嘗輒止的態度。

　　他們也喜歡接觸宗教或哲理，卻不一定會深入研究，也不會造成內心的覺醒或大徹大悟，多半只是輕鬆享受一段愉快而充實的心靈時光。但如果他們能認真去鑽研自己的信念，去發現美的真正意涵，就可能會透過這樣的動作，建立一層

重要的自我價值，而發揮金星在第九宮的心靈特質。

火星在第九宮

從心理占星學的層面上來看，這個宮位象徵著人們的深層思考與信念，與人們所相信的理念和宗教，讓他們很容易成為宗教的熱情擁護者，積極參與傳教與佈道的行動。

在占星學上，第九宮與國際事務有關。火星讓這些人對國際事務充滿狂熱，積極追求與海外國際、智性成長相關的事物，想要出去擴展視野的動力，讓他們常常會抓住一個理念，就去做深入研究，反覆實驗其中的可行性，或是追尋他們的信念與所相信的事情。火星在這個位置所帶來的力量，讓人們衝動地去執行或宣揚這個信念，甚至為了這個信念發動保衛信仰的聖戰。

不過，受到火星的影響，當別人質疑他們的信念時，他們會不由自主的覺得自己賴以維生的信念被挑戰了，很可能突然採取保衛信念的動作，像是攻擊別人，或以行動展現出他們對於信念的熱誠，因為這些行動帶給他們生存下去的能量。這時候，請盡可能保持客觀與開放的態度，才能帶來知性的成長，避免衝突發生。

木星在第九宮

當木星落入彼此間有著緊密關連的第九宮時，兩者共有的特質常會帶來精神與心靈上的高度成長，其中涵蓋了理念、信仰、自我成長、精神啟發等。木星在第九宮的人會透過研究學習、到國外旅遊留學、接觸宗教哲學等事情，拓寬自己的視野。

呼應木星與第九宮兩者重複的主題，因為第九宮所代表的事物太過抽象，而使高度成長的能量讓人有不切實際的感受，使人只能領會精神與哲理的特質。另外，木星在第九宮為大學生、研究生、學者及打算移民的人帶來幸運與啟發，拓展心靈的各種可能性。

但是，木星與九宮高度重複的性質，也會讓信念與自信佔據了所有的思考，讓這些人出現自視過高、不懂裝懂的情況，反映出他們自以為是的心態。唯有學會謙虛、抱持著「三人行必有我師」的學習與探究精神，才能在木星的帶動下有所成長。

第一宮
第二宮
第三宮
第四宮
第五宮
第六宮
第七宮
第八宮
第九宮
第十宮
第十一宮
第十二宮

土星在第九宮

　　許多傳統的占星師認為，土星在第九宮對於第九宮所掌管的高等教育帶來嚴重的妨礙，甚至有許多占星師大膽斷言，這樣的人無法接受高等教育，或許這句話在大學生滿街跑的現代，必須要修正一下。並不是占星學不準確，而是在心理占星學中，以厄運來看待土星的標準實在太過膚淺。

　　九宮掌管的是高等教育與個人的信念，我們的確見過許多土星九宮的人，無法順利的完成高等教育，或放棄接受高等教育的機會，但是，如果因此就認定這些人對社會無用，未免太過武斷。

　　事實上，我們必須轉而過來討論九宮與土星的定義。在心理占星學中，雖然土星一方面代表了限制與壓力，但另一方面卻也代表了實際與保護，而九宮有一種成長和未來發展的信念，一般人循著這個信念的發展來成長。

　　土星在第九宮的人所遵循的準則就是小心翼翼，不要躁進，並以實用為主。這些人要用認真的眼光來面對自身的信念，並希望去落實信念，但希望與現實之間往往有些差距，而在他們的成長過程中，必須要面對的就是理想與現實兩者差距的衝擊。

　　這些人或許幻想著一步登天，或許等待家人或他人供他們出國唸書，或許自身的實力不足以考上特定的科系，或是自身的特質並不符合某些科系，或因父母、他人的影響而選擇不適合自己的科系。也就是說，當這些人所發展的道路太過冒險、不切實際或不符合自身的需求時，自然的生命便會用停頓與壓力等方式，替他們帶來修正的機會，迫使這些人選擇較為穩定的成長道路，更進一步的明白生命中對於穩定踏實、實際實用的信念（人們往往到了多年以後，才明瞭生命的用意）。

天王星在第九宮

　　信念與成長道路是最具有第九宮特色的字詞，第九宮的星座與行星往往描述人們所相信的事物，或者那些被人們奉為圭臬的事情，以及人們透過哪些方式來找到它們。天王星在第九宮，像是這些人必須透過革命或叛變，重新找到他們真正相信的事情。

　　先別被這些刺激的字眼給驚嚇到，舉一個最簡單的例子：在成長過程中，我

們都會遇到這樣的機會，去證實原先相信的聖誕老人並不存在。這個例子非常符合天王星在第九宮的特質，我們在某些時候放棄了原先的信仰，對於未來也有全然不同的觀念。

「幻滅是成長的開始」，是天王星在第九宮的重要特色。這樣的星象位置，往往讓人們在一刻之間對過去深信不疑事物感到失望，這些事情當然比發現世上沒有聖誕老公公更有震撼力。在當下，這些人很容易感受到失望、不適應、憤怒或孤單，因為他們握在手上最驕傲、最與眾不同的「信念」在一瞬間被摧毀了。

有趣的是，在那當下，他們並不會如此沮喪，因為天王星所破壞的事物，往往與他們所渴望的解脫有關，在破壞之後，他們會找到新的信念與生活態度。九宮的高等教育、旅遊以及異國文化，受到天王星的影響，都將成為他們踏上新的人生道路的關鍵，不但可能因此讓他們變得與眾不同，也可能讓他們因而完全改變自己的生活。

九宮所代表的是成長道路，信念（所相信的事）是路上的指標，天王星破壞舊的信念，卻帶給人們相當激烈的成長。許多人可能因為不適應，而擁有比較極端的信念，無論是否真的如此，這些人的成長過程與信念都不會與他人相同，或許多了些顛簸，或許不是全然的平坦順暢，但卻都給予自己脫離限制束縛的方式，帶來新的生活體驗。

海王星在第九宮

海王星所在的宮位讓人有一種烈士情結，想奮不顧身的為了這個領域而犧牲。在第九宮所掌管的領域中，我們可以看見一些為了信念、宗教信仰而奮不顧身的案例，當然，如果我們從海王星的另一層面來解釋，或許也可以看見某些人成為宗教或某種信念的犧牲者。

這時你可能會說，海王星的影響為何如此極端？但我必須告訴你，我不過是點出了海王星多樣性表現的其中兩種。有時候，海王星會藉由不同的特質來表現，例如：想要藉由宗教或旅行來逃避痛苦，而剛才所討論的奉獻與犧牲往往是相同的事情，他們所擁有的是相同的動力。我們一再解釋那種狂熱的動力，來自於一種更高層次的精神狀態，或對完整安寧生命的期盼與幻想。

海王星在第九宮的人往往迫切希望融入一種更高的精神境界中，因為他們很可能相信，找到一種信念（人生觀、哲學或宗教信仰），就可以幫助他們從痛苦中解脫（重回母體境界那種無我的舒適），於是，這些人可以為了這樣的夢想而

放下一切（甚至放下生命）。我們可以理解，由於太過狂熱與急躁，或許就容易有偏差或不值得的犧牲出現。

海王星的迷惘，常常出現在這些人追尋更高層次生活的挑戰中，例如：在學習中受挫、信仰了欺騙人的神棍、對於某種理念感到失望，或者突然發現宗教信仰並不能幫助他們從痛苦中解脫。

如果你瞭解海王星透過它的作用力，來教導人們什麼是生活無常，就會知道為什麼會有這麼多人在海王星的領域之下，遭遇了狂熱卻又有種被欺騙的無助感受。因為唯有透過這樣的經歷，人們才學會一方面對夢想抱持著信心，另一方面卻不至於太過狂熱，或有過度的幻想。

冥王星在第九宮

第九宮的冥王星要人們對於信念進行一番徹底的檢視。在冥王星的影響下，人們對於信念的看法相當極端，可能擁有相當虔誠的宗教信仰，或是對某些想法（主義）深信不疑，但是，這卻要經歷人生的挑戰，甚至可能放棄原先的想法與世界觀，最後再重新檢討對信念的看法，從中獲得成長的力量。

冥王星在此不只透過對於信念的挑戰，來促使人們成長，同時也帶來了學習與擴展的挑戰。這些人的信念通常是經得起考驗的，然而經過一番挑戰洗禮所帶來的信念，通常會相當的堅定，讓人不輕易放棄。

第九宮因為具有強烈的未來色彩，帶來了成長的特色，在一般占星學中，這一點反而被忽略掉了。人們因為有理想、有夢想（信念）而成長，有時候，冥王星在第九宮的人，其成長特質就與神話中冥王星的遭遇相似。在他們的成長過程中，容易遇到挑戰與打擊，以至於他們對未來沒有信心，也很可能對成長不抱希望。

冥王星透過生命中的某些事情，讓他們對未來感到懷疑；透過黑暗的觀點來證實，就算再怎麼艱苦的人生還是要活下去，而為了求生存必須做的事情，很可能就會成為這些人最艱深的信念。冥王星要他們檢查，究竟他們的信念能否幫助自己存活下去？對未來有沒有幫助？

「學習與研究」是九宮的另一個特質。這裡所指的學習，是引領人們成長的事物，在九宮的行星對他們產生不小的幫助。冥王星在此暗示著引領他們成長的事物，必須透過不斷的挖掘研究才會出現，不是那種輕鬆快樂、一蹴可幾的速食文化，更不可能是那種即刻開悟，永世解脫的事情。冥王星將第九宮的智慧深深

的埋藏在心靈深處，只有透過不斷的考驗與挖掘，才能夠獲得冥王星那擁有強大力量的智慧。

第一宮

第二宮

第三宮

第四宮

第五宮

第六宮

第七宮

第八宮

第九宮

第十宮

第十一宮

第十二宮

第一宮
第二宮
第三宮
第四宮
第五宮
第六宮
第七宮
第八宮
第九宮
第十宮
第十一宮
第十二宮

第十章　第十宮
名聲與志業（天頂MC）

在傳統的占星學中，天頂被認爲是崇高的廟堂，例如：權力當局、政府機關，同時，它也代表著生意或社會地位的成功。威廉・李利（William Lilly）認爲，榮譽、尊貴、豪華的特質都是第十宮，也認爲它和職業、母親有關。

在現代人文與心理占星學中，我們認爲，天頂與第十宮象徵著一個人在公眾面前的表現，如何面對大家，或大家如何看待他，最容易表現的就是職場生活。同時，第十宮象徵著有組織、有架構的生活，以及擁有豐富經驗的生活階段，希望將過去努力所獲得的經驗展現出來（可能同時包含了前世，如果你相信的話），回饋給社會。

第十宮所擁有的行星往往是別人看到我們的一面，還記得我說要如何觀察天頂嗎？仰頭、仰角是人們觀察第十宮的方式，同時也是暴露在大家都看得到的地方。所以，你往往會發現許多名人都有明顯的第十宮特質，爲什麼呢？因爲他們顯而易見的特質就如同行星閃耀在天頂一樣，「十分容易就觀察得到」。

太陽在第十宮

相對於第四宮的心靈原鄉，第十宮代表人們與外界社會的互動。太陽在第十宮天頂時，人們會渴望外界將眼光投射到他們身上，在意大眾與社會對他們的評價，讓他們將生命經歷傾注於公眾形象的建立，以及對外界的付出與互動。

太陽在這個位置的人很注重自己的職業與社會地位，以在社會上所扮演的角色來判斷自己的重要性，可說是深具野心、刻苦耐勞、最具目標導向的現實主義者。

太陽在第十宮的人往往充滿了企圖心，致力於顯示出自我的能力與重要性，具有強烈的社會成就動機，對自我有遠大的期許，往往將心血投入在事業與職場表現，希望擁有充分的權力能影響他人，但卻要注意自己的能力是否能掌握所擁有的社會資源，畢竟在穩固的基礎架構下，更有實現野心的可能。

在心理層面上，他們會透過工作職場來表現與外界的互動。這樣的互動與別人對他們的正負面評價有著直接的關連，而他們也會因爲這些評價的影響，產生

自我懷疑或建立自信心，為自己的社會地位下一個定義。

　　事實上，這些評價與反應都促使人們認真的面對真實的自我，以及他們是否盡了對社會和眾人的責任。如果他們沒有盡力，或有太多的虛假幻想，那麼，將很有可能遭受到他人無情的批評，而那種永遠不完美的自我缺憾感，將是促使他們努力與堅持下去的力量。

　　傳統的占星學中，第十宮也象徵人們與父母間的關係。有些人可能必須負起家庭中照顧者的角色，容易產生家庭與事業難以兼顧的衝突，卻又不能輕忽其中一個。因為對他們來說，安內和攘外同樣重要，如果犧牲了公眾領域，將會讓他們無法認同自我；但一旦忽略了私人領域的責任，他們也可能限制自己的對外發展。

月亮在第十宮

　　當月亮位在掌管公共場合與職業領域的第十宮，生活重心不再是內心，而是將需求轉移到外界，讓月亮十宮的人相當重視事業成就，以及自己在眾人面前的表現。他們不在乎自己的私生活被攤在陽光下，如同那些真人實境電視節目的主角，唯有在別人的目光注視之下展現生活點滴，他們才能感到安全與舒適。

　　如同名人般，將自己的隱私公諸於世，這些人渴望將自己的情緒需求展現在公眾領域，對外界或職場給予的評價相當敏感，渴望聽到好的回應，如果得到負面評價時，將會嚴重影響他們的情緒，引起緊張與不安。

　　如果別人對他們的表現視而不見，他們也會感到相當沮喪。月亮在這個位置的人有種自己找到公眾舞台與觀眾的能力，他們在外在環境中透過各種方式盡力表現以引人注意，或是透過照顧和幫助他人的方式來換取注意力，強烈擁有成為政治、演藝圈等公眾人物的欲望。對於成功與榮耀的需求，讓他們必須活在聚光燈與掌聲中，不然就會顯得鬱鬱寡歡。

　　月亮在第十宮特別接近天頂時，這些人會充分展現月亮的特質，那種在眾人眼中關懷照顧他人的形象，是他努力營造的，或許是他們本身也想獲得他人的關懷與照顧，於是選擇先釋放出這一層訊息。

　　同時，他們必須注意的是，當月亮與天頂天底軸線相當靠近時，暗示著母親或女性長輩對他們的影響相當明顯，對於照顧人與被人照顧，有種過於在乎而緊張兮兮的感覺，十分渴望照顧他人且擁有子女，這或是因為童年不愉快的經驗。但他們之中有某些人卻選擇不要被人照顧，也不願擁有子女，這些都需要再加上

第一宮

第二宮

第三宮

第四宮

第五宮

第六宮

第七宮

第八宮

第九宮

第十宮

第十一宮

第十二宮

月亮的星座與相位來判斷。

水星在第十宮

將演說與對談的舞台拉到鎂光燈下，水星位在第十宮的人非常重視與公眾的溝通，就像是當紅的名嘴在政論節目或談話性節目中滔滔不絕，這些人希望自己的言行在大眾面前展現，並讓他們留下深刻的印象。這些人就像是天生的發言人，能輕易的在眾人面前發表演說或表達自我，具有說服公眾、讓人接受他們想法的才能，他們往往會積極的發表、投書報紙、接受訪問。

這些人在溝通與學習上也具有目的性，學習的成就動機很高，希望透過溝通來獲得組織、團體與高層的認同。水星在第十宮，特別接近天頂時，人們會充分展現水星的特質，那種在眾人眼中滔滔不絕、機智善辯、博學多聞的形象，是他們積極努力建立的。

十宮的水星也可能暗示著，這些人對於所屬的公司、組織或國家有著較多的關注，將思考集中在這些面向上，透過大量的觀察與溝通，再將他們的想法回饋給所屬的公司、單位、組織等，也可能是代表公司進行商業談判或達成協議。這個位置的水星對於作家、公眾人物、單位發言人、商人、經理人、記者、學者、學生等身分特別有利。

金星在第十宮

金星在第十宮或與天頂接近時，是施展個人魅力的大好位置，許多擁有廣大粉絲的偶像明星或公眾人物，都有這個天生具有觀眾緣的位置。金星的力量讓他們非常注意在公眾眼中的外表形象與行為表現，對外展現自己的優點，與公眾或媒體有著良好的互動關係，人氣很旺。

第十宮也象徵著人們的社會地位、與老闆的關係。金星的協調性與受人喜愛的特質，讓他們在職場上發揮自己的魅力，因而有不錯的社會地位；也讓他們和老闆相處得不錯，輕易在他人面前展現自己的優點。

不過，在事業發展上，金星安逸的特質也容易讓人失去事業心，因為人緣太好而好逸惡勞；在感情關係與自我價值上，有時候太容易受到外界社會的影響或公眾的評論，往往會有「父子騎驢」的現象，不知道該怎麼做才好。或許他們必須回頭檢視自己的價值觀，以及為什麼他們總是想要討好別人的問題根源。

火星在第十宮

第十宮與天頂象徵著一個人的社會地位、與上司的互動，以及與家庭長輩的關係等。火星落入靠近天頂的這個位置，讓人們汲汲營營於追求職場上的表現，十分在意公眾看待自己的眼光，總是卯起勁來，在事業上打拚。

因為這些人透過社會地位、職場表現，以及公眾的形象來證實自己的存在，都是受到火星所代表的生存危機的影響，讓他們將畢生精力投注在完成事業野心上，而忽略了生命的其他層面。

火星在第十宮與天頂時，讓他們不允許自己無所事事，對手邊忙碌的工作也會全力以赴去完成，也會以超高標準來看待自己的行動。不過，因為火星具有衝動、破壞的能量，如果火星能量如果沒有及時得到釋放，可能會引發與上司、老闆、政府機關、社會大眾、家人父母、配偶，甚至是自身形象的嚴重衝突。

受到火星衝動與利己的影響，他們的行事風格顯得相當激進現實，常以自身利益為出發點。每當遇到與他人利益或家人利益產生衝突時，也容易引發內在精神、外在行動，或與他人關係上的衝突。火星在第十宮可以算是一個良好的位置，但強大的能量若不能適當運用，所帶來的衝突很可能會造成自身困擾。

木星在第十宮

因為在傳統上，第十宮與個人的名聲、職業有關，而木星又是吉星的關係，所以，木星位在代表個人與社會連結的第十宮時，接近天頂的位置顯示這些人將會獲得好名聲，在工作上有貴人長官提拔，讓他們在職場上無往不利，的確為這些人帶來了名利雙收的社會地位。

然而，木星所代表的幸運與過度膨脹，卻如同雙面刃的兩邊，為他們的個人名聲帶來好處的同時，卻也讓他們以誇張、「膨風」的方式對外說出虛構不實的言論或事情，再加上尋求刺激與冒險的特質，甚至讓他因為過度自信，而在公眾面前做出了違法的事情，後續甚至可能因事跡敗露而引發危機。

另一方面，第十宮也象徵人們對社會的回饋狀態，以及人們與組織或當權者的互動，透過與公家機關、公司、老闆等對象間的互動，都能讓他們得到許多好處。更重要的是，積極去關懷社會大眾，將自己的優勢回饋給社會上需要幫助的

人，做一個樂善好施的「員外」，更能呼應木星「人人爲我，我爲人人」的能量。

土星在第十宮

土星在接近天頂的位置顯示著，此人容易將土星嚴肅壓抑等諸多心理特質展現在眾人的眼前，無論此人願意不願意，土星的嚴肅、認真、實際、具有控制與權威性的態度，很容易透過此人對眾人的談話或互動中表現出來。

心理占星師比較好奇的是，人們從哪裡學到這樣的態度？我們發現，這些人或許成長在管教比較嚴格的家庭中，或受到環境的影響，習慣了威權管理方式。這也使得這些人在展現他們的社會地位時，不由自主的表現出類似的態度，也給公眾一種較爲冷漠、嚴格、不近人情的感覺，這同時和他們希望整個社會認爲他們是要求嚴格、可以託付重任的形象相符合。

第十宮與職業有關，但在心理占星學上認爲，在這個位置顯示人們學會將生命回饋給社會。土星象徵著秩序、管理、嚴格與實際，爲了能夠合理的管理這個社會，那麼，規矩與秩序都是必須的。

同時，所謂的人情或例外都有破壞秩序的危險，因此不被這些人所接受。這些人對於自身有著重大的期許，但他們學習到，成功並非一蹴可幾，所以他們瞭解必須耐心的等待，一步一步的邁向成功。他們的野心並非看不見，但卻相當具有計畫性，而且有耐心，有些時候，這些人會爲了成功而去從事一些他人覺得委屈的工作，或者在工作職場上加倍的付出，常被人認爲是工作狂，或重視社會名聲更勝過於其他事情，例如：友情、愛情、家庭親情。

同樣的，我們不能忽略，第十宮的位置也代表人們與父母之間的關係，過去成長環境所賦予的管教方式，或生活環境中所遇到的限制與困難，阻隔了此人與父母的關係，造成了稍微冷漠的互動。對他來說，和父母在一起或是身爲父母的身分，包含了重大的責任，並不是什麼天倫之樂，或「我的家庭眞可愛」之類的夢幻調調。

天王星在第十宮

你不用花太多力氣，就能在人群中辨識出天王星靠近上升、下降、天頂、天底的人，他們都十分喜歡把「特立獨行」這四個字呈現在眾人的眼前，所有在第

十宮或接近天頂的行星，都是人們用來呈獻在公眾面前的自我特質。

天王星在這個位置，使這些人用與眾不同、特立獨行、冷漠疏離、不受約束來偽裝自己。他們希望他人看到的自己，是不會受到世俗與他人約束的角色，同時也因為如此，他們不太容易與他人太過親密。他人對這些人的好奇與神祕感，多半是出自於他們公然的輕視常規，或挑戰社會秩序背後的動機。

這些人喜歡散發出奇特的氣息讓人注意到他，這也散發出另一個訊息：「我非常人，非我族類請和我保持距離。」就如同那些說「規矩是為了凡夫俗子所設」，或「只有傻瓜才要繳稅」這一類話語的人，都十分像是天王星在第十宮所會說的話。

十宮就像是我們的志業，一份重要的志願、偉大的職業。許多占星師認為，十宮的行星是人們貢獻與回饋給社會的事物。天王星在十宮的人，用自己與眾不同與打破社會規則秩序的行動來啟發世人，生活或許可以多些不一樣的選擇。就算這些人在生活中容易因為自己的隨性自私而千夫所指，但就如同他們最愛的一句話——規矩是用來打破的，他們在無意之間打破了許多人認為理應如此的運作方式，也可能在無意之中解開了許多人內心的束縛。

不過，在私領域裡，天王星在第十宮的人往往會與家人或伴侶維持冷漠疏離的狀態，最常見的是與父母之間的冷漠關係。無論傳統或現代占星師都認為，十宮與四宮多少象徵著人們與父母之間的互動，而天王星在這裡似乎切斷了這一層連結的感受。

多數時候，我們能從這些人對父母的觀感，找出為什麼他們希望自己如此的不同，為什麼他們不願意和其他人一樣（同一國的）。這當中，有時候也牽涉到內心的安全感議題，值得當事人與占星師去探索。

海王星第十宮

在整本書的書寫過程中，每每寫到海王星的段落，我就有一種「再怎麼寫也無法寫盡」的感受，就如同在這裡，若要我描寫海王星在十宮（或天頂）可能適合的職業時，就包含了演藝人員、畫家、音樂家、任何一種藝術表演從業人員，但他們也可能是宗教人士、傳教士，或是任何為他人奉獻的社工人員或社會福利團體的成員。

另外，調酒師、化學工程人員、藥劑師、毒梟都有可能，也或許是精神導師、政客、靈媒、靈療者、算命師、騙徒或神棍（基本上，這些職業與騙徒都有

許多相似點）。

　　無論我怎麼寫海王星，它總是有讓你無法捉摸的一面，然而有趣的是，這些人卻在公眾眼中有著幾種相似的形象，像是形象極為美好的人，或是社會悲劇的犧牲品。無論是英國已逝的黛安娜王妃，或是被暗殺的美國前總統約翰・甘迺迪以及他的遺孀賈桂林・甘迺迪・歐納西斯，都是集這兩種形象於一身的最佳代表。

　　海王星在十宮吸引了人們將集體意識中的美麗與哀愁，一股腦兒的投射在他們身上。一個人若擁有海王星在第十宮，那麼，在公眾領域就相當容易招來如此兩極化的評價。

　　正因為第十宮是我們所努力營造的公眾形象與社會地位，當海王星進駐十宮，某些人會獲取海王星的典型理想，努力營造個人美好的一面，而當某些醜聞發生時，他們也能很順利的將這些事情轉換成為社會悲劇，讓自己成為犧牲者，而傷痛與罪過則由整個社會來共同承擔（黛安娜王妃的悲劇再一次證實了這樣的作用）。我們不斷地探討海王星的影響時，發現了這種個人無力承擔的特殊現象。

　　事實上，海王星所在的第十宮告訴我們，這些特質都與成長過程中，與雙親長輩之間的關係，或與當權者（或是力量的掌握者，如：學校、政府等管理機構）的互動關係有關，使他們對於權力或社會架構抱持一種崇高的夢想。這不一定代表他們擁有權力野心，事實上，他們也可能對社會抱有烏托邦式的幻想。

　　為了追求更完美理想的社會，他們展開狂熱的追求、付出與奉獻，或者追逐理想典型的父母親形象，使得這些人的形象非常能夠獲得人們的認同，將心中的聖人或完美形象投射在他們身上。但我們也很可能發現，這些人因為對社會地位與權力的迷惘，而成為名聲與權力的犧牲者。

　　因此，體認到名聲與權力的無常，對於自我能力以及自我身分便能清楚的認知，或更確切的做法，進一步去瞭解內心中對於父母親帶來的影響，以及對於權力名聲的看法，或許都能幫助第十宮有海王星的人，使他們不至於迷失在公眾所狂熱投射的形象之下，同時也可避免不必要的犧牲。

冥王星在第十宮

　　天頂象徵著人們所展現的公眾形象，而由天頂而起的第十宮，正是人們在公眾領域的表現，在公開場合中的形象，也代表了他們的社會地位。冥王星若在天

第一宮
第二宮
第三宮
第四宮
第五宮
第六宮
第七宮
第八宮
第九宮
第十宮
第十一宮
第十二宮

頂附近，帶來的可能是一個強而有力的形象，同時不能被人輕易摸透，在這些特質中，多少帶些神祕與恐懼。

在第十宮中的冥王星，帶來了對人性的透視，以及深刻瞭解權力運作的道理，然而卻不一定會讓人躍居於第一線。由於性格中強烈的不安全感，他們多半傾向從事幕後的工作，然而，他們的才華與能力往往會讓許多人注意到他們，可無論是私生活曝光，或帶著強烈神祕的色彩，在公眾的眼中都很少有正面的評價。

第十宮也象徵著人們與權力機構的關係，人們如何看待當權者，如何與社會回應互動。無論在公司這類的商業組織，或是黨派、國家，不管這些人願不願意，第十宮在冥王星都會讓他們因為內心的生存危機感受，而很快的被捲入權力遊戲中。

或許透過冥王星的特質，他們很快就能嘗到權力的滋味，但冥王星卻會在無形之中引導他們陷落與沉淪，進入權力與機構的黑暗面，瞭解到權力與力量究竟是怎麼影響人們的生活，讓他們認清權力與組織究竟是怎麼回事，最後，透過這些深刻的觀察與體驗（有時帶著強烈的傷痛），來明瞭權力與生存的價值。

而父母之間的互動，則是第十宮的另一個特質。冥王星在第十宮或天頂附近時，人們與父母之間的緊密連結，可能暗示著一種負面的情結，讓他們一方面被深深吸引著，另一方面卻可能因為父母過度的控制欲望，使他們急迫的想從父母身邊逃開。

當冥王星在第十宮（或接近天頂時），必須謹慎處理自己和父母之間的關係，透過認識他們的想法與生活背景，瞭解到自己與他們是不同的個體。必要時，可與心理諮商師討論以幫助自己，因為日後的老闆、上司與當權者在生命中，也可能具有相同的影響。

第一宮
第二宮
第三宮
第四宮
第五宮
第六宮
第七宮
第八宮
第九宮
第十宮
第十一宮
第十二宮

第十一章 第十一宮
突破自我的方式

要明確知道十一宮的意涵，首先要瞭解，十一宮是第五宮的延伸，第五宮對個人意涵最重要的是「目標」，所以，十一宮是將個人的目標延伸得更遠，我們可以說那是「未來的目標」，超越現在的目標，那麼也可以是夢想、願望。

或者，如果說第五宮是「自己的目標」，那麼十一宮就是「我們共同的目標」，在這裡就出現了「社團」的意涵，擁有共同目標的人聚在一起所帶來的友誼，才是十一宮所代表的友誼。

同時，占星大師薩斯波塔斯認為，十一宮與水瓶座都有那種「超越現況」的殷切渴望，但這個念頭一般人無法達成，於是需要更多力量的結合，包括了社會的資源（十一宮是十宮「社會」的第二宮「資源」），包括有共同目標的朋友，當然更重要的是，自己要對未來懷抱著夢想與希望。

許多初學占星的朋友都知道十一宮代表著社團與朋友，然而有人說三宮也代表朋友，兩者究竟有何差別？首先，我們從相識的程度來看，三宮的朋友熟識的程度較高，屬於死黨或姊妹淘之類，然而，十一宮是在廣大外界社會所結識的朋友，所以交友範圍也就更廣闊了。

太陽在第十一宮

第十一宮掌管我們對自己的期待與理想，同時也影響我們的社交生活、志同道合的朋友與社團。太陽在這位置的人往往充滿了個人理想，相信只要不斷的自我改造，將會讓人類更進步、世界更美好。深具人道精神與社會平等，期望自己能夠超越現在的自我，成為團體中的領導者，熱鬧的社交生活將佔去這些人大部分的時間，但也能持續認識更多新朋友，或是加入不同的團體。

為了要實現個人的理想，達成夢想，或是為自己或社會做出貢獻，這些理念都成為行動背後的推動力，引發他們加入新的團體，或去認識新的朋友，驅使他們接觸新的領域和環境，都是希望能從中追尋「太陽所代表的自我」。不過，也就因為身處團體之中，很難發展出「某個特定自我為中心」，個人與團體間衝突的互動關係，讓他們容易感到挫折與沮喪，甚至會否定自己。

第一宮 第二宮 第三宮 第四宮 第五宮 第六宮 第七宮 第八宮 第九宮 第十宮 第十一宮 第十二宮

就像是水瓶座般,既要充滿彈性、不可捉摸,卻又必須以穩定的思想或觀點作為理念的基礎;要充滿原創與反叛的理想性,卻又堅持以謹慎與懷疑的態度驗證。這種內心辯證的程序不斷進行著,讓太陽位在這個位置的人一旦接受某些理念,就很難輕易被說服或改變,他們不輕易聽信別人的說法或採用沒有經過求證的意見,在邏輯、理性、分析或研究上,他們都能有所堅持。

這些社交生活中常見的心理問題,透過學習平衡自我與團體關係的方法,可幫助他們理解個人很難從團體中輕易發現自我的價值。這些人可以試著體會團體的社會力量與共同價值,也要在其中堅持自我價值,不要迷失,在觀察與分析間體會出自我與他人的不同之處。

月亮在第十一宮

在占星學中,第十一宮被視為與人際關係、團體有關的宮位,月亮在這個位置,可以說是對於結黨成群需求的開始。介於第三宮的手足鄰居和比起第七宮的伴侶關係,第十一宮所代表的人物象徵在社交生活中所認識的朋友,可以說是興趣相投與志同道合的組合。月亮讓我們需要這些社團成員、小組成員或成長團體的夥伴,渴望與他們產生更密切的行為互動與情緒交流,一起完成長遠的夢想,就能獲得心靈上的滿足。

月亮在第十一宮的人很需要這些朋友的支持,需要人群的圍繞,渴望團體間的緊密互動,卻深怕因此而失去個人的空間。期間所產生的不安,讓他們處於渴望被瞭解又害怕暴露隱私的矛盾中,只有試著瞭解情緒上的敏感反應,認知正負面是同時存在的,面對並接受這樣的情緒變化,才能更享受與朋友共同分享和交流的好時光,也就可以將這種情緒的力量引導至更需要發展的地方。

不過,童年的回憶也可能讓他們在團體互動中突然引發不愉快的感覺,像是聯想到兒時玩伴或痛苦回憶,這些回憶都會反應在當下,自己與他人的互動中。不妨將這些過程視為修補心靈創傷的好機會,重新修正過去在童年人際互動中不愉快的經驗,從現在開始修正自己的態度,就能讓現在的友誼撫平過去的痛苦。

水星在第十一宮

在傳統占星學中,十一宮與朋友社團有關,讓水星落入這個水瓶座守護位置的人,在社交上非常積極活躍,激發了這些人對團體夥伴的溝通關注及分析能

力，能和同一個團體的成員有密切的知性交流，所擁有的良好溝通技巧，能針對某些主題交換意見，或和成員一同籌畫某些事情，具備團體活動力與組織力。

　　對志同道合的夥伴表達自我夢想，彼此展開討論與計畫，將會讓這些人實現夢想的計畫更為詳盡，但也必須小心在頻繁接觸時，容易與朋友產生溝通上的誤會。

　　從心理與人文占星學的觀點來看，他們透過與朋友或團體夥伴的溝通互動，來幫助自己超越原本的限制或去實現夢想。他們很需要人群的支持，需要同道的意見，渴望團體間的互動與溝通，享受與朋友分享與交流的好時光，一起完成夢想或投入社會運動或公益活動，在平等與社會公益的前提下，集體「自我超越」。

金星在第十一宮

　　在傳統占星學中，第十一宮象徵著朋友、社團、有共同目標或興趣的人，讓金星位在這裡的人相當重視自己與團體間的互動關係，維持著相當不錯的人際關係，輕鬆遊走在各個團體中仍游刃有餘，是團體眼中的當紅炸子雞，也容易在志同道合的朋友中找到戀愛對象。金星在第十一宮往往也暗示著，這些人可以透過相同志趣的朋友，找到自我的價值，同時也透過超越原來的自我，來增進自我的價值。

　　從心理角度來解釋，我們希望藉由第十一宮來超越原有的自我，而朋友或有共同目標的人或社團，成為其中不可或缺的條件。金星讓他們與外界的關係十分良好，適合多多參與朋友或社團的活動，雖然不一定要成為團體中的主導者，卻很需要被朋友包圍著的感動。

　　不管是認識新朋友、加入新團體，或在會議組織中與他人有良好的互動，都能帶來舒適、溫馨、愉悅的感受，也可利用與朋友或團體間的互動，來達成共同目標，或完成個人無法獨自完成的事情，在不犧牲自己的利益的前提下，達到金星利人利己的目標。

火星在第十一宮

　　火星位在與社群關係有關的第十一宮時，理想主義與人道精神讓這些人成為公益活動的急先鋒，在社交生活上也十分積極活躍，容易把大部分的力氣花在朋

友們身上，尤其是那些具有共同理想、共同目標的同道中人，但過度積極的態度會給人些許侵略性與壓迫感。

由於火星在十一宮爲自我改造帶來了強大的動能，如果沒有超越現況、完成共同理想的行動，過多的火星能量會讓他們和其他人處不好，身邊的朋友可能覺得他們易怒難搞、脾氣又差。

爲了超越目前的狀況，十一宮所代表的社團關係與共同目標，成爲驅使他們奮力向前的重要心理動力，並在火星的驅動下超越目前的狀況，以完成十一宮象徵的理想、願景與長遠目標。因此，他們很適合採取團體策略，集結眾人的力量去完成一件事情。

只不過，火星的自我特質往往會引發一點小問題，讓他們在以自身利益爲主的「自我」，和犧牲小我、完成以群體目標爲主的「大我」之間，感覺到左右兩難。唯有先慎選團體，看看哪個團體較符合他們的目標，等找到適合的團體，再來發展共同目標，才不會讓他們常常在自身利益與群體目標間擺盪，苦苦掙扎。

木星在第十一宮

理想化色彩濃厚的第十一宮，十分適合木星信仰與信念的發展，讓人想超越「故我」，或跳脫自我設限的小框框。木星位在代表著渴望美好崇高境界的十一宮時，木星的擴展力會將這些事情化爲這些人的信念，認爲它們有進一步執行的需要。

這時，他們會將眼光放遠，不再原地踏步，因爲木星的能量讓他們迫切的想去做一些改變，不只是改變自己，也想擴大範圍，改變周圍的人，投身於社群團體中。不過，因爲木星並不是一個具有強烈執行能力的象徵，就算不時出現新的信念與想法，但想要落實就需要太陽或火星這類具有行動力的行星去刺激，才會讓他們付諸行動、確實執行。

傳統中，十一宮與朋友、社團息息相關。如果從占星大師薩斯波塔斯認爲的心理狀態來看，就因爲十一宮代表著超脫「原我」的狀態，除了自我的改變動力之外，還需要一些外來的「朋友」力量，或和他們有共同目標的人們，讓他們向外尋求支持，接觸新的朋友，特別是那些能夠拓展他們精神與視野的人，並加入新的社團，分享共同的信念與目標。

與志同道合的朋友組成爲社團或組織，將木星擴張與冒險的力量發揮在十一宮，就能透過追求自我超脫與尋找理想狀態，以及做出改變與付出的過程，得到

可觀的好運與回報。

土星在十一宮

　　若你瞭解十一宮除了友情與社團之外，也象徵我們的夢想、對未來的期待，就會明白土星在這裡，對這個主題會造成了某種程度的冷漠與限制。從現實層面來看，土星在這個宮位會讓人在某種程度上，以現實與物質條件來選擇朋友。

　　事實上，因為土星的實際條件影響了個人的未來期待，使得他們期待中的未來是一種穩定踏實的生活，也因此他們會選擇擁有類似條件或類似夢想的人來結交。但我們也常見到土星謹慎與恐懼的特質，這使得土星在十一宮對於交友十分小心，或許是擔憂朋友會對他們造成限制與阻礙。

　　在這些人的生活經驗中，或多或少曾對友人失望過，遇到小人或遭人背叛，使他們對於他人的接近採取戒慎的態度，不輕易接受，有趣的是，我們也發現，這些人不太容易接受（或感受不到）他人的關愛。

　　土星的恐懼與不安來自於過去，同時，我們若瞭解土星的特質不包含對未來的重視，就會知道與其選擇未來的發展，土星寧可牢牢地抓住現在，也因此，土星在第十一宮的人並不期待生活能更美好，而是生活能否永遠像現在一樣，不要再有任何變數來影響，這一點和第十一宮的特質完全相左，也因此，土星在十一宮讓人們拒絕改變生活的因素，包括人、事、物。

　　相當有趣的是，我們去探討這些內容時，往往會發現，這些人並非對未來完全不抱任何希望，但總會去貶低未來的價值，或不認為改變或未來會帶來更好的生活。某部分的他們小心謹慎地面對這些改變，某部分的人則完全拒絕未來改變的可能性。擺脫過去陰影的糾纏，學會用踏實的態度面對人生和未來，重燃希望，是土星在十一宮的人該學會的課題。

天王星在十一宮

　　天王星在十一宮，像是到了一個與其本身特質相似的領域。天王星與十一宮都有改變、改革的意味，也都有開創的意涵，許多占星師往往不知道該如何解釋這種狀態。

　　事實上，十一宮的天王星暗示著人們必須透過生活中的創意與改變，來創造出與眾不同的生活。或許他們的生活被許多事物困住了，但天王星在十一宮的人

第一宮
第二宮
第三宮
第四宮
第五宮
第六宮
第七宮
第八宮
第九宮
第十宮
第十一宮
第十二宮

永遠有突破困境的希望和想法，就像神話故事中擁有希望寶盒的潘朵拉一樣，這些人對生活永遠都不會放棄，就算遇到了所有的困難與挑戰，十一宮的天王星永遠會替這些人帶來希望。

我們不能直接斷定這些人是否樂觀開朗，是否悲觀宿命，但相當有趣的是，他們在遭遇任何狀況時都還抱有一絲希望，這一點希望幫助他們在未來生活中不斷向前。這些人都有與眾不同的特質，是他們成長的動力，天王星在十一宮的人認為平凡與墨守成規，將會扼殺他們的未來，也因此他們喜歡在生活中做些改變，同時保持自己的獨立特質。他們認為自己需要一些朋友，但卻不能因此而失去個人的特質。

在占星學中，天王星擁有分離、冷漠與切割的特質，對於十一宮所掌管的社團關係，這並不是十分的協調，畢竟分離冷漠的社團關係相當少見。但是，別忘了天王星有另一個定義叫作「獨特」，有趣的是，我們會發現，天王星在十一宮的人往往擁有許多怪異的夥伴，這些夥伴特立獨行，不容易接受他人的命令與指揮，同時，也相當容易驕傲的視他人如無物。在這樣的夥伴組合中，這些人滿足了獨立特殊的要求，另一方面也滿足了自己需要與同類互動的滿足感。

海王星在十一宮

在心理占星學中，十一宮有一種對未來的期盼，一種遙遠的目標與夢想，通常也暗示著人們對未來的看法，或者人們如何達成未來目標的方式，同時，在這裡，我們所關注的不只是個人的目標，還有眾人的目標。海王星進入十一宮，我們可以從這些層面來切入瞭解。

位在十一宮的海王星替人們帶來了對未來夢幻式的期待，但往往會因為太過夢幻而陷入困境，然而另一方面，這種對未來的熱忱與期待，讓人們不由自主的朝著這個遙遠的夢想前進，他們可以犧牲奉獻一切，就只為了成就一個美好未來的夢想。

由於十一宮暗示著眾人的目標與回饋社會的態度，使海王星在十一宮的人會用不求回報的態度來獻身於眾人的目標，這些人一旦有了偉大的目標，往往會不由自主的與周圍相同志趣的人結合。海王星有種讓人不分彼此的特質，在十一宮中，因為這種共同的目標而結合，像是參加義工社團，但從另一方面來看，這些人也透過與相同志趣的朋友的結合，感受到海王星那種與更高層次自我的結合。

或許我們會說，這些人可以為了偉大的目標去犧牲，在群體中，這樣的人有

時會扮演極為熱心助人的角色，因為他們透過存在於眾人的生活，而遺忘了自我。然而我們也注意到，當海王星的狂熱失去控制的時候，很容易造成個人或社會的損失，這些人往往在海王星的變幻無常中，感到強烈的挫敗感。或許我們可以說，海王星透過夢幻與現實的操作層面，讓人們瞭解到理想不可能一步登天，與眾人有關的理想更是如此，不會因為個人的犧牲而立即改變。

雖然我們常看到的是海王星美好的一面，或者說為了未來或眾人犧牲是偉人的情操，但心理占星師認為，這也相當值得回過頭去檢視個人價值系統，以及自我認同的建立過程。在這些過程中，去瞭解究竟是為了什麼原因，讓他們甘願（樂於）犧牲自我以成就眾人？唯有如此，才能使人們在追求偉大的目標時，不至於迷惘或做出無謂的犧牲，而以不卑不亢的態度朝著未來前進。

冥王星在第十一宮

第十一宮代表對理想生活的憧憬，那些事情似乎遙不可及，但又會引導人們去改變他們的生命，然而，冥王星在第十一宮卻很容易讓他們對這種改變產生畏懼，或許在成長過程中，他們經歷過一些關於劇烈改變的不愉快經驗，或看過一些人懷著美夢而落入失敗的局面，於是，這些印象牢牢地烙印在腦海裡，使他們對那些急著去擁抱未來、擁抱夢想的人事物，有著一定的戒慎程度。

在十一宮的冥王星暗示著因為一些生活事件，讓人們對夢想、未來的遠景被徹底改變了。在占星學中，第十一宮代表朋友社團，然而在心理層面上，它代表人們對未來的遠景。當冥王星進入第十一宮時，要人們仔細挖掘自己的夢想與對未來的憧憬，但有許多人會被這些事件給嚇阻，反而不敢對未來懷抱夢想，也不想改變自己，然而，冥王星很可能透過種種挑戰，要他們認清理想與未來的重要性，從恐懼排斥到再一次勇敢的懷抱夢想、發現理想和未來，這將會為他們帶來巨大的前進動力。

團體的動力是十一宮的另一種特質，這裡的「團體」常被人誤解為朋友，事實上，這裡指的是志同道合的朋友、擁有共同目標的人，當冥王星在十一宮時，人們必須透過與這些友人的互動，來改變他們的生活。

然而，冥王星所展現的特質相當曲折，且具有有強烈的挑戰性。他們可能會覺得危機出現在自己與這些友人的關係上，卻無法快刀斬亂麻，因為這種關係往往是互相影響的共生結構，讓人們無法輕易切斷。在透過掙扎與傷痛之後，人們

可以瞭解到，人與人擁有共同目標時應該如何運作，同時也讓他們瞭解這種互動
關係背後的意涵。

第一宮

第二宮

第三宮

第四宮

第五宮

第六宮

第七宮

第八宮

第九宮

第十宮

第十一宮

第十二宮

第十二章　第十二宮
體驗人生的完整

　　心理占星師把十二宮與容格精神分析的「無意識」做結合，在某些狀態下，這兩者的確非常相似，甚至可以說十二宮是「集體無意識」，但是，建議大家不要侷限於這樣的描述，或將占星與精神分析一對一的配對。容格的「集體無意識」，描述著全人類在演化過程中，所累積的共同經驗與象徵，這和十二宮所描述渾沌未明的神祕世界有所相通。

　　同時，若我們結合前述對集體無意識與子宮的描述，十二宮都有「我不能獨立作主」、「我受到他人強烈影響」的感受。由於在十二宮並沒有「我」這個字，於是，這個主體成為漂流在母親羊水或人類浩瀚知識累積裡的一個小不點。

　　當我們還在母親的子宮裡，我們沒有知覺，也沒有所謂的「自我意識」，甚至不知道自己是誰，那是一個什麼樣的狀態，我想誰也說不出口（這也是為什麼大家一遇到十二宮常常會變啞巴），但我們可以知道的是，在這種狀態下，「我」這個主詞肯定是消失了。我們存在母體溫暖的羊水中，什麼都不知道、什麼都不用做，唯一的任務是休息、吸收養分、準備出生。

太陽在第十二宮

　　第十二宮屬於因果與業力的宮位，象徵著「隱藏的敵人」。太陽在第十二宮的人，太陽的力量變得模糊，讓這些人明顯的與世區隔、自我封閉，就像雙魚座的人沒有自我，必須在自我渙散後，才能融入大我。對這些人來說，個人的目標與成就並不重要，因為世界上還有許多人在受苦受難，捨我去服務世界的結果，往往會造成自我的無所適從。

　　十二宮也代表著障礙與困境。太陽在這個位置的人，會出現許多當下無法理解的困擾與麻煩，可能是童年的創傷經驗，或許是在過去或前世有未完成的責任，也可能是以前犯錯經驗所引發的後果。

　　在心理占星學上，十二宮也象徵著潛藏在心靈意識最深處的問題，與第八宮的隱晦不明很類似，但範圍不僅止於個人領域，而是牽涉到更複雜、涉及層面也更廣泛的深處問題，因為這些問題往往隱藏得更隱密，很難經由個人的思考或分

析來了解與體會。

　　修補問題可以從自我認識與審視問題開始，必須務實的去面對問題，循著蛛絲馬跡找出事情的跡象，抽絲剝繭發現問題的根源，主動展開錯誤修正、自我療傷，以主動、負責的態度來解除所承受的傷痛與悔恨。若是拒絕面對過去，很可能會像是落入陷阱般的動彈不得，不斷重複著相同的問題。

　　而太陽在第十二宮，也象徵著透過正視問題的力量來治療自我，並從傷痛中找到生命的力量。這些人也可以嘗試透過宗教的力量，或心理諮商師的幫助找出問題所在，藉由各種活動來治療與面對自己的傷痛，像是心理諮商、心靈成長、宗教信仰、哲學思想、參與公益活動等等，將自我與宇宙的大我做結合。

月亮在第十二宮

　　第十二宮對於月亮來說，是一個真正屬於自己的神祕位置，讓人更加重視私生活的隱密性。人們的內在精神生活受到許多不明因素的影響，可以解釋為容格所描述的「集體無意識」，包含了全人類所共同擁有的不安與恐懼。

　　十二宮的月亮讓人們的情緒被隱藏起來，認為自己很渺小，只需要一個不被打擾的安寧環境，自己一個人默默的品嘗心靈生活。月亮在第十二宮的人非常低調，文靜的個性會將他們的情緒隱藏起來，不對外表現，沒有交流的封閉生活，讓他們常常分不清理想與現實的界限。

　　孤僻、喜歡一個人獨處，讓人們常有孤獨的感受。在遠離喧囂、遠離人群的安全隱密環境裡，會有更多機會平靜的面對自己，與自己做更多的心靈對話，找到那些關於自己是誰，自己為什麼存在的答案之後，需要才會浮現，也才有需要的追求。

　　第十二宮也暗示著障礙與困境，童年經驗或母親與女性長輩帶來的影響，可能在無意間造成情緒的困擾，讓人感到莫名的焦躁與不安，這時，可以試著回想童年的不愉快經驗，也許就能得到舒緩或解答。複習或重新演練那些在過去已經學會的事物，都有助於發揮月亮在第十二宮的力量。

　　十二宮是我們認識宇宙運行法則的宮位，透過十二宮內的行星讓我們瞭解到，我們是如何看待宇宙萬物的運作方式。透過陰晴圓缺的變化，月亮帶來了無常的感受，我曾聽一個月亮在十二宮的朋友說「世界上唯一不變的真理就是——變」，這句話很符合月亮給人的無奈感。

　　在第十二宮，月亮的需求渴望回到寧靜的出生前狀態，不喜歡與他人交流，

但是，經過人生歷練後的月亮十二宮，已提升到可爲眾人奉獻的層面，這些人可望在生活中找到宇宙運行的道理，並爲了照顧眾人而奉獻自己。

水星在第十二宮

水星位在象徵麻煩與障礙的十二宮，讓人在溝通與學習上不順暢，容易陷入思考中，雖然水星的力量讓人們的思緒非常豐富，卻受到許多干擾而無法順利表達，因而帶來了許多語言溝通或文件往來上的問題。月亮在第十二宮的人適合透過書信表達自己的情感，含蓄的與別人溝通，他們具有深入事物內層的筆法，擁有成爲作家的潛質。

無法順利與他人溝通，受到十二宮隱藏與祕密意味的影響，這些人容易給人惜字如金或沉默寡言的印象。因爲他們不想讓別人瞭解他們的想法，希望將溝通與想法掩蓋或隱藏起來，變成不爲人知的祕密。

水星的力量讓人們對神祕與未知的事物感到好奇，可以朝更深層的集體無意識挖掘，將隱藏在心靈深處的事物挖掘出來。這些人可以透過宗教、解夢、占卜、催眠、心靈成長，甚至是心理諮商，來瞭解心靈深處的陰影與痛苦，解讀它們所釋放的訊息。因爲水星在十二宮的人認爲，即便是情緒與精神層面的學習和溝通，也能與宇宙萬物的運作融合，成爲無形的力量。

金星在第十二宮

金星位在十二宮的人不喜歡引人注意，行事非常低調，但內心卻充滿著敏感與孤寂，心頭不時會浮現對人際關係、情感關係與金錢物質的不安全感。這種不安多半來自無意識或童年經驗的影響，他們雖然渴望愛情，卻害羞得不敢表達，因此戀情總在檯面下進行。

十二宮使自我消失的特性，讓人們將愛擴展到宗教與宇宙的境界，願意爲不幸的人付出關愛。受到金星的影響，他們容易忽略內心的不安或恐懼，改用其他的方式來彌補，像是關注別人的需要或幫助，或藉由情人朋友的陪伴，來轉移自己心頭的恐懼，他們不想眞正面對與探索讓自己害怕的源頭與原因。

這樣一來，就很有可能會錯過檢視與面對問題的最佳時刻。要知道，藉由幫助別人來轉移自己的注意力只是暫時的，唯有眞正面對問題，深入去探討，才是根本的解決之道。

火星在第十二宮

在傳統占星學中，象徵著障礙與隱藏的敵人，讓十二宮並不是一個很好的行星位置，當火星落入這個位置，將會爲人們帶來困難與麻煩，像是災禍降臨或小人作祟。十二宮是犧牲的位置，火星所代表的自我與行動要用在犧牲上，因此特別需要受到正向精神的引導，如果將精力投注在宗教與慈善事業上，將使人們更有活力，最適合火星在第十二宮的人。

從心理占星學的角度來分析，火星位在十二宮的人受到深層無意識與心靈狀態的影響，容易使行動失焦，無法集中力氣，讓火星像是做白工一樣，看不見努力的成果，甚至容易因爲這些原因而感到惱怒，讓自我無從展現。

這些人所需要的是稍事休息，並自我檢視過去所做的行動有哪些是合適的，哪些是不合適的。適時的反省與休息，可減少衝動行事的情形發生，以隨緣的態度來面對，將更能累積火星的能量。

木星在第十二宮

在古典占星學中，十二宮被認爲是最具果報與業力的宮位，卻也被認爲是最不幸的位置，就算是木星這樣的吉星，一旦落入第十二宮，也無法發揮趨吉避凶的能力。然而，現代的業力占星學派卻將十二宮視爲一個休息的地方，木星擴張與帶來幸運的能量在此能稍事休息，十二宮代表的強烈因果與業力影響所造成的苦悶，也能因爲木星的幸運逃脫能力，在緊要關頭發揮作用。

木星所代表的信仰與信念，要從十二宮去追尋，人們很可能先短暫失去信仰或理念上的依據，甚至不知道什麼是真實且值得相信的事，這種難受的感覺會讓人陷入低潮，或覺得未來毫無希望。當木星位在第十二宮，人們必須放下自我，從內心去體會全宇宙共生共存的深刻感受，簡單的說，就是佛家的慈悲，在無我的境界下，與他人擁有相同的感受，成為宇宙眾人的一份子，領悟到自己和他人並沒有什麼不同。

從心理占星的層次來看，十二宮代表人們脫離自我意識的狀態，以及深層的無意識狀態。心理學大師容格認爲，這裡所講的無意識包含了全人類過去的體驗，像是禁忌、恐懼、生存經驗等。我們在這裡能與他人，甚至整個宇宙完全融合成一體。

因為木星所代表的希望就隱藏在人類最深層的內心之中，必須穿透十二宮的無底深淵去搜尋，這時，只要不拋棄希望，木星所代表的發展與幸運就會像神奇超人一樣，在我們最需要的時候適時出現。

土星在十二宮

許多喜歡討論業力的占星師認為，土星加上十二宮的組合，真是再業力也不過的了，這種組合往往會給人強烈的宿命感受。土星在十二宮的人，很早就有所謂靈性或神祕事物的經驗發生在生活中，也因此，他們對命運、宿命、業力等問題有許多好奇。

無論你喜不喜歡土星在占星學的定義，別忘記土星是我們心靈最佳的保護機制，能避免我們受到傷害。然而，在一切都化為無形的十二宮，土星的限制與保護同時也會化為烏有。在生活經驗中，這些人或許有種無法保護自己的恐懼感，也可能嘗試在生活中建構起一些夢想。但是，這些夢想往往在頃刻間消失無蹤，使他們對於建立自己的世界或自我保護等，或多或少抱持著悲觀宿命的態度，或直接逃避承擔建構自我世界的責任。

從心理占星學的角度來說，位在十二宮的土星，會讓人們重新檢視並體認人類總和記憶中恐懼。人們對未知的事物感到擔心害怕，就如同原始人認為打雷是上天的震怒，生病是神明的懲罰，絕大多數土星在十二宮的人，態度從害怕恐懼到小心翼翼的求證，都是為了去瞭解那些所謂未知的神祕恐懼，那些無法用文字語言或科學證實的事物，一方面讓他們害怕，一方面又吸引著他們。

從心靈的角度來看十二宮的土星，可讓人們瞭解宇宙運作的真理。就如同上文所說明的，這些人的生活中有著不斷建立與失去的事件發生，看見自己或他人辛苦努力的心血白費，也同時會讓這些人想要進一步瞭解，自己究竟做錯了什麼？或老天爺為什麼要這樣開他們的玩笑？

這些人很少會相信「即刻開悟，永世解脫」的道理，但也不會立即就向命運的力量屈服，不過，他們卻會透過一步一步的小心認證，到最後發現「C'est la vie.」（法語：生活不過如此）的踏實且常懷平常心的道理。

天王星在十二宮

十二宮的事物包括了那些人們存在於集體無意識中的事物，那些可能只存在

於傳說與神話中，對生存的掙扎、對上天的敬畏，以及對宇宙的瞭解，事實上，這些事物之所以被心理學家稱作「無意識的狀態」，是因爲它們早就被人們給遺忘了。天王星在第十二宮時，人們必須從這塊完全陌生的領域出發，來創造出全新的世界觀。

天王星在第十二宮的人透過對未知事物的瞭解，或對宇宙與人生神祕事物的探索，帶來了一種從舊生活中解脫，重獲新生的感受。但事實上，十二宮的領域往往是言語最難以形容的生活層面，簡單的說，第十二宮沒有具體的事物，卻又是包含了最多神祕眞理的地方，我將它稱爲「宇宙運行的眞理」。

天王星在此，代表著這些人可能必須揚棄過去腦中所擁有的宇宙運行法則，去創造出新的概念。我們常見這些人與他人有著截然不同的宇宙觀，特立獨行又與眾不同，如果在過去的世界認爲地球是宇宙的中心，那麼，這些人應該就是那些認爲太陽才是宇宙中心的人。他們透過對宇宙觀念的破壞與創新，來建立全新的秩序。

就某方面來說，這些人具有某種神祕先知的角色，不過，卻不是那種公開讚揚新理念的先知，反而比較像是伽利略、哥白尼等爲了改變世界觀念而犧牲的烈士。一方面，這些人擁有截然不同的世界觀，但另一方面，十二宮的隱密性暗示著這些人在某種情況下，必須祕密的、不能光明正大的進行著他們的改革，然而，他們卻很可能是新觀念的先驅者，新世界的奠基者。

海王星在十二宮

在現代的占星觀點中，我們往往會去關注那些星盤上被「重複強調」的特質，例如：木星在與它相關的射手座或第九宮，或火星在與它相關的牡羊座或第一宮。對於海王星來說，雙魚座或十二宮也同樣是一個被強調的重點。

星盤上擁有海王星在十二宮的人，常常擁有纖細的感受力，會用感覺去體驗生命，進而擁有對藝術或精神或神祕學領域的天賦（這些天賦往往被我們用來描寫太陽或月亮或星群在雙魚座或十二宮的人）。然而，同樣的特質也往往會帶來同樣的問題，這些人太容易受到環境的感染，常有失去自我的感受，有時甚至不知道自己的言語或行動爲何不受自己控制，或無法被自己理解。

心理占星學認爲，海王星與十二宮都暗示著存在於集體（大眾）的無意識特質，在許多狀況之下，這些人容易以無意識的表現取代個人對意識層面的控制，有些人甚至不清楚自己有這樣的特質，因而在生活中遭到他人的利用或欺騙。

第一宮
第二宮
第三宮
第四宮
第五宮
第六宮
第七宮
第八宮
第九宮
第十宮
第十一宮
第十二宮

第
一
宮

第
二
宮

第
三
宮

第
四
宮

第
五
宮

第
六
宮

第
七
宮

第
八
宮

第
九
宮

第
十
宮

第
十
一
宮

第
十
二
宮

在本書中，我們不僅一次強調海王星所在的宮位，象徵著我們對那一個宮位的事物容易陷入狂熱，爲之著迷且失去自我，甚至因爲這個目標而展現出犧牲自我的特質。要知道海王星狂熱的動力，來自於對生命源頭那寧靜與無我狀態的嚮往，那種熱誠如同鮭魚瘋狂的朝著出生地迴游過去般的強烈。

有時，他們可以熱誠（瘋狂）的告訴他人，他們正爲了夢想中的世界而奉獻（犧牲），但是有些時候，他們卻像是無頭蒼蠅一樣的迷失方向（別忘記迷失也是海王和十二宮的共同特質），而且從事一些無謂犧牲地舉動。

這些人在生命的某些時候，會理解到這一切的努力如同一片「虛無」，這時，與先前的狂熱相比，會產生了巨大的落差，而造成身心的不適應。海王星在十二宮的人若能及早瞭解到，這個世界或這個世代的偉大夢想的確存在著，但不可能只憑著狂熱與感受就順利達成，夢想必須是一點一滴建構而成，他們必須透過感受他人的感受，以及犧牲與奉獻的慈悲精神，來瞭解宇宙運行的方式，或許所受到的衝擊就不至於如此強烈。

冥王星在第十二宮

十二宮在心理的層面中，象徵著人們隱藏在意識深層的部分，而冥王星也有同樣的特色。當冥王星在十二宮時，這些人不斷想去挖掘那些隱藏在人類集體意識中的禁忌層面，簡單的說，這些人有種挑戰禁忌的衝動，然而，在眞正實行這樣的行動之前，這些人會有很長的一段時間，對於所謂的禁忌或觸及社會邊緣的事物完全沒有任何的興致。

冥王星象徵著人們過去所逃避的問題與黑暗面。心理占星學家認爲，那些過去被人們所隱藏或排斥的人格，會累積在內心的陰影中。十二宮有這一層陰影的意味，而冥王星同時也有挖掘的意涵，所以當冥王星進入這裡，常會逼迫人們去體驗這些人類共同遺忘的事件，或是一些不愉快的記憶。

十二宮也是一種自我消失或自我犧牲的方式。當冥王星進入第十二宮時，這些人可能會因爲感受他人的傷痛，或太過融入他人的痛苦，而忘記了自我的存在，他們可能會對他人遭受命運無情的作弄或他人遭受到的暴力事件，發揮他們的同理心，這在心理占星師的眼中，就代表著他們的自我消失，融入了他們的體驗中。

當冥王星在這個位置，人們透過這一層關係，體會命運的無常與眞理，然而，這就是命運要教會他們的事情嗎？事實上並沒有這麼簡單。從冥王星的神話

原型中，我們知道冥王星最恐懼的就是命運的作弄，然而，它卻要人們深入去瞭解它，並學會成爲命運的主人，無論命運如何作弄他們，還是要勇敢站起來面對。透過瞭解命運的方式來獲得生存的力量，這才是冥王星在十二宮的眞正意涵。

第一宮
第二宮
第三宮
第四宮
第五宮
第六宮
第七宮
第八宮
第九宮
第十宮
第十一宮
第十二宮

第三部

心靈力量的交互作用

Aspect: Interactions of psychological dynamics in the chart

相位描述劇情，它們敘述事實上發生哪些事情，對人們來說，相位的結構描述心理學家所謂的「情節」……換句話說，在那些可能被稱作「命運」的事情當中，相位扮演重要的角色，因為它們敘述了那些我們必須面對的事情。

——蘇‧湯普金
（Sue Tompkins，倫敦占星學院創辦人）

第一章 太陽的相位

在占星學中，最主要討論的相位有：合相、對相、強硬相位（90度與比較輕微的45度）與柔和相位（120度與比較輕微的60度），其中，又以合相的影響力最大，兩顆（或是以上）行星等於像雙胞胎一樣，不管走到哪裡都是手牽著手，行星的發揮特質不再是原本單獨的樣子。

但在心理占星學中，並不會特別強調什麼相位是好或什麼是不好，如90度一定是「凶相」或是「歹命」，120度就是天生幸運。首先，行星原本的特質是最重要的，例如：木星與金星的能量都是比較樂觀或和諧的，兩者的結合就算是強硬相位，也不會差到哪裡去；而像是火星、冥王星都代表死亡與破壞，那麼，柔和相位也不會給人開心愉悅的感受。

再者，心理占星強調的，是藉由了解星盤來認識自己，接受自己，進而整合自己。不管是所謂好與壞的相位，如果我們可以全盤接受，就可以轉化負面特質，進而體驗到更完整的內在，唯有擁抱自己的黑暗面，才能真正的發揮光明面。

占星天后麗茲‧葛林甚至認為，在面對強硬相位的時候，因為緊張、衝突、壓力，反而會形成或累積更多能量，個人因而有更強的學習成長動力；反觀120度的柔和相位，因為使用起來很順手，人們反而就安逸了，或是根本察覺不到它的存在。

每個人的星盤都很複雜也很獨特，就像生命中的功課都是與眾不同的，就算是相位一樣，也會因為個人的反應方式不同，而產生不一樣的結果，唯有透過察覺與學習，才能找到隱藏在相位背後珍貴的寶藏與禮物。

太陽與月亮的相位

在心理占星學中，太陽與月亮的關係扮演著重要的角色。太陽是我們的自我實現、今生想要完成的使命，是我們「有意識」的行動，也象徵內在的男性能量；月亮則是我們獲得滋養與安全感的模式，該怎麼做我們才會覺得安全與舒適，是我們求存的本能，所以通常是「無意識」的反應。

太陽要往哪裡去，如果沒有月亮這個加油站，太陽就缺乏動力與能量前進，

就像馬斯洛（Abraham Maslow）的自我實現，除非基本的需求被滿足了（月亮的需求——我們需要被滋養、感覺安全），否則就無法向上提升，去談論到潛能發揮這個層次。

太陽與月亮合相

與每個人的人生目標息息相關的太陽，與象徵內在需求的月亮，這兩個行星合相在一起時，對於自己要追求的事物，非常的專注，不容易分心。往往能夠成為某個領域的佼佼者。但是要留意過於集中心力於此，而忽略了生命其他面向的均衡。有來自於單親家庭，或是自己成為單親的可能性。

太陽與月亮四分相

在追求人生的目標過程中，容易因為害羞而造成阻礙，或是習慣於安逸熟悉的環境，而無法放手一搏。需要花上一番心力，找到自己內在的安全感，才能夠面對人生當中的種種挑戰。

太陽與月亮對分相

從小就在父母因為種種原因時有爭持衝突的環境中長大，在成年之後，與伴侶相處時，也容易重覆相同的溝通模式，而時有口角。若能換位思考，對於改善伴侶互動有很大的助益。

太陽與月亮柔和相位

太陽與月亮形成柔和相位，當我們面對生命的挑戰時，內心當中能夠提供有力的支持力量，不容易糾結於該繼續待在熟悉環境比較好，還是勇敢地迎向挑戰。與伴侶之間的相處上，彼此能夠產生共鳴，並且從對方的身上學習與成長。

太陽與水星相位

因為太陽與水星的距離前後不會相差超過兩個星座，所以，太陽與水星多半

太
陽

月
亮

水
星

金
星

火
星

木
星

土
星

天
王
星

海
王
星

上
升
與
下
降

天
頂
與
天
底

圖
形
相
位

在同一個星座，甚至合相，或是位於前後兩個星座。

任何行星與太陽產生相位時，一來太陽的特質會被這個行星渲染，二來太陽也會注入能量與自信到這個行星中。水星是我們的溝通模式、表達能力、資訊分享，還有人際間交流互動的方式。

太陽與水星合相

星盤當中的太陽與象徵溝通表達特質的水星產生合相時，可能是一個熱愛學習的人。在說話表達時，能夠順暢說出自己的想法，但是也要留意恐會過於主觀，不容易參考他人的意見。對於自己的意見頗為堅持，也能夠透過展現自己的意見想法，讓自我發光發熱。

太陽與金星相位

因為太陽與金星的角度一定在 48 度之內，兩者的關係只有合相或是 30 度，（輕微的柔和相）與 45 度（輕微的強硬相），合相的影響力最強，我們以探討這個關係為主。

太陽與金星合相

太陽與金星合相的人，會不停地追求對於美麗的事物，希望透過打扮自己，呈現美好的一面來贏得眾人的目光。父親或是男性伴侶能夠肯定我們的價值，而在能體會到自己的美好，了解到自我價值不需要外求，自己就能夠肯定自己時，便是能夠發光發熱，展現真正美麗的時刻。

太陽與金星強硬相位

因為看不見自己的美好，而不知道自我價值該如何呈現，進而導致焦慮或是挫折感。需要付出加倍的努力，才能體會自己的價值可以如何呈現。

太
陽

月
亮

水
星

金
星

火
星

木
星

土
星

天
王
星

海
王
星

上
升
與
下
降

天
頂
與
天
底

圖
形
相
位

太陽與火星相位

象徵自我展現的太陽，與代表勇氣、直接、行動力的火星產生相位時，個性上容易讓人覺得脾氣較衝、火氣很大，是否會因此帶來生命中的困擾，則要視相位而定。事實上，需要當事人去體認到，如何適切地在各個場合表達自己，讓旁人看見我，是非常重要的。不見得需要爲了小事情就大發雷霆，才能博得他人的關注，不需要用過度強悍的反應，也能夠確立自己的存在。

太陽與火星合相

從小所感受到的父親，通常是行事匆匆忙碌不已，父親的個性略爲急躁，說風就是雨，甚至略帶火爆，偶有些許暴力的情況發生。從另外一個角度來看，也能學習到父親的勇敢與滿滿的行動力。而在日後尋覓伴侶時，也容易遇到個性直接，充滿陽光特質的對象。

自小個性爽朗，遇到困難絕不逃避，總是迎面而上，認爲能夠展現勇氣戰勝困難，才是生命中的英雄。對於不需要競爭的事物不感興趣，熱衷於參加各種大大小小的比賽，透過競爭能夠感受到滿滿的生命力與活力。

太陽與火星四分相

與父親之間時常因爲衝突而導致兩人互動的困難，有可能源自於小時候，父親直接而火爆的個性，時常因爲說錯話就被責罵，而演變成不知道該如何與父親相處。這也連帶影響到日後與男性的互動，都容易帶著難以言喻的競爭性與挫敗感。需要留意的是，若憤怒的情緒無法對外順暢展現時，容易轉爲內在的自我攻擊，因此適當的找到發洩的方法，例如運動、健身等方式，都能夠有效舒緩壓抑的怒氣。

太陽與火星對分相

生命當中，時常出現與他人的衝突，有時伴隨著自我表現的主題，有時則因爲行動的方向不同，立場不一樣。可以回顧過往，是否在童年時期，與父親之間

有著溝通上的衝突，而在日後的生命經歷當中，複製了這樣的互動關係。若是能夠拉高自己的視野，不要侷限在立場對立就是衝突的局面，明白只是兩個人的意見不同，不見得一定是有對與錯，就像要抵達一個城市，可以有好多條不同的道路，有的道路花的時間比較少，有的道路可以見到美麗的風景，只是方法與選擇不同罷了。能夠去看見雙方的差異，找到整合雙方優點，並且彼此都能接受的方式，便可以化解衝突。

太陽與火星強硬相位

與父親之間有較多的衝突，兩人各對於生命的核心意義，有較大的差異，也導致在互動上的冷漠與僵硬。自己人生的目標，或許有執行上的阻礙，沒有辦法隨心所欲朝著目標前進。在競爭的狀態下，容易出現壓抑與犧牲。需要懂得發揮耐心，慢慢累積挫折的經驗，並且加以調整修正，便能夠在困境當中打拚出一條屬於自己的道路。

太陽與火星柔和相位

從小就認為父親是個有行動力的人，也能夠從父親的身上學習到如何展現勇氣。有機會受到父親或家中長輩的鼓勵，對於表現自我是直接而樂觀以對。因此在成年之後，對於身邊的人也能夠提供正面的鼓勵，來幫助他人。例如看見友人需要協助時，會在第一時間挺身而出，除了幫助到朋友之外，自己也能夠得到成長。

太陽與木星相位

星盤當中的木星與個人的信念有強烈的關聯，當太陽與木星產生相位時，人生信念的重要性將被強調。不論是尋找到那個打從心底深信不疑的信念，或是在生命當中去貫徹落實自己的信仰，對當事人來說，都是非常重要的一件事情。

太陽與木星合相

正面的特質為個性樂觀積極向上，凡事都能夠看到有意義之處，並且能夠散

發熱情與活力激勵身邊的人們。但若是拿捏不當的時候，看待生命當中的人事物，皆抱持著隨性的態度，有可能變成凡事帶著僥倖的心態，而欠缺負責任之態度。

對於人生的目標為何，在年輕時多少帶有些許迷惘，也因為無法壓抑想要找到生命核心信念的那顆心，許多有此相位的人，會展開對於人生的探索。不論是一年換好幾份工作、居無定所四海為家體驗人生，抑或是在情感對象上不夠專一，種種外在不夠穩定的狀況，都源自於內心當中對於世界的追尋與探索。若能夠找到認可的信念，便能夠專心致志的一生奉為圭臬。

太陽與木星對分相

生命當中時常遭遇到自己所處環境、所設定的目標，與自我所相信的理念，產生衝突與拉扯。在人際互動方面，時常遭遇到對方怎麼可以如此樂觀天真隨波逐流，不像我設定好前進的方向。抑或是自己個性能夠包容種種意見想法，但是遇到的朋友或伴侶，總是執著在自己的觀點當中。

太陽與木星強硬相位

在追求自己的目標時，若過於樂觀而忽略了實際的考量，很容易就會遇到現實的考驗，需要明瞭只有方向是不夠的，仍需要合乎實際狀況的規劃，才能夠落實目標。財務方面如有過度消費的情況出現時，很容易因為經濟壓力導致生活上許多環節都綁手綁腳施展不開。

太陽與木星柔和相位

從小能夠從父親或是長輩的身教言教，得到信念上的力量。日後在面對生命中的種種問題，能夠以樂觀的態度來面對，認為挫折只是為了砥礪出生命的美好，並且設定好大方向大的目標之後，就像一支射出去的箭，心無旁鶩地朝著設定好的方向前進。

太陽與土星相位

當太陽與土星產生相位時，影響著一個人承擔責任、展現成熟風範的特質與能力。每個人在生命當中，總是會遇到些許考驗與挫折，是否能夠化經驗爲經歷，便受到此相位的影響。另一方面，此組相位也影響著一個人對於自身表現是否亮眼的認定。

太陽與土星合相

從小與父親關係，便充滿著緊張與壓力。父親的要求甚高，不論在學業上、生活習慣上、處事態度方面，都有著一板一眼的規矩，抑或是在印象中，無論表現多優異，都很難得到父親的讚賞。另外一種情況，是父親或家中父執輩的個性傳統保守，強調倫理規範，並且會以權威者的態度來約束子女，不容許晚輩有不同的意見表達。

在長大之後，希望能夠透過自身的努力，達到一定的社會地位，讓父親感到驕傲。自我要求很高，無論做什麼事情，都會事先擬定計畫，然後按照計劃按部就班來執行。一旦預先安排好的計劃被打亂，會有些手足無措，隨機應變的能力明顯不足。

成年之後與父親的關係看似疏離冷淡，實則很容易成爲與父親個性非常相近的人，甚至會不知不覺將父親當做自己的榜樣，期許自己也能夠像父親一樣嚴以律己。對於得到父親或上司長官的讚美，總是帶著強烈的渴望。要留意容易自信心不足，總是以是否得到他人的認可，來評斷自己的成就。隨著年紀漸長，人生的歷練越來越豐富，有機會明瞭，自己才是唯一能夠評斷自己的那個人。

有機會專研於某個領域，就算不被眾人知悉，難以得到掌聲與舞台，依舊默默的長期堅守崗位，經歷一段歲月仍持續不懈，而成爲該領域的權威人士。

生命當中的挑戰與考驗確實沒少過，時常有種需要上戰場但沒有武器子彈的匱乏感。很多時刻，明明都做好計劃與安排，但總是有些意料之外的狀況出現，此時是在提醒我們，去檢視自己的規劃是否考量的周延與全面，在哪裡有疏漏與盲點，更重要的是要能夠將每一次的挫折，當成生命當中重要的經驗累積，日後不要再犯同樣的錯誤，日後會發現沒有白走的路、沒有毫無意義的考驗。

太陽

月亮

水星

金星

火星

木星

土星

天王星

海王星

上升與下降

天頂與天底

圖形相位

太陽與土星對分相

有這組相位的朋友，時常面臨需要打破現實的形格勢禁，才得以展現自我。在過程當中需要通過種種的考驗、挫折與壓力，一旦覺得看見光明，接近目標的時刻，往往就是暴風來襲，挑戰出現的關卡。種種試煉都在提醒我們，需要謹記過去的經驗，能夠記取教訓並且改進修正，一定能夠終有所成。

太陽與土星強硬相位

與男性伴侶之間的衝突，時有所聞。總是覺得對方與自己仿若兩個世界的人，他不懂我，我也搞不清楚他在想什麼、爲什麼這樣做，做到真正的設身處地去了解，是維繫關係和諧的不二法門。需要有點人生的閱歷，明白如何發揮實力之後，才能夠攀上生命的巔峰。

太陽與土星柔和相位

從小面對嚴格的父親，能夠明白愛之深責之切的道理，知道父親種種嚴屬的要求，只是爲了培養自己能夠擁有腳踏實地、循規蹈矩的個性，因此與父親之間的關係，雖然看似冷淡實則緊密。在心中將父親當成榜樣，期許自我日後成爲這樣的人。伴侶之間的互動，多半是客客氣氣相敬如賓。

太陽與天王星相位

天王星所象徵的理想性、普世精神，對於個人產生強烈的影響，心理層面總帶有一種與他人有段距離，無法太過緊密的感受。生活層面則尊重每個人的獨特性，也期許自己能夠成爲一位獨立自主，並且有個人特色的人。

太陽與天王星合相

自幼與父親及家中長輩的關係並不緊密，亦或是父親不在身邊，也因此培養出獨立自主的個性，靠著自我的摸索，雖然缺乏可以參考的英雄形象，但是在另

一方面，則是能夠不受侷限的發展個人特質。

　　對於許多事物，都有著獨到的眼光與判斷，能夠不帶情緒的分析當下所遭遇到的情況，有時會被誤解為冷酷無情、情感淡薄，事實上，非常在意每個人的獨特性，是否被受到尊重。有時候太過理想化，認為透過自己的抗爭與努力，能夠替全體社會帶來更美好的未來。認為思想層面的改變，就可以改變一切事物。

　　伴侶互動上，帶有些許疏離感，挺享受遠距離的關係。不僅僅是伴侶關係，在所有的人際相處上，都需要保持一定程度的自我空間。有時候會出現在現實生活當中不善交際，但是在網路的世界當中，非常活躍，甚至能夠引領眾多網民的走向。

　　對於自己的理念很堅持，只要是自己所認定的想法，就算其他人都秉持不同意見，仍然會堅持到底，認為這是眾人皆醉我獨醒。若是在邏輯上、道理上能夠說得出條理依據，他們也是能夠在想法上重新接受新的觀點。在某些情況下，會出現為了反對而反對的情況，此時可以留意，是否是為了突現自己的存在，才會有此舉動。

　　對於新奇的事物、科技的話題，充滿著興趣。有時候看似無厘頭的行為，事實是可是劃時代的創新之舉。只不過走得太前衛，時常有種站在山巔上無人能看見的孤寂感。

太陽與天王星對分相

　　因為走得太前衛，想法太先進，而導致在人際互動上的衝突。堅信伴侶關係不應該侷限於某些性別或是特定的規範，只要是發自內心的真愛，都應該要被接受，卻也因此與旁人時有立場上的對立與抗衡。自身的伴侶關係，有時會覺得伴侶過於理想化而忽略實際的執行，有時則會遇上伴侶過於自我，缺乏客觀的角度。

太陽與天王星強硬相位

　　當想要展現自己的創意想法時，容易遇到現實上的阻礙而窒礙難行，需要懂得運用過往經驗，結合創意與實際層面的考量，便能夠有具體的結果呈現。與父執輩的互動，一方面因其過於嚴肅而導致很有距離感，或是父親的缺席，造成自己的困境。需要看到這樣的癥結點，以免日後與男性互動時，會在潛意識當中，

太陽

月亮

水星

金星

火星

木星

土星

天王星

海王星

上升與下降

天頂與天底

圖形相位

退縮而不知該如何相處。遇到阻礙時，會採取比較激烈的手段，試圖衝破限制，創造新的天地。

太陽與天王星柔和相位

能夠展現出客觀的立場，以更爲宏觀的視野來看待人生的意義，以及自我的呈現。與父親或是男性伴侶之間，保持一定的自由卻不失情感上的連接。對於事物有自己的想法與堅持，也尊重他人能夠擁有不同的觀點，不會勉強他人要接受自己的標準，同樣的也不希望受到他人的強制與約束。

太陽與海王星相位

很多人說海王星浪漫，更精確的說法，是海王星與一個人很精緻的美好憧憬有關。當太陽與海王星產生相位時，無論是外在打扮上，自我的展現，或是對於生命的呈現，我們會都想要追求一種美好的形象。

太陽與海王星合相

往往有位缺席的父親，例如父親投身於慈善工作、藝術音樂領域，對於家庭的關注相對較少，或是因爲身體狀況，而無法勝任尋常父親的角色。也因爲自幼父親的缺席，缺乏參考模仿的對象，在成年之後，該如何展現自我，找到自己的定位，時常感到迷惘。

容易受到身邊友人的影響，例如當與喜愛藝文的朋友相處時，會覺得這陣子時常閱讀，認爲知性觀點是很重要的。隔一陣子與熱愛投資理財的朋友較爲密切時，關心的事物則變成銀行裡的存款與財富。沒有哪一種特質比較好，端看當下身邊的友人們，關注的重點在哪裡，自己也像變色龍一般很容易調整改變。

是一位有愛心很善良的人，只要看到有人落難受苦，就會感到不忍心而伸出援手。極端一點的話，會缺乏人我的界線，而過度奉獻自我。例如在路上看到動物援救活動，就掏光口袋的錢，忘記原本出門是要去繳帳單的。又或是當朋友說手頭太緊想要周轉一下，就算自己的財務負擔已經很重，仍然會咬牙提供資金給朋友周轉，然後再來想辦法解決自己的問題。

靈感頗爲強烈，有時候身邊的朋友還沒說出口，就能夠感受到對方的情緒，

以及想要表達的事情。在音樂、繪畫以及藝術類的領域頗有天份，若有機會好好發揮，很容易就可以走出一片天地。有時候想要追求的事物太多，難以鎖定目標在一件事物上，學習如何去釐清楚自己心中最渴望的追求是什麼，嘗試著聚焦生命的重點，對於有這組相位的朋友來說，非常重要。

太陽與海王星對分相

在合作關係當中，對於夥伴的包容力強烈，除了不會去干涉夥伴的決定之外，自己被說服的可能性也不低。要留意容易遇到天馬行空般想法很活躍，但是執行力卻不佳的合作對象，也要留意在合作關係當中，雙方是否真的公平付出，不要被欺騙了還不自知。伴侶關係當中，因為雙方對於未來的夢想相距太大，而時有衝突，要避免因為伴侶追尋目標，而成為犧牲者。

太陽與海王星強硬相位

在實踐夢想的過程當中，若遇到挫折與阻礙，事實上是在提醒我們，一定有某些現實層面的考量，被我們忽略了，只要能夠找到盲點加以修正，便是朝著夢想之旅更接近的時刻。尋覓伴侶時，容易因為不清楚自己真正渴望的對象，而感到挫敗，抑或是茫然的將就，在日後相處上充滿壓力，因此事先向內心深處探尋，找到自己真心嚮往的伴侶特質，就顯得非常重要。

太陽與海王星柔和相位

對於藝術的感受力特別強烈，從小就展露出令人讚賞的藝術天份，透過相關領域很容易就可以找到屬於自己的舞台。需要管理他人的時刻，展現同理心來對待，不只是帶人更能夠帶到心，除了得到他人的讚賞之外，自己也會感到驕傲。有機會受到啟發，而展開對於夢想的追求，也因此得到成長，形成一種正向的循環。

太陽與冥王星相位

冥王星所象徵的嚴重衝擊、蛻變、強烈的影響，使得有此相位的人，在生命

的路途當中，充滿的高潮迭起的劇情，人生精彩的程度完全可以媲美電影故事的情節。也因為經歷了許多重大事件，在與人互動時，要敞開心房並不容易，總覺得應該要隱藏起自我，才是一種保護自己的方式。

太陽與冥王星合相

從小與父親或家中長輩的關係便充滿著張力，父親的控制性強烈，往往不聽從他的安排，便會帶來嚴厲的責罰。嚴重的話，只要一聯想到父親，便會帶著深深的恐懼感。也因此，成年之後與男性，或是男性伴侶之間的互動，容易重複了幼年的模式，將主導權都交在對方手中。若發覺有此情況時，如何讓自己成為生命的主人，確實是需要去學習與發揮的。找到童年時與父親互動的癥結點，然後明白自己現在已經長大了，可以自己做主，這般的自我提醒，往往帶來不可思議的轉變。

受到童年的影響，在人群當中或是人際互動，習慣隱藏自我，上課要坐在角落，排隊排在最後方，總之能夠不被注意到是最高指導原則。偏偏會被大家看見我們「想要隱藏」這樣的特質，而讓自己覺得更加不安。習慣去掌控生命當中能夠掌控的一切事物，殊不知這樣的特質，容易將身邊的人，推得更遠，讓我們更加無法掌控。

生命當中確實容易歷經重大的考驗，每一次的衝擊，都影響到自己對於自己的看法。要知道，唯有經過高壓的淬煉才能形成鑽石，有此相位的人，生命的韌性與毅力，也強於其他人，就算在困難的關卡，也能夠咬牙度過，並且慢慢的累積自己的實力，成為屠龍的英雄。

太陽與冥王星對分相

與男性之間或是在伴侶的互動上，容易呈現兩極的情況。一種是重複了幼年的模式，將主導權都交在對方手中，任憑對方決定一切大小事務。另一種則是擺盪到另一個極端，自己在關係當中扮演一定要手握決定大權的那個人，只要對方有不一樣的想法，就算是讓關係破裂，也不願意妥協。不論是哪一種情況，都需要明白，適當的表達自我，適當的放手，並不會成為自己的弱點，反而在雙方真正溝通之後，能夠讓關係更加穩固。

太陽與冥王星強硬相位

自小對父親感到恐懼害怕，並且在相處上有極大的壓力，也因此與父親相處上的衝突與挫折感，也更加強烈。生命當中的挫折，往往來得猛烈又重大，有時候會讓人想要放棄或是乾脆趴著算了，免得又被擊倒。要知道，生命的韌性絕對大於我們的想像，只要不被擊垮，所有的淬煉終將成為生命的勳章。

太陽與冥王星柔和相位

對於生命當中的危機，抱持著接受的態度，遇到了就好好的面對處理。能夠從生命的驚險中，學習到如何掌握運用現有的資源，並且將其發揮出最大的效益。對待事物能夠不僅是看到表現，還能夠有更加深刻的了解時，能夠為我們帶來更多的機會。

第二章　月亮的相位

太陽

月
亮

水
星

金
星

火
星

木
星

土
星

天
王
星

海
王
星

上
升
與
下
降

天
頂
與
天
底

圖
形
相
位

月亮與水星相位

　　水星與個人的溝通表達，有著強烈的關聯，亦與思想的成形，訊息的傳遞密不可分。水星帶有一種活潑的個性，能夠影響觸及到的行星，使其也增添活潑變化的特質。

月亮與水星合相

　　從小就覺得母親是個靈巧的人，與母親之間的互動緊密，不論多大的年紀，通常都需要保持一定程度的交談與意見想法的交流。自幼從母親身上學習到許多事物，日後也會運用同樣的特質，與伴侶相處。

　　情緒變化起伏較為多變，能夠在傷心的時刻，瞬間想通調整心情，也會在愉快的場合中，因為某首歌曲而回想起年少時光，進而感到心情有點失落。當感到內心不安時，透過閱讀、訊息的收集、相關領域的學習，甚至是找人說出煩惱的事情，都能夠撫慰焦躁不安的心靈。

　　從小母親就鼓勵學習，也培養出閱讀與透過學習充實自我的習慣，能夠將蒐集到的資訊，融會貫通之後在生活當中加以運用。尋覓伴侶時，雙方是否能夠真正地做到意見上的交流，是否有想法上的共鳴，會是重要的考量點。因此伴侶光是有經濟能力與俊美外表是不夠的，若無法暢談心聲，仍不能算是理想的對象。有些具有此相位的人，會與兒時的玩伴、求學時期的班對等共結連理。

月亮與水星對分相

　　人際互動與伴侶議題，往往是自己的一個敏感之處，不見得真心喜歡與人分享。與伴侶容易在意見上產生矛盾與爭執。有時候認為伴侶的想法太多變，明明昨天說 A，為何今天馬上改成 B。有時候又會覺得伴侶的情緒太敏銳，自己的表達明明沒有那些意思，為何會踩到伴侶的地雷，再次造成關係的緊繃。

月亮與水星強硬相位

自己內心滿滿的感受，很難用言語表達出來，越是說不出越是緊張，自己所感受到的挫折越強烈，也因此更不知道該如何說出來，很容易就造成一種惡性循環。在想要表達情緒時，慢慢說，甚至是學習專家所建議的方法，都會很有幫助。與伴侶之間容易因為口角爭執，而導致關係的冷漠。

月亮與水星柔和相位

從小就被鼓勵表達出自我的意見，就算說的不恰當，也不會受到責罰。因此在成年之後，不論是以文字或是言語來表達自己的感受，都很容易。童年時期的環境，也與閱讀或學習密不可分，培養出終生學習的習慣。透過學習不僅能夠帶來成長，更有深深的安全滿足感。

月亮與金星相位

金星象徵著美好的事物，所謂的美好，事實上與個人對於價值之認定有關。金星也與運用什麼方式能夠讓我們感到放鬆與享受有關，無論男女，每個人所感受到、展現出的，以及所追求的陰性特質，也與星盤當中的金星有強烈的關聯。

月亮與金星合相

從小就認為母親的模樣是溫柔美麗的，與母親或家中女性長輩的關係，和諧而愉快，並且受到她們的認可與鼓勵。進而自幼在內心深處，對於自己的價值感較為充足，覺得在伴侶關係與日常生活互動中，自己是個值得被愛的人。

能夠透過對於身邊親友的照顧關懷，表達出對其關愛之意，特別是用食物來餵養自己喜愛的人。看到他們吃得開心，自己更會有強烈的滿足感。自己也喜愛食物，不一定要吃得很精緻，但是千萬不能夠讓肚子餓著，在飽足的時刻，總有著難以言喻的喜悅。

給人們的形象是屬於柔順婉約型的陰柔美感，不論男女，都有股說不出卻能夠打動人心的魅力與美麗。在感情當中，有兩種極端，要嘛是扮演母親般的角色

去照顧伴侶的生活，打點一切起居，要嘛是生活無能力者，等待著對方來照顧。在尋找伴侶時，以相處起來和諧，具有一定程度的經濟條件為原則。有時候會找到與自己母親的個性特質很類似對象。

月亮與金星對分相

很容易陷入女朋友與妻子是兩種極端個性的局面，或是如同作家張愛玲所描述的，紅玫瑰與白玫瑰的情節。在情感的世界當中，會在喜好與習慣的兩端拉扯。一位是交往多年很熟悉的伴侶，一位是充滿吸引力長久的渴望對象，不知道該如何做出抉擇。需要留意容易因為伴侶的價值觀，與自己不同，而導致關係上的衝突。

月亮與金星強硬相位

生活當中對於種種事物的慾望，容易造成經濟上的壓力，最後成為手頭緊張的主因。覺得要讓日子過得平穩舒適，需要付出些許努力，但是當日子真的平順時，內心又容易惶惶不安，不知道在什麼地方會出差錯，而有著莫名的焦慮。伴侶之間容易因為消費習慣不同，而有摩擦。

月亮與金星柔和相位

覺得生活過得很慵懶舒適，是人生必備的基礎，不喜歡過於辛勞的種種事物。例如：運動的話不能是滿頭大汗的運動，在冷氣房裡讓人做個全身 SPA，身體也是有被運動到。很享受與朋友或伴侶相處的時光，也能夠從互動交流上，獲得成長與收穫。

月亮與火星相位

火星所代表的行動力與勇氣，會影響當事人關懷照顧他人的特質。而月亮所象徵的陰性特質，也會對於火星的魯莽衝動，帶來一定程度的緩解之效。

月亮與火星合相

母親的個性直接，脾氣可能較火爆，但是直來直往不隱藏的個性，熟悉之後也能夠找出相處之道。與母親之間存有競爭式的關係，可能是需要競爭父親的關注，可能是需要競爭家中的資源，不論什麼原因，總有種說不出的張力。

成年之後，在伴侶關係方面，亦會發現伴侶也是個性衝動的人，或是知道自己脾氣不好，所以找一位百依百順的對象，但也常因爲對方的沒意見，讓自己更生氣。與伴侶也具有競爭關係，可能是比拚工作上的成就，或是薪資的高低。要知道在一段親密關係當中，輸贏並不見得是重點，互相理解與尊重，才是關係長久的重要關鍵。

個性直來直往，不高興一定要表現出來，基本上是不會生悶氣，看臉就知道心情如何的人。會因爲小事而大發脾氣，等到情緒穩定之後，也不明白剛才怎麼會有這麼強烈的反應。一旦情緒感到不安，就會大發雷霆。

飲食方面有進食過於快速的情況，容易因此導致消化系統方面的問題，而無辣不歡的飲食習慣，要懂得適可而止，太過度的話，容易造成健康方面的困擾。

月亮與火星對分相

與伴侶相愛時，是愛得天崩地裂激情四射，一旦意見不合產生爭執，又會火力全開猛烈攻擊，毫不留下任何餘地。在合作關係當中，容易與夥伴產生對立，突然間開始合作，卻又迅速的破局，這樣的情況時有所聞。在做出任何行動之前，若能夠運用同理心，去感受一下對方的處境，而不是冒然做出決定，將有助於人際互動的和諧。

月亮與火星強硬相位

要順利的表達出對於某件事情或是某個人的憤怒，是有困難的。越氣憤越無法順暢表達出來，長久下來會導致對於自己的氣憤增加，有礙於心靈的健康。在情緒無法向外抒發時，不見得要馬上說出來，透過運動或是打鼓、做麵包桿麵團等等方式，都可以有效的紓解壓力。

月亮與火星柔和相位

從母親或是女性長輩身上，能夠學到如何展現勇氣與發揮行動力。從小被鼓勵以實際的行動來關懷身邊的朋友，在照顧他人時，自己也是活力十足充滿能量。與伴侶一起運動、一起冒險，都能夠使關係更加成長。

月亮與木星相位

木星一向被認為是顆帶來幸運的行星，與木星產生相位的時候，去發揮另一個行星的特質，便可以得到成長。惟需要明白的是，當感受到木星所帶來的幸運時，不是讓我們毫無節制地浪費這些幸運，也不是一味的貪求，要懂得適當調節，才能夠常保這樣的好運道。

月亮與木星合相

相較之下童年的環境是富裕的，無論是經濟條件上的寬裕，或是心靈層面的富足，都能夠讓當事人在內心當中，對於生命抱持著樂觀的態度。就算遇到一些挫折或是打擊，能夠看得更遠，知道長遠的目標在哪裡，中間的波折只是讓日後的回憶更加精彩豐富。

在宗教信仰方面，跟隨著母親而行，並且在人生哲理與世界觀方面，受到母親的深刻影響。日常生活當中，有著許多個人的儀式，可能是宗教方面的要求，或僅僅是覺得這樣做日子才會幸運順利。

情緒表達較為澎湃，在表達內心的感受時，往往會誇張了好幾分，例如肚子有點餓，但是會跟媽媽說，我若再吃不到食物，連站起來的力氣都沒有了。看電影時，哭的比別人大聲，笑也毫無忌憚笑得比旁人開朗。

對於食物的需求強烈，食量比較大，吃的要豐盛，例如就算兩個人用餐也要點五道菜。喜愛異國料理，出國旅遊更是撫慰心靈的不二法門。總有著遠方才是故鄉的情懷。

生活當中需要較大的空間，無法適應狹小的居住環境，能夠挑高、空間寬敞是基本的要求，若是還能夠擁有花園後院，那就更加完美了。往往會離開家鄉去探索這個世界。

尋找伴侶時，不排斥異國的戀情，喜歡外表高高壯壯的類型，太過瘦弱纖細的話，可沒有安全感。風趣幽默，能夠逗著我們笑的對象，絕對大大的加分。

月亮與木星對分相

與伴侶對於人生的觀點有很大的差異，雙方因為信念的不同時有衝突。有時候會覺得伴侶太過情緒化，做事情只看當下而忽略了長遠的目標；有時又認為伴侶只有空想，缺乏顧及腳踏實地過好日常生活的能力。

月亮與木星強硬相位

要表達情緒時，往往因為過於澎湃、誇大而受到挫折。對於母親或是女性伴侶的宗教信仰，並不認同，也因此造成彼此的壓力。若雙方都能夠從務實的角度來調整，有機會找到平衡的方法，而減少衝突。需要留意飲食方面切勿過量，一旦失控，輕則身材走樣，嚴重的話可是會造成身體方面的問題。

月亮與木星柔和相位

受到母親的鼓勵，認為生命就是一場探險之旅，在生活當中喜愛探索沒有接觸過的領域，不論是實際出國旅遊，或是在知性上涉獵更多新知，都能夠得到成長。在飲食方面能夠有所調整節制，適度適量的用餐習慣與規律的作息，讓當事人能夠保持健康的人生。

月亮與土星相位

土星強調嚴謹與務實，確實與月亮的本質有強烈的不同。當這兩個行星產生相位時，當事人若運用得當，可以更全面的發揮，但若無法理解這兩個行星的特質時，覺得生活受到阻礙，確實也時有所聞。

月亮與土星合相

相較之下，幼年時的環境較為拮据，家裡面的經濟狀況不佳，在許多資源的

太
陽

月
亮

水
星

金
星

火
星

木
星

土
星

天
王
星

海
王
星

上
升
與
下
降

天
頂
與
天
底

圖
形
相
位

運用上，採取務實的態度，也造就當事人，成長之後認為透過踏實的努力，擁有一定的社經地位，擁有一定的生活保障，才是對待生命最穩當的方式。不取巧、不投機，不喜愛冒險，認為穩定、踏實才能確保安全。

　　母親的個性傳統保守而壓抑，在生活當中會要求許多規矩，例如：回家後一定要先洗手換衣服，才能夠坐上沙發。週末也要在八點起床去運動。若有違反便會受到責罰，絕不寬貸。使得當事人從小對於母親是敬愛、害怕而有距離。

　　也因為從小根深蒂固的被培養許多生活上的規範，在成年之後，大多數都會繼續著原生家庭的生活習慣。尋找伴侶時，也以能夠提供生活保障，為一大考量。認為兩鳥在林，不如一鳥在手。與其期待一個不確定的未來可能性，不如還是眼下所能夠實際掌握的人事物，才是應該緊緊抓住的。

　　飲食習慣上，吃得不多，吃得很簡單，會選擇熟悉的食物，而不喜歡嘗試新奇的料理。不論是對家人、對子女，會將照顧的責任攬在身上。若自己擔任母親或是照顧者的角色時，也會為了確保被照顧者的安全，而成為一位嚴格要求的人。

　　情緒表達方面，是小心而壓抑，認為要能夠克制自己的情感，才是一種成熟的表現。需要明白，所謂的成熟，是以適當的方式，適切的展露情緒，而不是冷酷的抑制與否定。箇中的尺度如何拿捏，就有賴生命智慧的淬煉。

月亮與土星對分相

　　以一種很務實的態度，來看待伴侶關係，會選擇個性傳統的另一半，認為如此才有保障。但長期下來，會覺得伴侶互動太過拘謹冷淡，不夠熱絡，或是伴侶太重視家族活動，而忽略兩人世界。要知道，就像點了碗剉冰，就不能期望它是熱的；想要吃熱食，當初就應該點紅豆湯。明白自己當初所選擇的核心目的，能夠避免很多的抱怨與衝突。

月亮與土星強硬相位

　　母親的要求甚高，導致與母親之間的距離更加遙遠，互動上的壓力倍增。而人際互動上的挫折，對當事人內心造成強大的壓力，就算是在日常生活中，想要對身邊朋友付出關心，卻也不知道該怎麼做才好。需要透過經驗的累積，才能夠了解照顧的責任是什麼，界線在哪裡。

月亮與土星柔和相位

對於原生家庭及生活當中該承擔起的責任，欣然接受，且藉由這些照顧上的責任，也能夠讓自己得到成長。伴侶的年紀較長，但兩人之間不應年齡而有太大的差距，反倒是能從伴侶的身上，學習到成熟穩重的特質，並且能夠運用柔性的力量，來緩解關係上的僵局。

月亮與天王星相位

天王星在占星學上，與改革改變有關，也象徵著獨特性與全觀性。有此組相位的人，習慣以理性的角度來分析情感，並且能夠用抽離的角度，來看待自己的心情感受。生活當中獨立自主，不喜歡受到約束，也不愛去規範他人。

月亮與天王星合相

從小就認為自己的母親非常酷，想法思維走在時代的尖端，與母親之間的相處，與其說是親子，不如說是朋友更加貼切。自幼就被當成一個完整的個體來對待，而不是父母的附屬品。也因此學習到每個人都有其不同於他人的特殊性，需要給予尊重。母親提供很大的空間，讓當事人不受拘束自由發展。有時候會發生與原生家庭分隔兩地的情況。

每當自己內心產生情緒時，習慣用第三人的角度，來分析為何會有此感受。不喜歡太過黏膩的關係，給予當事人一定的空間，反而能夠讓關係更加牢固。而有此相位的人，對於伴侶也採取信任的態度，不喜歡緊迫盯人隨時查勤，或許有人會覺得這樣的個性過於冷淡無情，事實上，這是有此相位的人，對於他人生命的尊重。

認為透過思想上的改變，就能夠改變全世界。關懷他人的方式，充滿著創意不落俗套，就算使用科技產品保持聯繫，沒有時常見面，卻也能夠維持關係的長久。飲食習慣方面，很勇於嘗鮮，無論是新開的餐廳、新推出的菜色，或是廚師的創意料理，都樂於嘗試。

月亮與天王星對分相

擁有一種很微妙的感情態度，當分隔兩地無法相見時，會期盼天天相處在一起，一旦關係過於緊密時，又會覺得無法呼吸，需要自己的空間。事實上，有點黏又不太黏的關係，才是最舒服的互動模式。有時會選擇與原生家庭的背景很不一樣的對象，亦有嫁娶到遠方的可能性。

月亮與天王星強硬相位

想要維持關係互動上的獨立性，卻也因此造成許多挫折，需要運用經驗來彈性的調整互動的距離。若是一味的堅持己見，只會讓雙方的衝突越加嚴峻。時常遭遇到外界評價與內心需求的兩難，如何取得平衡點，當越具有生命的歷練，越能夠掌握箇中訣竅。

月亮與天王星柔和相位

生活當中許多朋友，來自於理念相近的團體，或是透過網際網路，結交更多朋友，也因此創造出更多的機會。學習新的事物，是生活當中不可或缺的一件事，並且需要了解各項最新資訊，才能擁有安全感。想要居住在比較寬廣，距離人群有點距離的地點，通常能夠得償所願。

月亮與海王星相位

海王星的模糊與迷惘，容易讓月亮所象徵的情緒更加擴散，而月亮的關懷照顧，受到海王星相位的影響，亦會產生過度投入的狂熱傾向。

月亮與海王星合相

與母親之間，從小就有種到底誰是媽媽誰是孩子的模糊感，母親不清楚該如何適當的照顧孩子，給予的關懷過猶不及，抑或是母親的缺席，讓當事人無法確切體會被照顧的感受。童年時期因為某些原因，成為家庭當中被犧牲的角色，在

成年之後，也習慣委屈自己成全他人。

母親往往有某種上癮的傾向，無論是藥物上癮、酒精類上癮、付出關懷上癮等等可能性。若當事人不自覺，很容易在潛意識當中受到影響，而複製了母親的狀況。需要找到確立自我的方式，明白自己與他人的界線在哪裡，才不會受到干擾。

感覺感受非常敏銳纖細，對於他人未說出口的情緒，很容易覺察到，而對於旁人的遭遇，有著感同身受的同理感。若能夠適當運用，可以成為很棒的療癒工作者，但是若拿捏不當，誤將他人的情緒當作自己的感受，也可能會造成情緒上的困擾。

關於精神性的想法，與現實界的差異，需要明白的分清楚，避免過度沉浸在自己想像的世界中，而模糊了兩者的界線，如此亦容易導致精神上的混淆。伴侶關係上，有著過度美好的期望，可能從小就等待白馬王子來解救，或是要去成為拯救公主的騎士。有夢想是件好事情，但是也需要知道實際生活當中，自己的條件與選項，不要空等一個幻夢，而錯過了身邊存在的美好緣分。

月亮與海王星對分相

選擇伴侶或是合作夥伴時，重視感覺勝過實際的條件與考量，過去的經歷與實際能力的考量是其次，能夠打動自己內心的人，才是最後會勝出的人選。雙方的人生理想差異性頗大，是造成衝突的主要原因。對於伴侶非常的包容，甚至會有犧牲自己夢想、壓抑內在感受而來成就伴侶的情況出現。

月亮與海王星強硬相位

生活當中容易因為過度感性，或是同情心太氾濫，而受到挫折及打擊。例如：聽到有人財務吃緊需要幫助，就馬上提供援助，事後才發現是當事人過度浪費不知節制，才會造成財務的困境。擁有此相位的人，需要記取教訓，透過挫折的經驗，來學習分辨那些情況需要我們伸出援手，以及如何的將愛心適當的發揮而不是成為被他人利用的好人。

月亮與海王星柔和相位

透過朋友之間的相處，學習到如何展現自己的關懷，另一方面能夠適度的拿捏同理心，將之運用在人我互動方面，懂得體諒身邊的人，也不失自己的界線。接觸音樂、繪畫、電影等藝術領域，能夠得到內心的充實與滿足。

月亮與冥王星相位

冥王星所象徵的隱藏、壓抑，影響到當事人情緒的表達。面對生活當中的種種事物，都覺得充滿了危機感。另一方面月亮所象徵的記憶，以可能受到冥王星的影響，而導致情緒上的焦慮不安。

月亮與冥王星合相

童年時期的記憶，充滿著壓抑緊繃與強烈的不愉快，甚至有些不想對外人道，難以啟齒的窘迫經歷。母親的個性帶有強烈的掌控性，不論大小事情都需要在她的嚴密控制之下進行，一點小小的失誤都不容許發生，也導致了當事人很容易就有動輒得咎的失敗感。成年之後，自己也會在日常的事務方面，特別的戒慎恐懼，很怕哪裡有所疏漏而可能造成危機，因此在無意識當中，也會想要掌控生活當中大大小小事務，進而給予自己與生活當中有交集的人不小的壓力。

伴侶關係亦充滿盤根錯節的張力，有時候會遇上帶有祕密的伴侶，不見得一定是負面的事件，但對其來說，尚未到主動公開的時機，若任意的探索挖掘，只會造成伴侶關係的破裂。有時候亦會遇到恐怖情人，因此在選擇對象時，了解其真實樣貌，不要被表現所蒙蔽，是需要做好的功課。

情感方面不容易敞開內心世界，但是對於親密關係，有一定程度的渴望。希望透過緊密的結合，來緩解內心的焦慮不安，當真正身處於一段關係當中時，卻又習慣性的隱藏自己的情感，彷彿暴露自己的情緒之後，便會帶來更多的危機。

生活當中危機四伏，時常因為一些瑣碎的事情，導致重大的危害，長久下來，危機處理的能力非常佳。

月亮與冥王星對分相

自幼與母親就容易因為日常生活上的習慣，而產生衝突，不能理解母親的種種行為，也深感不被母親所了解。內心當中有種想要逃離原生家庭的強烈慾望，在成年之後，若有能力絕對會付諸行動，往往與家人之間有段不小的距離，但是不論離家多麼遙遠，仍感覺深深被原生家庭所掌控著。要知道，不論現實距離多麼遙遠，若內心當中，難以忘懷的情緒始終強烈，仍意味著與原生家庭之間，有著深刻的牽絆，並非真正的自由。

月亮與冥王星強硬相位

不論怎麼努力，母親或是伴侶總是以批評的角度，認為做得不夠好，而因此造成當事人很大的挫敗感。內心當中，也因此對自我充滿著否定，並且有著強烈的不安全感。往往需要透過緊緊抓住某個身邊的人，掌控他的一切，或是對於某項事物過度執著，來試圖找到內心的依靠。但生命就是如此，想要透過外在的事物來得到安全感，並無法長久，很容易就面臨到，這個人這件事這個物品，因為不可抵抗的因素，而脫離我們的掌控，使得內心感到更加焦慮不安。

月亮與冥王星柔和相位

透過每一次生活中的危機，能夠從中記取教訓，至少可以做到日後不要犯同樣狀況，或是當危機再次發生時，能夠及時的因應。能夠從伴侶或是朋友的身上，學習到如何增進更多的資源，讓自己的潛能發揮出來。

太陽
月亮
水星
金星
火星
木星
土星
天王星
海王星
上升與下降
天頂與天底
圖形相位

第三章　水星的相位

水星與金星相位

　　水星與一個人的思考方式、訊息收集與傳遞的能力有關，與金星產生相位時，所思所想的領域，可能與美的事物有關。學習的步調較爲緩慢，但是透過學習能夠增進自我的價值。

水星與金星的合相

　　水星與一個人的說話表達方式，有著強烈的關聯，因此很少會從水星與金星合相的人口中，聽到過於粗魯的詞彙，在溝通表達時總是十分溫和有禮貌。聲音悅耳動人，有的人會擁有一副好歌喉。說話稍微緩慢，不疾不徐的表達，往往說出來的意見都挺具有分量。認同學習的價值，認爲只要透過學習，亦可以增進每個人的實力，甚至能夠擁有實際的金錢回報。

　　對於各國語言的學習頗爲擅長，算不上快速上手，若願意花上一段時間慢慢學習，通常會有令人稱羨的表現。聊天的話題，時常與金融投資等議題有關，也時常思考如何增加財富存款，以及提升自我價值等議題。

　　與兄弟姊妹的相處和樂愉快，就算有些小吵小鬧，也不會眞正損及彼此的情誼。

水星與金星的對分相

　　伴侶之間因爲金錢使用方式的不同，時有爭吵。例如：有人覺得飲食很重要，願意花上較多的預算來購買食材。但有些人則認爲應該要把錢省下來，使用在每年的出國旅遊，多看看世界增廣見聞，才是值得花大錢的地方。這樣的議題，並沒有誰對誰錯，當出現此爭論時，需要從兩人對於事物的價值判斷，來好好分析討論，找到雙方都能接受的平衡點。

水星與金星的強硬相位

生命當中因為說話表達略為緩慢，錯失了表達意見的良機，造成不少的挫折；或因無法確切的描述想要表明的內容，而導致溝通上的誤會。在金錢使用方面，須留意因為交易的失誤，可能是誤解了價格，或是對於產品的狀況不甚了解，而購買到不適用的商品，導致金錢上的損失。

水星與金星的柔和相位

能夠靈活的運用手邊包括金錢、人脈、創意想法等等各種資源，創造出更多的財富。當可以看見他人的美好，懂得真心讚美他人的價值時，亦能為自己帶來更多的友誼與合作的機會。透過理性判斷後的交易，有機會賺到更多的財富。

水星與火星相位

火星的直接、勇氣，能夠透過水星向外界表達，而水星所象徵的靈活、變化，亦影響著火星所象徵的衝動、憤怒。

水星與火星的合相

常形容的「一根腸子通到底的人」，挺符合水星與火星合相的表現。想法很直接，而且腦中怎麼想，嘴巴就怎麼說，說話直接了當不會拐彎抹角，就算有時候言詞較為犀利尖銳，也是因為嘴上說的比腦中思考的還快之直接反應。

不論是自己或是身邊朋友的事情，見到不公平不公義的情況不會袖手旁觀，具有打抱不平、聲張正義的勇氣。換個角度來說，當生活當中出現需要捍衛的情況時，會以言語表達或是文字來當作武器。相信思想的力量，具有越聊越起勁的個性。

與兄弟姊妹之間的相處，充滿熱力與火花。當意見不合的時候，可以見到直接開罵爭吵的局面，但是當自己的兄弟姊妹被外人欺負時，絕對挺身而出，卯足全力保護自家的兄弟姊妹。

水星與火星的對分相

　　人際互動方面的衝突，帶有強烈的張力。容易因為言語表達的問題，與他人產生衝突。當遇到他人否定自己的想法時，會據理力爭，一定要把意見說個清楚明白，倘若意見無法被認同，對自己來說就是一種攸關生死的嚴重議題。如有商業交易的合作夥伴，須留意對方是否有背叛的情況出現，嚴重的話恐造成合作事業的生存危機。

水星與火星的強硬相位

　　當急切地想要表達自己的意見時，往往會詞不達意，甚至產生焦慮感，而越是緊張越是容易說錯話，造成一種惡性循環。與兄弟姊妹之間的互動，時常因為溝通問題，讓人產生極大的挫敗感與壓力。前述種種情形，需要多一點的經驗與有意識的練習，慢慢的調整，便能夠改善這樣的情況。

水星與火星的柔和相位

　　對於學習充滿著行動力，可能昨天才想著要去學習英文，今天已經找好了補習班，並且完成了報名。能夠接受他人直接了當的犀利言論，甚至在這樣的互動當中，能夠學習到如何勇敢的表達出自己的意見，而無需壓抑。當身邊的朋友感到沮喪或是情緒低落時，能夠用言語來鼓勵朋友，不論是用寫的文字還是說出的話語，都挺激勵人心。

水星與木星相位

　　水星守護雙子座，而木星守護著在黃道上位於雙子座正對面的射手座，這兩個行星在本質上有對立的層面，例如水星關切的是當下的事物，而木星在意的是未來的目標。兩者也有相當的共通性，例如強調了一個人關於思想與學習的特質。

水星與木星的合相

　　前面提到過，這兩個行星與學習有著強烈的關聯，當星盤當中水星與木星合相時，相信透過學習，能夠拓展個人的視野，爲我們帶來成長。一方面會閱讀知性類、能夠啓發人心的書籍，另一方面也能夠將腦中的知識與智慧落實在生活層面，不至於成爲過度的空談。

　　若與一位具有此相位的人交談，將會發覺他們涉略的領域很廣泛，上知天文下知地理，是否眞正精通不確定，但至少閒談一番，發表一下個人的看法，絕對沒有問題。而且往往有那種話夾子一打開，就停不下來的情況。

　　或許有在國外求學的經歷，喜歡學習異國的文化、語言，甚至在說話表達的時刻，時不時參雜幾句外文，也是時有所見。能夠將在國外接觸到的經驗，運用在生活當中。

水星與木星的對分相

　　時常糾結在到底是要處理好眼前的事物，還是要考慮到未來的長遠計畫。伴侶相處上，對於未來的方向或是人生的信念，有較明顯的衝突。例如交往已久的情侶，一方認爲應該要先存錢置產，對於未來才有保障。但是另一人則計劃著工作一段時間之後，要前往國外進修，增進自己的學歷與職場競爭實力。因爲兩人對於未來的計畫不同，而導致爭執發生。

水星與木星的強硬相位

　　若是計劃過於浮誇，很容易就被識破，或是因爲不夠嚴謹，而遭遇到現實的阻礙。念書學習時期，只要是心存僥倖，馬上就會被抓包。例如同學們未去上課沒有事情，自己難得翹課一次，老師那一天就會點名。又或是考試沒有穩紮穩打的準備，成績便會慘不忍睹。這些經歷都是提醒著，保持樂觀的心態之餘，亦不可忽略實力的培養。

水星與木星的柔和相位

若能夠想得更宏觀、計劃更廣闊，便可順利的貫徹自己的信念，並且獲得良好的發展機會。有機會結交到文化背景差異較大的朋友，不僅成爲將來的人脈，更拓展了自己的視野。偶爾有些說話比較誇張的傾向，卻幸運的不容易被他人察覺拆穿。

水星與土星相位

土星所象徵的嚴謹、有條理、重秩序規劃等特質，會影響水星代表的思考與表達。而水星的活潑多變化，亦會讓土星的保守與固執，增添多一點的彈性。

水星與土星的合相

從小的想法便超越同年齡的夥伴，不論是各種決定判斷或是言行舉止，都是算得上是一位成熟的人。喜歡運用像是：第一點如何如何，第二點這般這般的羅列式的表達方式。

不論是說話的速度，或是表達一件事情的反應期，都比較緩慢，平時話很少，是朋友眼中的句點王，原因在於很怕表達出了錯誤，許多想法會在腦中再三判斷反覆思索，直到得出一個務實可行的結論時，才會說出來。一旦做出承諾，便會努力執行到底。

有些人會呈現出學習的成果不甚理想，甚至在很年輕的時候，就放棄學習。事實上，學習的速度雖然比較緩慢，但若能夠不逼迫有此相位的人快速上手，給予他們一些時間，慢慢吸收，以實際的體驗代替死背書，長期下來會有非常專業的表現。喜歡有條理架構有邏輯的學習，最好能夠在學習告一段落之後，得到證書的認可。

有些人會有年長許多的兄弟姊妹，或是需要承擔起照顧兄弟姊妹的責任。親戚之間的互動並不熱絡，甚至可以用冷淡有距離來描述。

水星與土星的對分相

在尋找伴侶時，會從很務實的角度來判斷，希望能夠找到一位提供安全感的穩定伴侶。要留意的是，有些人個性務實，也就意味著不善營造熱絡氣氛，因此日後的伴侶互動，就算稍嫌平淡，也不能夠過度指責另一半。另一種情況，則是會選擇能言善道風趣幽默的對象，日後相處上，難免抱怨伴侶過度善變，而忽略了現實的重要性。

水星與土星的強硬相位

對於人與人之間的互動，非常的不在行，一般社交場合該講的場面話，只能夠勉強背上幾句，試圖熱絡一下氣氛，但往往詞不達意，讓全場瞬間冷掉。也因此對於該如何做表達，更具有挫敗感。如遇有此狀況，可以先觀察其他人的互動方式，慢慢的搜集情報，累積幾次的經驗之後，慢慢會懂得分寸的拿捏。

水星與土星的柔和相位

當個性過於嚴謹時，能夠適當的參考身邊朋友的行為舉止，靈活地做出調整。相對的，若因為太過活潑沒定性，而遭遇到挫折之後，也能夠記取教訓，日後避免再次發生同樣的狀況。與年紀稍長的朋友相處，能夠學習到許多有益的人生經驗。

水星與天王星相位

天王星重視的理性分析、宏觀視野，到底是讓水星的思維更加開闊，還是因為過於冷酷而造成阻礙，端看形成何種相位以及如何發揮運用而定。

水星與天王星的合相

與兄弟姊妹之間，保持著一段距離，如同朋友似的客客氣氣互動，卻缺少了一份親暱的熟悉感。例如平時就算是住在同一個城市，但是並不會聯繫，只有過

太陽
月亮
水星
金星
火星
木星
土星
天王星
海王星
上升與下降
天頂與天底
圖形相位

年過節才會打通電話問候平安。並非因為交惡才如此互動，就是認為如此不黏膩的距離，才是最舒服的互動方式。有機會透過與兄弟姊妹的相處，來改變自我的想法。

說話表達的速度可能比較快，有時說的比想的還快，但是每一次的表達都是出自於真心真意。基本上不會去欺騙其他人，也能夠冷眼旁觀看清楚真相，而避免受到他人的欺騙。認為明白的詮釋事物的真相，是對於生命的一種尊重。

有著獨特的見解，雖然有時候會被旁人認為想法奇特、甚至帶有一些叛逆，事實上是看待事物能夠保持著一種超然的態度，只要是相信的事情就會堅持信念到底，不肯妥協。待人處事客氣有禮，尊重每個人的想法，認為每個人都可以也都應該擁有思想上的自由與自主權。也是基於這個原因，不喜歡受到他人的干涉，因為這樣就是限制了個人的意見自由。

水星與天王星的對分相

與他人保持著比較疏遠的一段距離，例如求學時期，因為家裡住得比較遠，所以下課後就得趕回家，無法參與同學們的聚會，也連帶造成了感情不密切。亦有可能認為身邊的友人都過於膚淺，缺乏遠見，一起活動沒有意義，而寧可獨處做自己想做的事情。

水星與天王星的強硬相位

內心當中有些獨特的見解，但卻苦於無法確切的表達出來，又因為說不出講不明白，造成內心當中的壓力，成為一種惡性循環。過於前衛的觀念，需要花上比較多的時間，才能夠將這些想法在日常生活當中，實際的看見成果。要留意在網路上面的發言，因為表達上的誤會，而造成網友間的言語攻擊與友誼的傷痕。

水星與天王星的柔和相位

能夠全面性的看見事物的原貌，在解釋許多狀況時，能夠從理性的角度切入，不會過度流於主觀認定。表達出自己具有原創性的奇思妙想，有機會帶來成功並且受到大家的認可。在網路的時代，透過社群團體，能夠結交到許多朋友，並且為自己增加機會，也讓眼界與想法更加的廣闊。

水星與海王星相位

在思考與表達時，受到海王星的影響，不論是受到對方的欺騙，或是自己認知上的誤解，都容易導致錯誤判斷。而在言語表達方面，想要說的太多，如何有邏輯有條理的一一說明清楚，是需要多加學習的練習。

水星與海王星的合相

腦中的想像力非常活躍澎湃，時常天馬行空，彷彿自己的腦中有另外一個宇宙。也因為腦中的想法太多太具有想像力，在日常生活當中，要表達一件事物時，往往會詞不達意，或是描述了半天，但是大家依舊搞不懂。

直覺力很強，有時候會在夢境當中得到靈感與啟發，對於所謂宇宙給予的訊息，有著敏銳的接受度。心腸很軟，是一位極具愛心與慈悲心的人，但是要留意，自己的好意是否成為他人欺騙或是欺負的對象。如何做到理性的判斷，是需要多加學習與練習的。

有些人會帶著犧牲者的想法，在生活當中會認為自己是可以被犧牲的，或是認同扮演犧牲者這樣的角色。另外一種極端，則是過度擴張了自己想法的重要性，四處向人訴說自己所相信的事物。

水星與海王星的對分相

看似都不會與人吵架，頂多偶爾說話稍微大聲一點，仔細去觀察則會發現，具有這樣相位的人，在伴侶關係與人際互動當中，一方面會認為所遇到的對象，對什麼事情都蠻不在乎，或是活在自己幻想的世界當中，忽略了現實的生活層面，總之吵了也沒有用，不如趕快自己做出決定比較實際。另一方面則會缺乏自己的意見，而以身邊人的想法為意見。

水星與海王星的強硬相位

言語表達方面的不聚焦，情況或許更加嚴重，講起話來上天下地繞來繞去，講到旁人頭都暈了，就是沒有提到真正的重點，因此耽誤了事情該有的規劃進

度，進而導致許多挫折與壓力。要懂得從失敗當中記取教訓，並且多加練習，終有機會克服這樣的困擾。

水星與海王星的柔和相位

在寫作或是創作方面特別有靈感，也有一些良好的契機，能夠將自己的藝術才華展現出來。運用同理心，能夠獲得更多的友誼，並且為自己帶來更大的成長。閱讀的種類包羅萬象，並不會拘泥於某種單純的類型，對於心靈成長或是藝術相關類型，特別有興趣。

水星與冥王星相位

看待生命當中的種種事物，都用心且深刻，不會只憑單純的表象，就去評斷一件事或是評價一個人。懂得運用言語與思想的力量，來達到想要完成的目的，因此也會將自己真正的想法藏得很深，不輕易表態，以免落人話柄，日後被他人所要脅控制。

水星與冥王星的合相

深刻明白言語的力量，一方面來自於自己過去的經驗，例如曾經被他人以言語深深深的傷害過，而在日後成為言語暴力的加害者；另一方面透過閱讀或是訊息的搜集，能夠明白如何運用知識來展現控制力。

對於偵探文學、或是犯罪小說充滿興趣，劇情越是蜿蜒曲折高潮迭起，需要層層抽絲剝繭才能夠挖掘到真相的題材，越能夠增添閱讀的樂趣。也能夠透過刻畫人心的文學作品，學習到生命的智慧。

認為話語一旦說出口，就脫離了自己能夠掌控的範圍，因此說話非常小心謹慎，言詞很精簡、或是說出來的詞彙，可以做許多不同層次的解讀。另一方面，具有強大洞悉他人真正意涵的力量。例如表面說的是一件事情，但是在背後有其他目的盤算，或是故意要隱瞞一些事情沒有說出來，遇到此種情況，能夠一針見血的看見背後的真相。

水星與冥王星的對分相

伴侶關係、合作夥伴關係，帶有強烈的張力與緊張氣氛。多半會遇到一位掌控性很強的伴侶，對於我們的一舉一動一言一行都要表達意見，生活當中諸多事項都要聽從他的安排。偏偏我們自己也需要掌控自己的人生，才會有安全感，無法接受將自己毫無隱藏的交出去，事事聽從對方的安排。因為這樣的矛盾，導致對立與衝突。

水星與冥王星的強硬相位

年輕的時候不懂得如何隱藏自己的意見，也不知道該如何擺脫他人的思想控制，因此造成了許多的失敗與考驗。隨著生命經驗的累積，若能夠具有真正的實力，了解到運用知識與言語的方法，有機會能夠在某些專業的領域成為權威，不需要再去仰望他人的意見，自己成為那位發言擲地有聲的角色。

水星與冥王星的柔和相位

生命當中經歷過幾次思想上的顛覆，每一次都有如脫胎換骨般，重新塑造自己的視野，若好好地探索自己內心當中更深刻的想法，發揮扎實的能力，不僅是思想上能夠蛻變，將會發覺在生活當中一點一點微小事物的轉變，都是為自己帶來更大成長的契機。

第四章　金星的相位

金星與火星相位

　　當這象徵美麗與價值的金星，與代表行動力、勇氣活力的火星產生相位時，意味著這兩顆行星產生了對話。我們會認可勇敢、直接的價值，也會認為帶有健康體態的人們，才是美麗的。同樣的，金星象徵的柔和，也會調適伴隨火星而來的魯莽與火爆氣氛。

金星與火星合相

　　這是一組挺有魅力的組合，兩顆與情慾性慾最有關連的行星產生交集，使得當事人帶有一股特別的感性魅力。而自己也能夠認同親密關係的價值與意義。欣賞能夠兼具陽性與陰性特質的對象，例如喜愛運動身材健美的女性，或是熱衷廚藝喜歡料理三餐的男性。

　　對於金錢的追求，充滿著行動力，生命當中有可能經歷到金錢財富方面的危機，需要展現勇氣去爭取、捍衛自己心愛的事物。在面對危機的時刻，不會只憑藉蠻力，能夠懂得運用以柔克強的道理，甚至做出一些妥協與交換，來取得共識。

　　需要擁有戀愛關係，或是說愛的感覺，才有生命的活力。當身處於一段戀愛關係當中時，就覺得自己精氣十足，可以力拚天下，一旦失戀了，或是沒有愛戀的對象時，就如同一棵缺乏雨水即將乾枯的樹木，整天懶洋洋提不起勁，不論要做什麼事情都缺乏行動力。此時若能夠找到屬於自己的興趣嗜好，將有助於振奮自我。

　　喜歡一個人的時候，不會只是站在遠方默默付出關懷，會勇敢直接又大方的去追求。但是有時候愛的感覺來得急，去得也快。當不愛的時候，也不會繼續拖下去耽誤彼此的時間。因此會造成一種花心的假象。要說是假像嗎？戀愛對象更換迅速確實是事實，只不過會依隨著內心的感受，不勉強不苦撐。

金星與火星對分相

在一段關係當中,會發覺與伴侶之間不論是工作事業的成就、每個月的薪資收入,或是種種人生表現,總之充滿著競爭性。但是換個角度來想,也因為這樣的競爭性,使得自己付出更多努力,收穫自然也更加豐富精彩。另外若是脾氣溫和的人,會覺得怎麼遇到的對象,都是個性火爆衝動。此時不要忘記,在交往之初,是否就是被對方的活力四射所吸引。而個性直接衝動的人,在抱怨伴侶過於溫吞時,同樣可以思考看看,當初是不是特意選了個脾氣比較溫和的人。

金星與火星強硬相位

認同直接衝動的處事態度,個性或許較為急躁,卻也因此帶來種種的困難與阻礙。例如在公司當中論資歷講績效都是佼佼者,偏偏因為個性衝動,時常與老闆直接槓上,導致在公司的升遷受到阻礙;又或是在遇到心動的對象時,不分時間場合,以及對方的狀況,就直接告白,而屢屢踢到鐵板。

金星與火星柔和相位

對於金錢的追求,既不會固守僵局不知變通,也不會過於衝動無計劃,只是一頭熱的追求,能夠視情況做靈活的調配。對於自己認為有價值的事物,能夠展現捍衛的勇氣時,將可帶來更多的成長與機會。

金星與木星相位

這兩顆行星都與物質的豐盛及享受有關,因此當他們產生相位時,主題往往與資源的擴張有強烈關聯,可能是對於資源的渴求,與大筆的資金有關,亦可能是金錢開銷缺乏節制,而有著失控的傾向。

金星與木星合相

認同金錢的價值,相信只要擁有財富,便能夠讓人生開心無憂,令人羨慕的

太
陽

月
亮

水
星

金
星

火
星

木
星

土
星

天
王
星

海
王
星

上
升
與
下
降

天
頂
與
天
底

圖
形
相
位

是，經濟條件確實擁有一定的富裕程度。生活的步調慵懶緩慢，對於享受這件事情很在意也很在行。可能發展成爲過度消費，甚至有財務透支的情況出現，若運用得宜，也能夠從小小的事物當中，體會到大大的喜悅。

對於金錢的累積，抱持著樂觀略帶投機的態度，容易只看到好的收穫，而忽略了其中的風險與危機。因此對於金錢的觀念與態度，需要調整爲懂得如何視情況做調整，該大膽投資的時候放手一博，但是該謹愼克制的時候，也別心存僥倖，如此更能擁有財務上的好運。

金星與木星對分相

與伴侶有著明顯的價值與信念的衝突，例如認爲一個人努力工作慢慢累積財富，是人生最重要的事情，另一人則覺得錢夠用就好，吃喝簡單無需煩惱太多。因爲兩人的價值觀差異過大，在生活當中導致許多的爭執。若能夠去理解對方爲何會有如此的價值觀與人生信念，不見得要馬上認同對方的觀點，但是有機會可慢慢調整到雙方都能接受的程度。

金星與木星強硬相位

當日子過得太舒適太悠閒的時候，會忍不住思考，這是我要過的人生嗎？在如此的生活當中，我存在的價值是什麼呢？也因此造成內心當中不小的壓力。想要追求自己喜愛的人喜歡的事物時，需要付出更多的努力，才能夠看見成果。這樣的過程當中，也給予我們一個機會，想清楚所鎖定的目標，眞的是自己所渴望的嗎？若是肯定的答案，就奮力前進，若有遲疑隨時都可以修正調整。

金星與木星柔和相位

人生的信念就是凡事都有機會，希望永遠存在。就算遇到一些困難挑戰，也能夠順利的度過。若能夠保持著樂觀的態度，又不至於過度放縱，不論是在感情上、金錢方面都能夠平順的發展。就算與伴侶的價值觀不一致，也能夠調整彼此的見解，讓視野與想法都更加開闊。對於國外的事物有份特殊的喜愛，欣賞的音樂、電影類型，多元化不會自我設限。

金星與土星相位

　　使用金錢的習慣，較為節省。無論銀行帳戶裡面實際的存款金額是多少，都認為金錢的獲取並不容易，不能夠鋪張浪費，總之只要提到金錢的議題，總是充滿擔憂。若願意更加深入的面對自己的內心，往往會發現對於自己的價值，也存在的否定與不自信。

金星與土星合相

　　年輕的時候，在感情上因為遭遇挫折，而留下了不愉快的經驗，從此便認為努力工作比談一場戀愛更為重要且實在，畢竟人心無法掌握，但是只要對於工作付出努力，總是會有實際的回報，希望能夠透過工作事業，來累積自己的財富。

　　不懂得該如何與女性相處，互動上帶有一種拙劣的幽默，讓人忍不住想要保持距離無法親近。偶爾會有一些菁英主義或是沙文主義心態出現，總覺得自己高人一等。透過否定他人來突顯自我的優秀，需要好好的捫心自問，在內心的深處，對於自己的價值是否依舊帶有匱乏感與自我否定，所以才會不時的去否定他人，只要你變得很差很糟糕，相對的我就是比較好的那個人。要知道，真正有自信的人，無需貶抑他人，也不會覺得矮人一截，讚美他人也無損自己的價值。這樣的觀念，需要花一些時間去體會與學習。

金星與土星對分相

　　伴侶的年紀差距很大，當自己年輕的時候，較有機會遇到年長許多的對象，而若是有點年紀仍在尋找伴侶，則容易遇見讓自己心動的年輕人。也因為如此，總覺得伴侶的價值觀過於傳統保守，而導致兩人之間的衝突。另外一種情況，就是在合夥關係當中，彼此對待資金運用的方式，有很大的差別。一方認為應該添購較好的原料，這樣成品才會具有優異的品質；另一方則認為能省則省，在各個方面降低成本才能夠擁有更好的獲利而導致合作關係生變。

太陽　月亮　水星　金星　火星　木星　土星　天王星　海王星　上升與下降　天頂與天底　圖形相位

251

太陽
月亮
水星
金星
火星
木星
土星
天王星
海王星
上升與下降
天頂與天底
圖形相位

金星與土星強硬相位

需要花上較多的時間，才能夠追求到心儀的對象。在戀愛關係當中，充滿挑戰與挫折，在內心深處時常吶喊，為什麼我的感情運會如此的悲慘。礙於實際的外在條件，必須犧牲自己的嗜好與夢想。

金星與土星柔和相位

感情態度務實，例如以結婚為前提來談戀愛，另一方面情感觀念也較為傳統保守，有時候透過長輩介紹，或是傳統的相親方式，都有機會遇見合適的對象。認為生命當中的挫折與不如意只是一種有意義有價值的考驗，只要記取教訓累積經驗，日後將會更有收穫與扎實的成就。

金星與天王星相位

天王星所代表的突破改變，影響了金星象徵的價值。有此相位的人，容易喜歡上特別的人事物，但是在一段關係當中，需要比較多的個人空間，越是去限制他，便會跑得越遠。對於未來抱持著肯定的樂觀態度。

金星與天王星合相

認為需要不斷的突破，才能夠增進自己存在的價值。就算攀上人生的巔峰，只做到守成是不夠的，要趕快尋求下一個目標，然後繼續前進。

品味很獨特，穿著打扮有個人的風格特色，旁人想要模仿也很難抓到精髓。對於美麗的定義與眾不同，通常會更加喜愛具有科技感、未來感的事物。

從小的親子互動，便很需要自己的自主空間，例如很小的時候，就會堅持選擇自己要穿的衣服，不肯妥協。成長後的感情關係，會尊重對方信任對方，同樣的也需要得到伴侶的信任，給予一定的私人空間。喜歡上有此相位的人，當他說需要獨處一下的時候，並不是他不愛你了，而是確實在自己的天地當中，是當事人很舒服能夠放鬆的時刻。

金星與天王星對分相

在人際互動方面，因爲自己與眾不同的價值觀，容易與他人產生對立。例如自己認爲生活安穩擁有舒舒服服的居家空間，是最美好的一件事。偏偏遇到的對象，都屬於喜愛探索人生，看淡物質慾望，在意的是知性上的提升。因此一筆費用到底該花費在什麼事物上，就會成爲雙方爭吵的導火線。需要去了解每個人本來就擁有不同的價值觀，若一味要求對方認同自己，不就是與自己得無條件認同對方一般，並不是眞正的公平。打開心房的去理解，將會是緩解對立衝突的第一步。

金星與天王星強硬相位

會快速地墜入情網，在刹那間對某個人一見鍾情，但愛的火花也會迅速的熄滅，這般個性造成感情經營時的阻礙與壓力。可能喜歡上一個出乎眾人意料的對象，受到大家的反對，缺乏親友的支持，需要堅持下去，讓旁人明白這段感情的意義與價值。

金星與天王星柔和相位

因爲與眾不同的藝術品味，能夠結交到許多來自四面八方不同領域的朋友，也替自己創造許多展現自我的機會。認爲一件事物需要具有未來的展望，而且不是只求自己獲益，能夠讓眾人的未來都更加美好，才是有價值的事情。

金星與海王星相位

海王星所象徵的消融與界限模糊不清，影響到金星所象徵的情感與價值，使得一個人對於愛情帶有過度的想像，容易忽略實際的狀況。金錢的使用習慣，也可能不夠理性、缺乏規劃。更重要的是，看不見自己的價值，而不停地試圖從外在的事物上去尋求肯定。

太陽

月亮

水星

金星

火星

木星

土星

天王星

海王星

上升與下降

天頂與天底

圖形相位

金星與海王星合相

　　非常強調陰性的力量與柔性的美麗。給人的印象溫文儒雅，行事作風略帶緩慢，偶爾有些迷糊的個性，非常的迷人，很具有個人的魅力。

　　對於口袋裡有多少錢，似乎永遠都搞不清楚。重視生活當中的金錢享受，希望生活的步調是慵懶舒適，花起錢來毫不手軟，甚至有些過度開銷，造成財務透支的情況出現。透過藝術的領域、宗教類事物，以及替眾人謀取福利的工作，能夠肯定自己的價值，並且獲得實際的回饋。

　　感情的領域中，往往會帶著過於美好的想法，渴望能夠擁有非常純粹的愛情，也因此需要留意感情方面的識人不清。一種是遇到刻意欺騙的人，就算發現對方的圖謀，因為心腸太軟而不忍心揭穿真相。另外則要提醒有此相位的人，切勿只戴上粉紅色的眼鏡，來看待身邊的伴侶，每個人都有許多面向，但若是只看自己想要看見的，也會形成一種自欺欺人，在日後真的遇到挫折時，受傷的還是自己。

金星與海王星對分相

　　不論是自己還是合作的夥伴，個性都略帶迷糊，導致合作的項目，只有個雛形目標，但缺乏長遠的執行方案，最後想了半天夢了半天，還是如同空中的樓閣，連開工都沒有。伴侶之間容易因為金錢財物的運用，產生爭執。雙方都認為對方才是那個浪費的人。要知道，只有把金錢耗費在不需要不值得的地方，才會被稱之為浪費，要不然就算是投資。因此，核心的問題在於，雙方對於事物的價值認定，需要好好的理性溝通。

金星與海王星強硬相位

　　面對問題與挑戰，若是抱持著駝鳥心態置之不理，將會造成更加嚴峻的局面。若有金錢上過度消費的情況，須特別留意因此而衍生的現實問題，例如：信用卡使用透支，變成了銀行與官方紀錄上的瑕疵，影響了個人的信用，可是會造成未來在求職與銀行交易往來上的現實阻礙。

金星與海王星柔和相位

發揮自己的藝術特質、音樂天分與鑑賞能力，能夠創造出更多成功的機會。有許多朋友來自於藝術界、影視圈或是心靈宗教領域，透過與這些朋友的相處，讓自己看見更不一樣的天地，心也會更加的柔軟具有同理心。喜歡具有柔和氣質的對象，給予對方一些自己的空間，能夠讓感情更加順利，並且獲得更多的祝福。

金星與冥王星相位

金星代表的金錢與情感，受到冥王星的影響，不論表面上如何的平順，檯面下都是暗潮洶湧、危機四伏。當經歷過這些生命當中的難關，在看待許多事物的價值，以及生命的意義時，都會有很不一樣的蛻變。

金星與冥王星合相

生命當中經歷的金錢危機，每次都有脫了一層皮般的強烈感受，有機會獲得巨額的財富，但又因為某些事件而失去。這些危機也帶來了當事人對於自我價值的危機與否定。透過這些危機需要打從心底去重新認識金錢的意義。了解到金錢不是生命當中的唯一，如何看到財富的真正價值，值得好好深思。

感情方面的精彩，也不遑多讓。不論是遭遇到伴侶的背叛，或是自己有些事情瞞著另一半，在各種危及親密關係的狀況當中，都伴隨著關於信任的主題。如何才能夠毫無芥蒂的敞開內心讓另一個人看見，讓伴侶走進自己的心房，也是具有這組相位的人會遇到的挑戰。

金星與冥王星對分相

總是遇到控制欲極度強烈的伴侶，大至人生的未來要如何規劃，小到每天的買菜預算是多少，都要緊握著決定權。同樣的，星盤當中具有此相位的人，也會認為掌控著生命中所可以掌握的事物，才能夠彰顯自己的重要性。所以兩人隨時都可以爆發對立與衝突。例如：要去看場電影，是選擇誰想看的影片？出國度假

太陽

月亮

水星

金星

火星

木星

土星

天王星

海王星

上升與下降

天頂與天底

圖形相位

要到哪個國家才好，都可以引發激烈的爭吵。

金星與冥王星強硬相位

對於金錢帶有強烈的恐懼，缺乏金錢時會有顯著的不安全感，害怕一旦有什麼突發的狀況，沒有可以周轉的資金。但是當擁有較多的金錢時，內心並不會比較有安全感，依然會充滿著恐懼，擔心財富突然消失怎麼辦，擔心身邊的人是不是都在窺視自己的錢財，隨時都處在不安當中。

金星與冥王星柔和相位

經歷金錢財富的危機之後，能夠得到成長，讓自己的視野更加開闊，瞭解如何將金錢運用在真正有意義的事物上。懂得控制並且適度展現自己的慾望，不會本末倒置成為被慾望所掌控的人。不管自己的身分地位如何，有機會結交到具有權勢與財富的朋友。

第五章　火星的相位

火星與木星相位

火星所象徵的行動力與勇氣，與代表擴張、膨脹的木星產生相位時，會放大行動力、放大活力。而面對刺激冒險的事物，需要挑戰未知的領域時，能夠激發出當事人的生命活力與熱情。

火星與木星合相

看起來是個脾氣挺大的人，遇到狀況時反應通常很激烈，容易發脾氣，罵人的時候大聲責罵，偶爾還會有動手的情況出現。有此相位的人對生命充滿著活力，不容易被命運所擊倒。而自己有此相位時，不是拿來當作脾氣不好的藉口，需要了解可以用熱情、樂觀的生命態度，讓自己的活力展現在幫助身邊需要幫助的人身上，而不需要成為一位只會大聲批評責罵的人。

面對未知的人事物，抱持著探索的熱情，知道哪裡有新開的餐廳，就趕快訂了時間要去品嚐。公司來了新的同事，會主動打聲招呼來問候。有機會讓具有此相位的人，去負責新的企劃、去準備一場新的活動，都能夠激發他們的活力。

對於賺錢、擁有財富以及享受，都充滿行動力，會主動開發新的商機創造更多的工作機會。在能夠花錢享受的事物上，也絕對不手軟，讓自己處在愉悅的環境狀態下，更能夠增添生命的鬥志與熱情。

火星與木星對分相

會發現在人際關係當中，時常處於當一方的包容力強，另一方則會呈現防備心較重，大方向與實際的執行層面，可以由兩人來分擔。當然，因此會導致些許的矛盾出現。自己的長遠目標與當下的行為，也會產生衝突，例如：心中計劃著在五年後要擁有一間自己的小店面，販售著手工烘焙的麵包，但是在當下，完全不會烘焙料理，也沒有開始著手去學習。這樣的矛盾，會阻礙了自己夢想的施

行。另外一種可能，則是希望未來能夠擁有自己的店面，但是實際的工作非常忙碌，根本沒有時間去學習烘焙，該好好呵護著當下握在手中的工作，還是大膽去追求夢想，讓人陷入兩難。

火星與木星強硬相位

因為火爆的個性，造成了許多人生的挫敗。例如：聽聞一項消息，就不分青紅皂白也沒有加以確認，就先衝去將某人罵了一頓，最後發現真相並非如此，再道歉也無濟於事。遇見不公義的事情，想要展現勇氣，卻帶著些許猶豫，一方面對於勇敢伸出援手感到有壓力，另一方面則會對自己為何不敢聲張正義感到生氣。

火星與木星柔和相位

能夠將自己心中的信念，以實際的行動，在生活當中展現出來，例如：覺得世界上不應當有過度的貧富差距，經濟條件較佳的人，應該要負起更多的社會責任。這是心中的信念，那麼不會只是想想就算了，能夠真正的投入社會運動，或是成為義工團隊的一員，以實際的行動，提供一份力量。

火星與土星相位

這兩個行星的本質，確實有點矛盾，火星象徵著行動力與熱情，土星則在意狀態的穩定，與保守的態度。兩個行星所形成的相位，對於特質的融合與否，有不小的影響，但是更重要的在於每一個人要如何去運用與展現行星的能量。

火星與土星合相

心中的男性形象是踏實可靠，並且能夠承擔責任。會期許自己成為這樣的人物，在尋覓伴侶時，則會尋找符合這類特質的對象。對於成為權威人士，充滿著追求與行動力，能夠有計劃的列出執行的方案，並且按照計畫一一實行。

火星與土星對分相

時常覺得自己站在天平的兩端，一端是展現自己的行動力，勇敢往前衝，另一端是停留在安穩的地方，讓自己更加有保障，兩者都想要顧及到，卻因此而裹足不前。要處理對分相的問題，不是只能夠選擇其中一端來表現，反倒是需要找到看似兩個極端的平衡點。以這一組相位為例，如何在考量到現實的情況下，盡力去發揮，或是對於可以提供安定穩固的事物，多一些行動力，都是能兼顧彼此的考量。

火星與土星強硬相位

容易因為火爆的個性，求學時期頂撞師長，而影響學業成績，出社會之後也因為這樣的個性，得罪了上司老闆等權威，造成升遷上的阻礙。若能夠記取受挫的經驗，真正做到急事緩辦、收斂脾氣，將會對於自己的展現，有很大的助益。

火星與土星柔和相位

透過與朋友間的相處，學習到如何有條理地施展自己的規劃行動。適當的承擔起責任，會更加增添陽性的魅力。隨著年紀漸長，漸漸能夠明白如何將自己的人生經歷傳承給新進人員與後手，並且透過教學相長，不僅無損於自己的地位，反倒能夠更加受到肯定與尊敬。

火星與天王星相位

火星所象徵的急躁與衝動，與快速、突然的天王星產生交集，不免帶來突發狀況、意外的傷害等意涵。但是也能夠在科技領域及未來的規劃上，添加更多的幹勁與活力。

火星與天王星合相

時常有著出人意表的行動，例如：才聊到已經工作五年，想要辭掉穩定的工

作去國外流浪體驗人生，隔兩週就發現已經在辦離職手續了，或是很喜歡給人驚喜，但是要知道，投其所好的可以稱之爲驚喜，但若拿捏不當就會成爲驚嚇了。

個人的脾氣有兩種極端，大部分的時間，是位講道理，凡事重視邏輯溝通的人，但是會在某些點上，突然爆發很大的憤怒，因此刪朋友、不聯絡的情況也是時有所聞，這部分可以觀察這兩個行星所落入的星座，做更近一步的判斷。

認爲一個人需要具備對於未來的理想與規劃，並且具有改革的勇氣，才充滿活躍生命的魅力。對於自己所設定的目標，有著堅持到底孤注一擲的行動力，一股腦的朝向目標前進，除非在邏輯上被說服，否則很難改變自己所堅持的想法。

火星與天王星對分相

雖然自己表現得總是特立獨行，卻又很容易看身邊的人不順眼，認爲對方只有理想，但是缺乏現實中執行的能力。另外一種情況就是認爲自己才是有理想、有規劃的人，身邊的人都過於魯莽衝動，缺乏願景。

火星與天王星強硬相位

對於現況的不滿意，極力想要做些改變，卻總是會遇到各種阻礙，礙於種種現實的考量，很難眞正的做出改變。需要用更加成熟的態度，來衡量突破的定義與方式，不是一味的衝出去，就叫做勇氣的展現。

火星與天王星柔和相位

當對於現況不滿意，想要尋求突破時，能夠運用原創性的方式做出改變，而此項舉動，身邊的人接受度頗高，並不會覺得有什麼突兀。能夠激勵人心，去實踐每個人自我的理想。生氣時不見得會直接爭吵，冷戰是最常運用的選項，偶爾會出現一不開心就會刪朋友的情況。

火星與海王星相位

海王星象徵的消融與迷失，影響著火星代表的生命力與活力。而火星要捍衛的事件，也與海王星的理想慈悲，緊緊相繫。

火星與海王星合相

受到此組相位的影響，確實在現實生活當中，成為抵抗力不佳、體力較為虛弱的人。需要特別關注如何增強體力與抵抗力。對生活當中許多事物，都抱持著隨緣的態度，個性溫和包容力強，能夠運用同理心去理解身邊的人，但是也因為如此，時常會展現出：你喜歡就讓給你，你想要就先拿去，覺得沒有什麼人事物需要特別去爭取。

另外一種情況，則會出現不生氣則已，一旦動怒時，天崩地裂戰火蔓延，整個怒火會排山倒海一發不可收拾。並且會遷怒到身旁不相干的人，不分青紅皂白的都遭到攻擊。

處理事務非常的不積極，用懶惰來形容並不恰當，應該稱之為散漫會更貼切。例如：求學時期有份報告需要完成，從截止前三個月就開始準備，但是卻毫無章法的東看看資料，西看看訊息，彙整在一起時沒留意到前後段落根本不相關也無邏輯，重點是根本忘記了截止的期間，而沒有按時完成。

火星與海王星對分相

需要留意切勿因為伴侶的暴力傾向，而成為受害者，但是也不應當以各種形式的暴力，包括肢體行為、言語暴力、冷暴力等來加害伴侶。合作夥伴之間，對於未來的夢想及行動的方向不一致，導致再合作關係上的緊張與衝突。

火星與海王星強硬相位

若不懂得運用同理心，去理解他人的背景及行動的原由，遇到困難時只是一味的發洩自己的憤怒，很容易就導致僵局。若能夠發揮海王星所代表的感同身受的能力，將心比心去了解對方為什麼會有如此的反應，則更容易找到緩解僵局的方法。

火星與海王星柔和相位

透過規律的運動習慣，能夠有效的增進身體的活力與抵抗力。能夠樂觀地追

太陽
月亮
水星
金星
火星
木星
土星
天王星
海王星
上升與下降
天頂與天底
圖形相位

求自己的夢想，同樣的，在築夢的過程當中，能夠視情況隨時修正調整腳步，不會過於僵固不知變通，並且看見成長的契機在哪裡。透過與朋友之間的互動、能讓自己勇敢的把夢做得更大，並且踏實築夢。

火星與冥王星相位

　　火星與冥王星都與生存有關，因此當兩者產生相位時，危機與生存的主題特別容易被突顯。生命當中或許會遭遇到驚險的事件，不論是財產上的巨變、關係的崩解或是真正生命的危害，都是要讓我們看見，自己擁有強大的生存動力，可以好好的發揮。

火星與冥王星合相

　　認為能夠實踐對於生命的掌控力，才具有男子氣概，若尋找男性伴侶時，特別容易被那種控制欲強，帶點霸氣的人所吸引。而自己身為男性的話，則會希望在生活當中，隨時隨地各個層面都能夠完全作主。

　　要知道面對冥王星的考驗，越是基於恐懼擔憂而展現的掌控性，越容易遇到挑戰，來測試自己能否放手。當下生命中最不可或缺的人事物是什麼，以及如何展現火星式的勇氣，值得我們深思與學習。

火星與冥王星對分相

　　容易處在該直接了當做出決定，還是應該多深思熟慮謹慎規劃，這樣的糾結當中。當自己站在火星這一端時，認同直接反應的勇氣，總覺得遇到的人都太過權謀；而站在冥王星這一段的時候，則會覺得夥伴太過急躁，規劃得不夠低調嚴謹。不論是站在哪一端，除非找到一個中間的平衡點，要不然都會與另一方產生拉扯與衝突。

火星與冥王星強硬相位

　　生命當中或許會觸及到一些難以言述的禁忌事件，也因為這類的經歷，造成了內心當中的不舒服，嚴重的話恐導致身體或精神方面的狀況。尋求專業醫生的

治療，參與相關同儕團體，從更加客觀及宏觀的角度來看待這些經歷，可以找到舒緩焦慮不安的方法。

火星與冥王星柔和相位

懂得將自己的憤怒，轉化成生存下去的勇氣，將爲自己創造更多的機會。能夠抱持著樂觀的態度，來看待生命當中的危機，認爲人生不是得到就是學到，只要能夠記取教訓，只要還有一口氣在，天無絕人之路，未來總是會有希望的。

第六章　木星的相位

木星與土星相位

　　木星與土星，都是屬於社會行星的範疇，對於個人星盤的影響，主要可以從兩個層面來討論，一個是行星本質上的影響，另外便是社會上的制度規範、政治經濟的事件，怎麼影響到我們個人的層面。

木星與土星合相

　　說實話，這兩個行星在本質上確實有相當大的差異，木星象徵歡樂與擴張，土星代表否定與緊縮。在個人星盤當中，這兩個行星形成相位時，前述兩種特質若融合得好，可以如虎添翼，但若無法妥善運用，則會造成種種限制與阻礙。

　　樂觀面對自己夢想之餘，需要做好謹慎的規劃，按部就班的邁向目標。認為世界上的種種事物，都有其各自的界線，需要懂得尊重他人不要太越界，才能獲得他人的敬重。

　　人生的信念是務實勤勉，相信失敗為成功之母，總是經歷 99 次的跌倒，只要在最後一次獲得成功，就是成功的人生。確實在面對困難與壓力時，能夠秉持著樂觀的態度，知道自己的長期目標在哪裡，持續有毅力的朝著目標前進，並且告訴自己，走得慢沒關係，能抵達終點才最重要。

木星與土星對分相

　　人生時常對面兩個分岔路口，一條道路叫做積極進取，一條道路稱為安定踏實，該如何做出選擇，讓人猶豫再三，而不知所措。在伴侶關係方面，容易遇到過度投機的伴侶，缺乏自己的務實個性；抑或是伴侶太過嚴肅，覺得自己像是一隻被關入鳥籠的快樂小鳥。若是能夠客觀的從對方身上，看見自己缺乏的優點，適當地加以運用，在講求實際的前提下，也營造出輕鬆的氣氛，或是在面對未來的計劃，能夠看見現實的條件。若能夠為對於木星與土星的特質，都擷取一些來

運用，便有機會與伴侶肩並肩一起前進，而不是站在不同的對立面。

木星與土星強硬相位

當人生的態度過於取巧投機時，就會因為不夠嚴謹而遭遇現實的考驗。若一味的好高騖遠缺乏具體的行動架構時，亦會在執行的過程中，發現根本難以付諸實行，不僅會造成金錢財務上的損失，對於自己的信念與夢想，也會遭遇到強烈的否定打擊。

木星與土星柔和相位

相信需要一步一腳印才能夠創造新天地，也就是說，能夠帶著樂觀進取的心，運用務實的方法，來完成自己的長期夢想。就算過程當中遭遇到種種阻礙，也會把這些困難當成是滋養生命的養分，吸取挫折的經驗，慢慢的建立自己的王國與成就。

木星與天王星相位

木星與天王星都與未來的規劃，長遠的目標有關聯，也都很強調對於自由與空間的渴求。當這兩個行星產生相位時，如何拉高自己的視野，但是又能夠落實在生活層面，需要我們多做學習。

木星與天王星合相

人生的信念就是要不斷的改革，包括外界的種種環境，也包括自己的思想，甚至是信念。在生活當中可能成為一位一年會換八個工作的人，認為朝令有錯，夕改可以。雖然在現實的世界中，發生的事件不盡相同，若能夠探究事件背後的意涵，多半都帶著在原有的環境當中遇到了瓶頸，已經無法再突破，所以需要追求另一個天地。

在落實革新的過程當中，往往也伴隨著比較好的機會與發展，值得注意的是，木星並非只有擴張、幸運、不知節制，相反的，木星真正完整的特質，是懂得調節，該放的時候大膽嘗試，該收的時候靈活以對，這是所有木星所產生的相

位，值得關注的一項特質。

木星與天王星對分相

要以熱情的態度來面對人生，還是帶著冷靜的特質，做理性的判斷，時常讓有此相位的人糾結不已。伴侶互動有兩種極端的可能性，當自認是一位快樂開朗的人時，往往遇到非常理性，凡事講求抽離觀察，帶有幾分固執的伴侶。若自己是視野宏觀，能夠看清楚事件的全貌並且擁有自己的人生理念的個性，往往就會遇到盲目天真，帶點投機個性的對象。若能夠記住，任何的人我互動，都是透過旁人看見自己的機會，若能夠看見自己也具有對方的那些個性，基本上就能夠緩解不少的衝突。

木星與天王星強硬相位

對於自己的中心思想，會不斷的顛覆更新，也因此帶來了些許的壓力與阻礙。例如認為自己的思慮不夠完善，就整個否定原本的計畫，要重新擬定規劃，如此一來之前所投入的心力、時間與金錢，全部都成為泡影。當無法展現出自己的獨特性時，會自我懷疑否定，嚴重的話也可能造成健康方面的狀況。

這時候可以提醒自己，既然我們能夠接受每個人都是獨特的，那麼「沒有展現獨特性」，事實上也是一種個人特色，也應該被理解和接受。

木星與天王星柔和相位

與人保持著一段距離，或是從小行事作風就比較獨特，但是能夠被大家所接受。能夠樂觀的看待事物與關係的改變，將可以替我們帶來更多的成長，視野也隨之更加開闊。

木星與海王星相位

對於信仰、信念等木星的主題，會受到海王星的影響，而有不知道節制、沉迷的可能性。而海王星所象徵的慈悲、犧牲等議題，亦會因為木星的擴張而更加強調。

木星與海王星合相

　　若缺乏覺察的話，蠻容易成為一位不停宣揚自己信念的人。這裡的信念，包括但不僅僅限於宗教信仰，只要是自己所相信的理念與事物，往往逢人就訴說這樣的道理，近乎一種對於信念的上癮。

　　而木星所觸及到的事物，都帶有幾分被擴張的意味，海王星又是一種很純粹的美好，因此有這組相位的人，有種對於烏托邦的追求，相信透過藝術的領域、精神與心靈的探索，都能夠創造屬於自己的美麗烏托邦。

　　過度的樂觀，幾乎到了忽略現實的程度。例如：明明下個月要負責一個專案報　，樂觀的認為可以在三天之內準備好，所以遲遲未開始動手，完全忘記了預計要做報告的那三天，剛好是公司每個月最忙碌的加班期間，幾乎不太有額外的時間可以來好好的準備該項報告。另外一種情況是對自己極度具有自信心，認為自己無所不能，海王星也與欺騙有關，我們知道，最最厲害的騙子，就是連自己都被自己所欺騙，而木星與海王星的合相，就帶有一點這樣的意味。

木星與海王星對分相

　　這兩個行星，一端是擴大、不知道滿足，另一端是沒有界限、迷惘。具有這組相位的人，往往因為個性太過善良，一旦把對方當成朋友，便會毫無保留把自己的底牌全部掀出來，很容易把朋友當成家人般，沒有差別待遇。在人際互動上，被欺騙或是成為受害者的情況屢見不鮮。還是需要學習著稍微保護自己一點，先觀察一段時間，再決定對方是否值得對他掏心掏肺。

木星與海王星強硬相位

　　金錢消費習慣若是過度擴張，將會出現嚴重的考驗。當遇到困難與壓力時，容易產生逃避的心態，有的人會沉溺在酒精的世界，或是出現種種不理性的上癮情況。要知道，事情並不會因為逃避而解決，越是拖延問題只會越難處理，而幸運不能夠當飯吃，出現好運到順利解決，要心存感謝，但真正該做的，是需要培養看清現實，面對現實的能力，並且對於問題勇於承擔來尋求實際的解決之道。

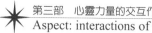

太陽
月亮
水星
金星
火星
木星
土星
天王星
海王星
上升與下降
天頂與天底
圖形相位

木星與海王星柔和相位

在付出善心的時候，能夠透過身旁朋友的提醒，或是自身的經驗，知道該如何拿捏分寸。例如：口袋裡面有五千元，就算要捐錢也要懂得量力而為，不會因為感動而忘記這些錢是這個月僅剩的生活費，而一股腦的全部捐出去。懂得靈活的運用人脈，能夠有機會實踐自己的夢想。

木星與冥王星相位

當過度樂觀時，冥王星的考驗將隨之而來，但是不要感到挫折，就像是一定要經歷過大魔王，才能夠進階到新的關卡。能夠通過巨大危機的試煉，人生的視野與境界，將會有很大的提升。

木星與冥王星合相

生命當中難免遭遇到幾次強烈的危機，可能是金錢財務方面的狀況，或許是情感的破裂，也有可能是身體健康的重大考驗，讓人有種置之死地而後生的強烈感受，若能夠深入的思考，看見自己不足之處再加以改善，便是危機所帶給我們的禮物。

在遭遇到危機時，往往會在最緊要的關頭，遇到貴人或是事件有所轉機，旁人或許會羨慕我們的好運，但箇中的精彩，只有自己最明白。當懂得低調行事、謹慎規劃後再按部就班執行計畫，能夠帶來更多的機會，目標也能夠更加順利地達成。

人生的信念就是：凡事只要有一口氣在，沒有過不了的關。另外要懂得謹慎做人、低調行事。一旦過於高調張狂，就容易遇到挫折，相反的，能夠適度隱藏默默的進行，便會發現好運處處都在。

木星與冥王星對分相

會陷入是要追求理想勇敢前進，還是珍惜所有戒慎恐懼，兩種極端的選擇，也因此產生許多糾結的情況。朋友或是伴侶會出現到底該相信人性本善，還是人

性本惡的兩難。若懂得適度的低調保護自我，適度的熱情擁抱生命，將能夠讓自己的人際互動更加輕鬆圓滿。

木星與冥王星強硬相位

遇到挫折與危機的時候，很難用樂觀的態度來面對，在內心當中會有更強烈的壓力，覺得自己將無法度過這次的考驗，甚至會放棄去做任何努力，而形成一種惡性循環。我們常說人生不是得到就是學到，遇到重大危機的時刻，事實上是生命得以大幅跳躍成長的時刻，只要能夠記取每一次的教訓，日後能夠運用相關的經驗，便可以得到更加扎實的收穫。

木星與冥王星柔和相位

遭遇到重大挫折時，能夠以樂觀的態度來看待，認為其中一定有值得學習之處。能夠靈活的運用手中的各種資源，來度過危機的考驗。有機會透過朋友間的互動，得到深刻探索生命意義的機會。每當到了國外的時候，需要特別留意危機事件的發生，保持一定的彈性，時間上的彈性、金錢上的彈性，與行程上的彈性，都有助於讓人安然度過危機。

太陽
月亮
水星
金星
火星
木星
土星
天王星
海王星
上升與下降
天頂與天底
圖形相位

第七章　土星的相位

土星與天王星相位

土星與天王星合相

　　土星在一個星座差不多兩年半的時間，而天王星運行的速度更慢，在一個星座會待上大約七年的時間。在星盤當中土星與天王星產生相位，甚至是土星與運行速度更緩慢的海王星及冥王星形成相位時，在同一個時期，本命盤當中有此相位的人數更多。我們對於責任的意涵，受到天王星的影響，顯得比較不在乎責任，或是以與眾不同的方式來負起責任。土星的嚴謹、保守，也會影響到天王星的改變與強調未來性的影響。

　　對於保守的態度、不知變通的規則、只會倚老賣老沒有真正實力的人，都會加以衝撞，目的是試圖改變現有的狀況，讓眾人能夠在新觀念的運行之下，得到更好的發揮。

　　相信具有實力的人，例如真正的專家，應該要受到敬重。也只有透過專業人士的規劃與謹慎安排，才能夠突破現有制約，讓大家都能夠有更多發揮的空間。因此在面對改革改變的議題時，不會過於激進衝動，而是會採取穩紮穩打的方式，慢慢的做出改變。

土星與天王星對分相

　　擁有這組相位的世代，確實是矛盾的世代。在某些議題方面，會採取快速猛烈的改革手段，但另外在某些事件，則又相信權威，認為現有的制度能夠提供安全保障。與夥伴間的爭執，追根究底去觀察，也就是因為雙方在維持現有狀況與做出新的調整與突破，這兩者之間無法取得共識。一旦能夠找到雙方都可接受的平衡點，有機會站在現有的根基之上，做出更加新穎的發展。

土星與天王星強硬相位

當挑戰權威、想要衝撞現有制度時，往往會遇到巨大的壓力，讓改變的計畫難以推行。此時不需要放棄，只要能夠重新檢視改革的方案，以更加符合實際情況的方式來運行，便可看到具體的結果。認為能夠不停的推陳出新，不管什麼年紀都維持著最新穎的思維，做事情能夠理性又看見未來的人，才是值得尊敬的人。

土星與天王星柔和相位

能夠整合過去的經驗，並且在未來加以靈活的運用。想要做出改變的時候，不會過於衝動，而會採取緩慢且確實的方式為之。例如：身為上班族，想要開一間屬於自己的咖啡廳，不會貿然辭掉工作去開店，而是依舊規律的上下班，在閒暇之餘，先去學習相關資訊與技巧，慢慢尋找理想中的店面，或許等上幾年的時間，讓一切都準備好，才真正的開業。

土星與海王星相位

土星的嚴謹與界限，受到海王星的影響，界線會被慢慢的侵蝕消融。相反的，土星也可以替漫無邊界的海王星，立下一個規範的柵欄，讓海王星懂得節制。行星的特質都非常的中性，明白人生有各種的可能性，各種的機會，只要懂得調整運用，我們隨時都能夠改變人生。

土星與海王星合相

海王是想像力，是夢想的象徵，提醒著土星，在顧及到現實層面之餘，有沒有忘記自己的夢想。並且能夠按部就班，腳踏實地的朝著夢想前進，不論花上多少的時間，終究有完成夢想的時刻。

不喜歡、甚至會害怕過於虛無飄渺的事物，認為只有能夠用手實際握住的人事物，才是真實可靠的。說什麼理想、談什麼夢想，都是空中閣樓過於虛幻。當心中出現對於未來的想法時，無法接受只停留在「想」的層面，有能力也有必

要，落實這些規劃。

　　有時候會出現無法承擔責任的情況出現，可能基於身體健康的狀況，暫時無法負起應負的責任，或是明明知道有哪些責任，也有能力，卻悄悄的閃躲溜走，不願意承擔，另外一種情況，就是個性迷糊到分不清楚哪些是自己該去扛起的責任。無論是前述哪一種情況，都需要我們有意識的實際活在當下，明白自己該盡的義務與責任是什麼，不要繼續有意識或無意識地逃避，這是了解自我的第一步。另外也需要注意，負起自己應該要負的責任就好，過猶不及都不妥當。

土星與海王星對分相

　　自己心中的夢想與渴望，與眼前的現實狀況，往往有極大的落差，讓人陷入兩難而不知道該如何選擇。例如：對於舞蹈有非常大的興趣，希望能夠當成終身投入的工作，但家人強烈認為，還是找到一份公職比較安定有保障。讓我們左右為難，不知道該忠於自己的渴望，還是應該要顧及到現實的環境。另外一種情況，時常認為身邊的人都能夠過著無拘無束的生活，但是自己卻需要屈就妥協於現實狀況，反之亦然。

土星與海王星強硬相位

　　對於自己心中的夢想，有著一定要完成的執著，偏偏上天像是在考驗我們一般，在通往夢想的道路上，設下的重重阻礙，需要我們一一去過關斬將，才能夠抵達夢想的國度。因此需要花上較多的時間，持之以恆才有機會完成心中的渴望。有些人所呈現出來的特質，是愛心有些過度，甚至到了氾濫的程度，而忽略了應該兼顧的現實考量。

土星與海王星柔和相位

　　在通往夢想的道路上，就算遇到一些挫折，也能夠從中學習到一些事物，並且調整腳步，明白夢想的完成並非一蹴可幾，能夠安步當車的繼續慢慢前進。對於有些人來說，夢想永遠是心中的渴望，是逃避現實生活的一個美好想像，但是星盤當中具有此相位的人，有機會以踏實的方式慢慢築夢，真正的落實夢想。

太陽
月亮
水星
金星
火星
木星
土星
天王星
海王星
上升與下降
天頂與天底
圖形相位

土星與冥王星相位

土星與挫折否定有關，冥王星象徵的重大的考驗、強烈的衝擊，當這兩個行星產生相位時，所代表的主題，確實讓人輕鬆不起來，無法以毫不在乎的瀟灑姿態來面對。需要我們謹慎地面對，並且懂得先保護好自己，再來面對這個世界。

土星與冥王星合相

在相關的領域當中，面對的挫折與考驗，嚴峻的讓他人無法想像，有時候已經略有規模的初步成果，在一夕之間被破壞殆盡，例如：經營多年小有所成的公司，因為一項業務的判斷錯誤，導致公司重大虧損，幾乎面臨倒閉。

有些具有此相位的人，經歷過重大的危機之後，不論大小事情都需要緊緊的掌控在自己的手中，因為唯有如此，才能夠確保每件事情能夠按照個人的意志去執行。但是生命的微妙之處就在於，會在某個時間點，再次發生更重大的衝擊，讓人明白，事實上，每個人能夠掌控的是生命的選擇權，而非命運的控制權。

在面對種種生命的危機時，都是在提醒我們，應該要去思考自己內心深處所恐懼害怕的到底是什麼？就像是身體上有個傷口遲遲無法復原，光是在皮膚表面擦藥，無法真正根治，或許需要忍痛挖開傷口，去檢視表層之下究竟還有什麼未處理乾淨的膿瘡，過程一定很痛，需要勇敢面對，但這是真正治癒所必須經歷的代價。

土星與冥王星對分相

在人際關係、伴侶關係以及種種的合作關係等互動過程中，曾經受到過背叛的打擊，因此對於此類關係，抱持著高度的不信任感。相處上帶有一些祕密，總覺得若凡事都坦承相見、剖析心事，那樣的感覺太過赤裸裸，很沒有安全感。

土星與冥王星強硬相位

土星與冥王星，這兩個行星都象徵著長久而緩慢的特質。呈現在關係互動的事件上，就算彼此的壓力沉重心力交瘁，卻是想逃也逃不掉，越想掙脫，牽絆越

緊密。在生命當中，展現出自己的專業性，有一定程度的執著，需要花更多的時間，累積經驗加強實力，去建立自己的權威。否則將會認爲自己懷才不遇，鬱鬱寡歡而難以眞正的發揮。

土星與冥王星柔和相位

在面對危機與挫敗時，雖然與前面幾組相位類似，都帶有些許宿命感，但是不論現實的應變能力，或心理層面的接受度，都比較正向且積極。人生經歷幾次的考驗之後，有機會成爲危機處理專家，知道在遭遇變故時，如何及時因應。以及評估未來可能會遇到的風險，做好事先的預防。

第八章　天王星的相位

天王星與海王星相位

　　天王星、海王行與冥王星，我們都稱之為世代行星，彼此之間產生相位時，除了對於個人特質所造成的影響之外，也象徵著對於一整個世代有影響的事件，如何影響到我們。

　　天王星是一種改革改變，海王星象徵夢想理想，這兩個行星的相位，可以詮釋為了達成心中理想的境界，我們應該要做出什麼樣的改變。以及現在所遭遇到的變革，只是為了突顯與眾不同而有的叛逆？抑或是有著長遠的目標與期許。

天王星與海王星合相

　　有一種常見到的情況，說好聽點是隨緣處事，事實上，對於自己的未來目標，非常茫然不確定，不知道該何去何從。另外一種極端，則是過於的目標導向，對於達到自己理想的狀態，近乎狂熱般的投入，不顧一切阻礙不在意他人眼光，就算一個人獨行，也要朝著夢想之地前進。

　　天王星也象徵一個人的個人獨特色彩，與海王星合相時，對於自己的特色是什麼，該如何發揮，時常感到模糊不清，甚至個性迷糊成為自己的特色。有時則呈現出過度的特立獨行，來彰顯自己跟旁人的不同。例如：嚴格規定要穿制服，所以搭配了一雙顏色鮮豔的襪子。

天王星與海王星對分相

　　糾結於到底要堅持自己的想法，還是配合眾人的意見，兩種截然不同的極端之間。當站在天王星端的時候，認為每個人都應該要貫徹自己的理念，不應該人云亦云沒有立場。當呈現出海王星的特質時，則覺得身邊的人都太自我，只有我是一個能夠有同理心包容大家的人。

天王星與海王星強硬相位

因為狂熱的堅持自我，而造成了生活當中的挫折，對於不能夠順利的貫徹自己的理想，也帶來了種種壓力。想要呈現出更美好的自我，需要懂得從過去的挫折當中，看清楚理想與現實的差異，並且能夠吸取教訓，做適當的調整，參考專業人士的意見，便有機會貫徹目標。

天王星與海王星柔和相位

有機會透過與朋友的相處，漸漸明白人生的方向，在築夢的過程當中，就算得不到多數人的支持，依舊能夠保持高度的熱情，努力不懈。而旁人也終將能夠理解我們對於理想的渴望，給予適當的幫助。當懂得展現出自己的獨特色彩時，更能夠散發個人的獨特魅力。

天王星與冥王星相位

未來的目標、個人的獨特色彩，受到冥王星的影響，在人生的某個階段，或許會遇到重大的危機，而迫使我們去重新認識，什麼叫做理想，什麼才是真正的自由。

天王星與冥王星合相

天王星的距離感，加上冥王星的隱藏性，使得有這組合相的人，確實很容易散發出一股生人勿近的氣息。要嘛是見到旁人呈現出冷冰冰的應對，或是習慣將自己隱身於幕後，凡事在後方下指導棋，但絕不會想要站上火線。

對於自己的計畫，有著強大的掌控性，確保計畫能夠按部就班的進行。例如：唸書時訂定好讀書計畫，可以嚴格要求自己，每天早上五點就起床背單字，就算是寒冷的冬天，同學們都還在被窩裡面睡覺的時候，依然有強大的意志力，貫徹到底。

因為堅持理念，而遭遇到一些重大的危機，給予我們重新檢視人生長期目標的機會。甚至顛覆過去的想法，在信念上有著全新的一頁篇章，也讓我們的視野

更加開闊。

天王星與冥王星對分相

時常處在一種想要做自己，卻被其他權威人士，不論是地位上或是年紀上給支配的環境當中，讓人不得不屈就於現實，先擱下自我的意見，做個順從的人。但是當壓力累積到一定程度時，將會出現反彈，帶著革命般的心態，不顧一切豁出去的堅決，抗爭到底。

天王星與冥王星強硬相位

生命當中感受到強烈的不由自主，想要突破現狀，卻處處充滿著壓力與挫折，在如此嚴苛的環境當中，需要找到那股破釜沉舟的力量，對於改變堅持不懈的付出，直到破繭而出創造嶄新的另一片天地。

天王星與冥王星柔和相位

每當覺得生命需要有所突破的時候，若懂得發揮冥王星的特質，謹慎評估之後，展現強烈的意志力去貫徹目標，能夠發揮的程度與達到的境界，將會令人感到非常訝異。

第九章　海王星的相位

海王星與冥王星相位

這是所有行星相位循環當中，週期最長的一組，這兩個行星的相位，象徵著整體世代文化上的影響。

海王星與冥王星合相

有此相位的人，容易在潛意識當中，受到他人的影響而不自知，稍有不慎很容易成爲盲從的人。需要特別有意識的去區分清楚，哪些想法哪些決定，是自己內心當中的渴望，哪些判斷是受到旁人的左右。

對於禁忌特別的投入、異常狂熱。例如去探索祕密、挑戰禁忌。不知不覺摻入一段不可告人的事件或關係當中。

留意愛心善心所發揮的層面，是否眞正幫助到需要幫助的人，而不是爲某些人所利用，在表象上看似美好，實質上卻只圖利了部分人士。

海王星與冥王星對分相

擺盪在什麼都完全沒有條件的包容力，與所有決定都要抓在自己手上的兩種極端特質之間。在伴侶關係方面，容易遇到主觀又控制欲強烈的對象，自己總是那位犧牲吞忍的角色。或是伴侶太過沒有主見，什麼大小事情都需要由我們來做決定，每天要做的事情包山包海，讓人疲累不堪。

海王星與冥王星強硬相位

心中對於夢想有著極度強烈的渴望，礙於種種現實條件，無法完成夢想，而因此帶來極大的挫敗感。

海王星與冥王星柔和相位

正向的展現，是能夠在無意識當中，知道如何去展現自己強大的影響力，另外一方面則是要留意，切勿在不知不覺當中，自己種種決定受到了旁人的控制影響而不自知。能夠透過朋友之間的互動，學習到雖然對於追求夢想帶有恐懼，但逃避無法解決問題，需要去直視內心的渴望。

第十章　上升點與下降點的相位

太陽與上升點／下降點的相位

太陽與上升點合相

在他人的心目中是一位個人特質鮮明的人，對於這個世界，抱持著強烈的熱情與活力，生命需要有個努力的目標，一旦完成目標之後，便需要找到下一個努力的方向，要不然可是會覺得茫然失落不知所措。在人我互動方面，有時候過於自我中心，而忽略他人的感受，若能夠意識到這部分而做修正，將會更得到大家的喜愛。與這個世界互動的特質，受到父親諸多影響。

太陽與上升點強硬相位

容易從個人的角度來看待世界，有時候會過於主觀，難以採納他人的意見。若過度有自信則變成了自負，將導致負面的個人形象。另外一種情況是面對這個世界，不知道該如何展現自我，需要透過從挫折中學習經驗，才能夠懂得如何發揮自己的特色。

太陽與上升點柔和相位

能夠透過朋友的互動，覺察到自己做人處事的盲點，並且懂得加以修正，使得在展現自我的時候，能夠做到讓人看見光芒，卻又不會亮度太高而讓人感到不舒服。就算有時候讓他人感到自我色彩強烈，但都能夠接受。

太陽與下降點合相

認為找到自己的伴侶是生命當中一件非常重要的事情，有時候行為處事會以

伴侶的態度為依歸，過度的話甚至會缺乏自我。透過瞭解什麼叫做公平，什麼是真正的平等互動，將更有機會散發自我光芒。另外則會出現成功不必在我的特質，將一切榮耀歸於合作夥伴，而自己退居於幕後。

太陽與下降點強硬相位

對於找尋到另外一半，抱持著既期待又恐懼的心態，年輕的時候時常因為伴侶互動的不融洽，帶來挫敗感，若能夠懂得記取經驗，假以時日也有機會成為關係領域的專家。在一段關係當中，往往因為自己與伴侶都想要爭取這段關係的主導權，而產生許多摩擦。同樣需要去了解什麼才是立場平等的關係，能夠努力去做到這一點，自己也會感到非常榮耀。

太陽與下降點柔和相位

在朋友互動當中，扮演著領頭羊的角色，朋友皆重視我們的意見與腳步，且樂於跟隨在後。懂得在伴侶互動時適當去調整彼此間的主導權，有助於關係的成長，且能夠讓關係更加和諧順暢。

月亮與上升點／下降點的相位

月亮與上升點相位

與世界互動的方式，受到母親強烈的影響。對於接觸到的人，多半能夠抱持著關懷照顧的心態，時常以點心食物來展現關懷。另一方面，也容易被他人認為是一位自我保護感強烈的人，原因在於總認為世界充滿著敏感不安，不喜歡將自己的人生展現給他人知悉。覺得若讓他人知道自己行為舉動，會產生太過赤裸裸的不舒適感。

月亮與下降點相位

尋找伴侶時，希望能夠找到一位呵護自己，有家人般熟悉感的對象。在伴侶

太陽
月亮
水星
金星
火星
木星
土星
天王星
海王星
上升與下降
天頂與天底
圖形相位

互動當中，也會在生活層面去照顧另一半。另一方面，伴侶議題是當事人一個比較敏感的生命範疇，認為這是很個人很私密的領域，不輕易的與他人談及這個部分。當談論到這個議題時，會讓人覺得焦慮不安。

水星與上升點／下降點的相位

水星與上升點相位

認為這個世界是新奇有趣的，樂於認識不同的人，接觸不同的事物。當要開始一項新的計劃時，帶有一股躍躍欲時的興奮情緒。長得有點娃娃臉，不論什麼年紀，都給人一種古靈精怪般年輕的感覺。

水星與下降點相位

認為在人際互動方面，做好真正的溝通是最重要的事情。若是強硬相位時，則需要留意因為溝通不良，認知錯誤所造成的狀況。在學習進修的場合，有機會遇到能夠聊得來的對象，尋找伴侶時，兩個人的思想是否有共鳴，佔了很重要的因素。

金星與上升點／下降點的相位

金星與上升點相位

外表雍容華貴，給人一股不疾不徐的慵懶美感。行事的步調確實比他人慢了幾拍，就算上課遲到了，也要很從容的走進教室。會用務實的態度來看待世界，認為凡事都是有定價的，差異點只在價格的高低，以及是否有人願意出價罷了。

金星與下降點相位

當展現出個人的美感與魅力時，能夠吸引另一半的出現。尋找伴侶的標準，

最好是溫文儒雅，客氣有禮貌。商業合作關係方面，要留意彼此的付出與報償，是否公平合理，不要被佔了便宜還不自知。

火星與上升點／下降點的相位

火星與上升點相位

給人的第一印象是很有活力，第二印象可能就是脾氣有點大。認為這個世界是充滿競爭的，需要搶得先機，才不會被他人欺負，才能夠擁有生存的一片天地。做事情非常有行動力，說風就是雨，有時候做得比想的還快很多。

火星與下降點相位

伴侶之間的互動，充滿著火花。至於是熱情激情的火焰，還是爭執吵鬧的火把，就要視個別星盤再做進一步的判斷。與伴侶或是合作夥伴間，充滿的競爭性，這樣的競爭，骨子裡帶有一種生存的維護，表面上看起來是不能輸的。若能夠將競爭轉換為激勵雙方成長的能量，對於彼此的互動能夠有正面的幫助。

木星與上升點／下降點的相位

木星與上升點相位

對於世界充滿著熱情與希望，相信每一個明天都會更美好一點點。人生也因為看待許多事物都抱持著正面積極的態度，好像就是比他人還要多幾分好運道。能夠在與人互動的時候，激勵他人對於未來有更多的期盼與規劃。

木星與下降點相位

尋找另一半的時候，最大的考量點在於彼此的人生觀是否相近。伴侶有可能是外籍人士，或是旅居海外。透過伴侶的互動，能夠拓展我們的視野，看到更加

寬廣的天地。朋友眾多，在各個人際互動的活動，都樂在其中。

土星與上升點／下降點的相位

土星與上升點相位

認為這個世界帶有一絲的冷漠，與他人保持一定程度的距離，相信天下沒有白吃的午餐，許多資源需要靠自己付出努力才能夠得到，也培養出勤勉踏實的個性，不會空想著夢中的閣樓，知道自己要的是什麼，並且會有計劃的一一實現。

土星與下降點相位

伴侶互動從務實的角度出發，不會說太多甜言蜜語，而是在實際的生活當中，給予踏實的保障。有可能與伴侶的年齡，有著不小的差異，或是雖然年紀相仿，但是個性上成熟穩重。另外一種情況，是因為需要負起責任而進入一段關係當中，這段關係帶著壓力與考驗。此時若能夠轉換心態，看見兩人相處上的實際層面，例如：可愛的孩子，攜手建立的家庭。在經歷過考驗之後，能夠擁有更加堅定的關係。

天王星與上升點／下降點的相位

天王星與上升點相位

個人色彩鮮明，不在乎他人的眼光，認為每個人都做好自己，這個世界就是美好的世界。不熟悉的時候，互動上帶有一些冷漠，一旦成為朋友便會非常保護自己人。能夠用抽離的角度，來看待遭遇到的事物，並且理性加以分析，從更宏觀的立場找出最適和的處理方式。

天王星與下降點相位

有可能對於投入一段伴侶關係，並不是那麼期待，認爲與每個人都保持一定的距離，才是與人相處最舒服的狀態。尊重伴侶的空間與自主權，也需要得到伴侶同樣的尊重。就算兩人分隔兩地，或是與尋常伴侶相處模式不同的互動，接受度都很大。

海王星與上升點 / 下降點的相位

海王星與上升點相位

給人的形象是充滿藝術氣質、有愛心，並且帶著一點迷糊的個性。看待世界有自己的理想，有時候這個理想太精緻，可能被他人批評不切實際，但本身相信只要有愛，便可以克服世界上所有的挑戰。

海王星與下降點相位

對於要尋找什麼樣的伴侶，茫然不清楚。可能是跟隨著身邊的朋友，看他們都選擇什麼樣的對象，自己也以此爲目標。或是只要有人追求，不討厭的話，就相處看看吧。另外一個角度，內心的深處，其實有著對於伴侶的完美形象，只是因爲那樣的形象太過美好，深怕在現實生活當中以此爲標準，會讓人感到失望，而刻意不去面對。若能夠在理想與現實之間，找到一個平衡點，便能夠在感情的世界當中，找到安心踏實的歸宿。

冥王星與上升點 / 下降點的相位

冥王星與上升點相位

認爲這個世界是不安全的，處處充滿危機，需要武裝起自己，或是將自我隱

藏起來，才不會遭遇到危險。在與人互動時，不輕易吐露心聲，並且希望能夠掌控事物的決定權，這樣才能夠主導全局。要留意不要造成旁人過度的壓力與負擔，這樣在互動上才會更加的順暢。

冥王星與下降點相位

容易遇到掌控性強的另一半，但是自己在感情的世界當中，也不願輕易妥協，愛有多濃烈，控制力道就有多麼強烈。導致容易在一段關係當中，覺得無法呼吸，卻又無法離開。若有機會，從了解自身開始，是否將真心交出去，就再也收不回了？看清楚內心深處的恐懼害怕是什麼，才有機會找到緩解關係的契機。

第十一章　天頂與天底的相位

太陽與天底／天頂的相位

太陽與天底合相

　　從小便是受到家人注目的孩子，在家庭當中受到家人的肯定，與家人互動時，自己也充滿著樂觀與自信。天底除了與原生家庭有關之外，也象徵著我們實際居住的空間。因此太陽與天底合相的人，在自己的家中，喜歡明亮且充滿朝氣的居家佈置，採光要好燈要夠亮。

太陽與天底強硬相位

　　如同前述的相位，一樣重視家庭與家人，卻也產生了壓力，認爲自己必須要做到出人頭地讓家人以我爲榮，弔詭的是，因爲這樣的壓力，除了總覺得無法達到父母的要求之外，也會造成眞正自我展現上的困難，認爲自己是在家族當中，表現不如預期的那個人。需要懂得與原生家庭和解，更重要的是與自己內心世界和解，了解不需要多麼光鮮亮麗，只要勇敢的展現自我，就是最棒的表現。

太陽與天底柔和相位

　　不論到了什麼年紀，對於家人、對於故鄉都有一分熱愛，重視自己的家族、根源，以自己的血統爲榮。從小感受到的父親，是樂觀開朗重視家庭，在長大之後往往在不知不覺當中，成爲與父親相似的個性，當察覺到這一點之後，更帶有一種榮耀與使命感。

太陽

月亮

水星

金星

火星

木星

土星

天王星

海王星

上升與下降

天頂與天底

圖形相位

太陽與天頂合相

有機會站在舞台上，讓眾人看見。這裡所謂的舞台，可以是真正表演的舞台，也可能是事業領域或是某一次的英勇行為，總之很享受得到眾人崇拜的眼光。需要找到能夠讓他人尊重的契機，才會對自己的表現感到滿意。對於自己的工作事業，充滿企圖心與熱情，認為能夠擁有一份屬於自己的事業，好好發揮自己的影響力，是生命當中很重要的事情。

太陽與天頂強硬相位

若有需要站在眾人面前的場合，總是充滿著壓力。例如：小時候的演講比賽、求學時期的學習分享，工作上的職務簡報。明明平時的表現頗佳，但是只要一站到老師／上司、同學／同事的面前，馬上手足無措口齒不清，完全無法發揮實力。也因為曾經有過此類受挫的經驗，容易形成一種惡性循環，越擔心害怕壓力越大，表現得更加生澀也更容易出錯。學習如何在眾人面前放輕鬆，就是很直接地展現自我，慢慢的可以有更好的表現。

太陽與天頂柔和相位

相較之下，確實有比較多幸運的機會，能夠展現自我。例如：一入學就被選為班長，很快讓老師們與同學們所認識。或是參加校際比賽，幸運的超越平常的實力，得到獎牌。若擔任領導者的角色時，不會過於執著堅持，能夠以包容力帶人又帶心。

月亮與天底／天頂的相位

與天底的相位

對於自己的內心世界，是採取比較保護的態度，認為情緒就該好好的揣在心中，不要讓他人發現，不輕易向他人敞開自己的心房。另一方面，找到一個能夠

讓自己安心放鬆的方式非常重要。內心深處受到母親或是童年時期經驗的強烈影響。

與天頂的相位

從事的工作與職業，帶有照顧他人的特質，例如：與女性有關的產業，或是餐飲服務業等等。在眾人的心目中，也是以媽媽般關懷者的角色，與大家互動。與上司的關係，親密中略帶一絲的敏感不安。

水星與天底／天頂的相位

與天底的相位

在家庭當中具有一定程度的發言權，從小的環境就重視溝通，當然，需要再進一步觀察是產生何種相位，才能判斷溝通這個主題，對當事人而言，是輕鬆自在還是充滿壓力。有可能來自於書香世家，至少很鼓勵學習。與兄弟姊妹的互動，也是生活當中不可缺少的一件事。

與天頂的相位

對外的形象是靈巧聰慧的，做事反應迅速俐落，並且能夠綜合各方訊息，做出合乎理性的判斷。工作內容也與水星特質有關，例如：通訊傳播業、老師、文字工作者等等。自己若擔任領導人的角色，會與下屬做好溝通，也因為能夠聆聽下屬的意見而成為優秀的領導者。

金星與天底／天頂的相位

與天底的相位

家庭當中佈置的溫馨舒適，喜歡待在家中與家人相處，能夠讓自己有著被愛

的感覺。原生家題提供了不錯的資源，不論是實際的金錢資助，或是人生實力的培養與價值觀的塑形。

與天頂的相位

對外的公眾形象是慵懶美麗、懂得享受的人，哪裡有好吃好玩好買的事物，問他／她準沒錯。與老闆的關係融洽，只要發揮自己的實力，勤勉的做好份內該做的工作，有機會得到主管的提拔與賞識。

火星與天底／天頂的相位

與天底的相位

家庭當中的氛圍，是熱鬧有活力，偶爾有些火爆場面出現。需要與家人做一些競爭，但這樣的事件，也為自己帶來更多的鬥志與活力。內心容易敏感不安，總覺得需要去跟他人爭取一些事物，或是需要隨時武裝自己才能不受到他人的欺負。需要找到一個確立自我，證明自己的方式，才會有安全感。

與天頂的相位

工作的形質充滿著競爭性與保護色彩，例如：業務員、運動員、軍警消防人員、醫護人員等等。上司的個性急躁缺乏耐心，脾氣不太好，時不時有口角衝突產生。對外的公眾形象充滿熱情與活力，做任何事情都是先做再說。當我們能夠展現勇氣，去捍衛公義之事的時候，能夠得到眾人的敬重。

木星與天底／天頂的相位

與天底的相位

居住空間需要寬敞的環境，從小的物質環境優渥，或至少父母提供了一定程

度的資源，鼓勵我們去發展自我。對於異國他鄉有種說不出的渴望，人在異鄉時往往有種回家的熟悉感。能夠保持內心的樂觀與正向思考特質。

與天頂的相位

工作與國際業務有關，老闆給予較大的空間，讓我們去發揮，而自己擔任領導者的角色時，也希望是大家一起成長，一起有更好的學習與發展。當能夠激勵他人，給人們帶來希望時，有機會獲得大家的敬重。

土星與天底／天頂的相位

與天底的相位

從小感受到的家庭氛圍，較為拘謹嚴肅，父母親個性比較保守，做事有其規矩，重視傳統的倫理道德，但是對於家人是非常保護的。不輕易的向他人敞開內心世界，對於任何事物都會做好事先規劃，需要按照計畫來行事，才能夠有安全感。

與天頂的相位

對外的形象是嚴肅冷漠的，擁有一定的權威性，但是不容易親近。工作多半與大型企業、政府機關等有關。與上司的關係也抱持一定的距離，不會想要有太多聯繫。懂得累積自己的經驗，將經驗轉化為資歷，通常都能夠獲得一定的社會經濟地位。

天王星與天底／天頂的相位

與天底的相位

與家人之間保持一定的距離，沒有特殊的好惡，就是淡淡的情感，不一定要

時常見面，現代社會運用科技產品保持聯繫也挺舒適的。居家環境當中，充滿的各種小家電或是最新的科技產品，使用最新穎的產品時，就有股說不出的放鬆與安全感。

與天頂的相位

對外的形象很有個人獨特的風格，從事的工作與科技產業、新創產業、航空業等有關。與老闆之間的關係冷淡疏離，很可能經由電子郵件溝通就好，不需要面對面聯繫。當能夠尊重他人的獨特性，發揮理性的特質來處理事務，有機會獲得大眾的認可。

海王星與天底／天頂的相位

與天底的相位

聊到原生家庭，有種難以言述的迷惘，或許從小缺乏與家人的互動，而自己心中渴望一種理想般的家庭生活。家中也可能充滿的藝術性，時時都有音樂播放著，從音樂、電影、藝術等領域，能夠帶來內心的撫慰。

與天頂的相位

工作事業與藝術領域、醫療領域有關，或是對於自己該從事什麼樣的工作，感到非常的茫然，希望有份願意傾心投入的事業，卻找不到方向。老闆通常不太管人，自己能夠把工作按時做好就可以。懂得發揮同理心與善心，能夠得到大家的敬重。

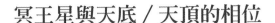

冥王星與天底 / 天頂的相位

與天底的相位

　　原生家庭的氛圍非常嚴肅壓抑，父母親一方帶有強烈的掌控性，所有事情都需要聽從其意見，若有不服從便會受到激烈的對待。也因此，需要花上一點時間，去觀察自己的內心，看到曾經受過的傷，才能夠找到真正能夠提供安全感的方法，而不是重蹈覆轍去控制身邊的人。

與天頂的相位

　　工作事業需要展現強大的意志力，競爭性強烈，需要投入較高的專注力。與上司之間的關係緊張，老闆可能是處處都要緊盯，處處都要按照其規劃來做事的人。當我們懂得將過去的挫折痛苦，轉化為砥礪自我的能量，並且細心謹慎地面對世界時，便能夠成為擲地有聲的人物。

第十二章 圖形相位

T型三角（T-Square）

　　在心理占星學裡，並沒有所謂的「好」或「壞」的相位，占星天后麗茲・葛林尤其強調，像是一般人聽了會皺起眉頭的 T 型直角（由兩個 90 度與一個 180 度組成）反而累積了更多的能量等待爆發。因為 90 度的衝突很明顯，內在會因為強烈的感受到不舒服，而想要解決困境。如果只有 180 度（對相），當事人很容易就把自己隱藏壓抑的特質投射到身邊重要的人身上，反而不自覺。T 型直角有兩個 90 度，會讓內在的衝突浮上檯面，雖然這些感覺並不好受，但也因為這樣，個人有了想要改變的動機與欲望。

　　如果每天的生活過得很舒適安逸，誰還會想要改變呢？命盤中的 T 型三角雖然讓我們受挫、痛苦、抗拒、撞破頭，但也因此有了成長學習的動力。心理占星學的講師們更認為，T 型直角引爆的能量或是激發潛能的契機，比一般人認為幸運的柔和相位還要強，其實是隱藏在垃圾堆中的珍貴寶藏呢。

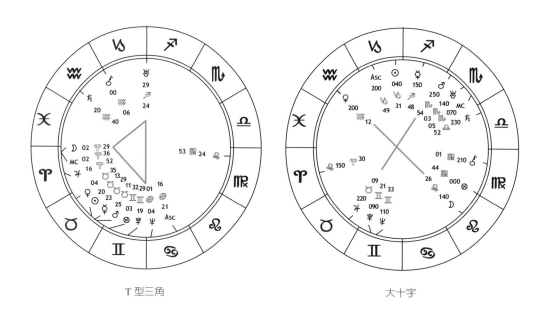

T 型三角　　　　　　　　　　　　　大十字

大十字（The grand cross）

由四顆相差 90 度（三個星座）的行星形成，因爲每隔三個星座就會是同一個屬性，所以，大十字又可以被區分爲開創星座、固定星座與變動星座三種大十字。因爲行星之間是 90 度的強硬相位，能量難免會彼此抗爭、批評、攻擊，當事人經常處於自我分裂或互相矛盾的狀況。

開創型大十字

由牡羊座、巨蟹座、天秤座與摩羯座組成，這四個開創星座都具有比較高的主導能量，遇到事情會想要面對，並且積極尋求解決方案，絕對不會退縮或等待別人的救援。因此，擁有開創型大十字的人比起其他類型的大十字，被卡住的能量會減輕許多。

固定型大十字

由金牛座、獅子座、天蠍座與水瓶座組成，這四個固定星座都傾向於追求穩定、堅持自己的想法或執著不能放手，如果再加上大十字互相抗衡，鎖死的能量很容易在原地卡得死死的，不論外在的環境怎麼挑戰，他們就是不想改變既有的模式，是大十字類型當中最需要小心的。

變動型大十字

由雙子座、處女座、射手座、雙魚座組成，這四個變動星座都不定性，經常在改變，讓人覺得無法捉摸。變動型大十字在面對事情的時候，可能傾向閃躲，把問題推給別人或環境，逃避問題完全不想面對，或是乾脆放棄原來的想法，尋找下一個目標。因此，要小心因爲能量太過分散，而無法聚焦往任何方向前進。

大三角（The grand trine）

由三個相差 120 度（四個星座）的行星組成，因爲每隔四個星座就會是同一

個元素，所以，又分爲風象、火象、水象與土象大三角。

　　傳統占星學認爲是好命、好運氣的大三角，在心理占星學裡，反而覺得這是個會令人封閉的能量，即別人進不來，自己也出不去。因爲使用起來太順手、太舒服，反而不會追求成長、擴充或交流。本來應該是難得的天分，最後，卻可能比不上那些因爲覺得自己不足而拚命下苦工的人。

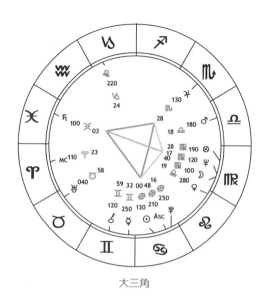

大三角

火象大三角

　　由牡羊座、獅子座與射手座組成。火象代表精力、行動力、自信與創造力，有這個圖形相位的人對自己充滿信心，相信想要的一定做得到，在行動的時候，會感受到內在能量的支持。不過，要小心因爲太過自信、覺得自己是最棒的，而不願意與別人合作，更不要說是服從別人了。

土象大三角

　　由金牛座、處女座與摩羯座組成。土象代表身體，擁有土象大三角的人會很實際，追求工作、成就、物質等具體的事物，相信一分耕耘一分收穫，所以不管做什麼事，都會努力努力再努力。不過，要小心因爲太過追求物質的成功，而無法以其他的角度或觀點去看待生命。

風象大三角

　　由雙子座、天秤座與水瓶座組成。風象代表頭腦，有這個圖形相位的人對於自己的理性思考、邏輯分析、社交溝通很有自信，做任何事都可以從自己的頭腦裡得到支持。但是，也因此可能太過自以爲是，覺得自己最聰明，因而聽不進別人的意見，或是太過自滿而不願意虛心學習。

水象大三角

由巨蟹座、天蠍座與雙魚座組成。水象代表情感，有這個圖形相位的人對於情緒、感覺比較敏銳，也願意傾聽內心的聲音或直覺，做任何事都可以從自己內心的情感面獲得支持。但是，要小心太過感性，不懂得運用情感面以外的方式去處理事物，例如：太過情緒化而不喜歡別人理性的分析他們的情緒。

風箏（Kite）

由一個大三角、一個180度（對相）加上兩個60度形成，因此，圖形的樣子看起來很像風箏。如果只有大三角的能量，可能因為與生俱來的天分，不用特別努力就可以做得不錯，個人反而不會激發內在的潛能。不過，風箏比大三角多出一個180度，個人在對相的行星中，體會到內在的掙扎衝突，而想要尋求改變或突破，因此，學習成長的動力比大三角更強，加上有大三角的能量支持，風箏的人最終可以成就的格局很大，達賴喇嘛就有這樣的圖形相位。

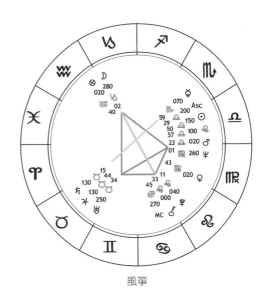

風箏

一般認為，風箏的頂點（兩個60度聚焦的地方）是學習成長的關鍵，必須從發揮這顆行星的特質著手，才能啟動風箏的能量，而兩個形成60度柔和相位的行星則可以帶給這顆關鍵行星支持的力量。

上帝手指（Yod，the pointer）

由三顆行星組成，包括兩個150度的輕微強硬相位，與一個60度的柔和相位。在心理占星學的詮釋中，150度相位就像穿了會磨腳的鞋子而引發的不舒服感受，但也因此激發我們內在的創造力，想要去尋求解決方案。心理占星師認

為，上帝手指與無相位都會是我們在無意識中，不斷去追尋探索的事物。

　　一般認為，上帝手指（也就是兩個 150 度相位交集的行星）會是整組圖形相位發揮的出口。個人因為內在的不滿足感，一直想要改變以突破現狀，很適合發揮在創造力、藝術或需要持續努力的領域。

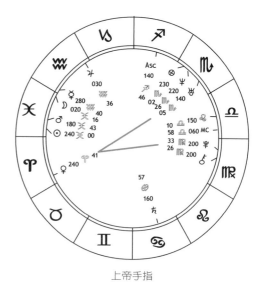

上帝手指

星群（Stellium）

　　三顆以上的行星產生合相的相位，變成連結在一起，行星的能量自然形成加乘擴大的效果，而且，原本的特質不能被單獨詮釋，而是要依照合相的行星群、所在的宮位與星座來探討。

　　星群的能量因為相互混合加乘，不論發揮在哪個方面，都會有巨大的影響力，變成是個人生命中最重要的領域，會把所有的時間、精力與能量都吸引過去，當然，也可能帶來最多的學習成長。

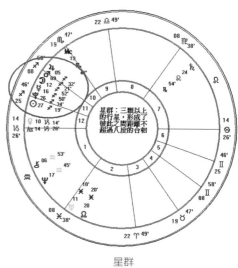

星群

無相位

　　心理占星學非常強調無相位。所謂的無相位，是指某顆行星與其他任何行星沒有重要相位（包括合相、90 度、120 度或 180 度）。因為行星的能量沒有與其他的行星產生連結，在整個命盤中，顯得特別孤單，或是找不到可以表達的出口。

　　在人格特質的影響上，這顆行星的能量好像跟其他的部分格格不入，表現的方式因而變得很極端，要不就是隱藏壓抑掉，因為別的行星都不瞭解它；或是過

度補償而變得很突兀，突然間讓人覺得怎麼好像變了一個人，過去從來沒有看過這一面。

　　這顆行星因此代表性格中比較極端的一面，在詮釋命盤的時候，要特別留心它的作用力。許多占星師認為，無相位以及與上帝手指這兩種特殊的相位，都象徵著我們人生中，無意識不斷尋找的事物。

太陽

月亮

水星

金星

火星

木星

土星

天王星

海王星

上升與下降

天頂與天底

圖形相位

第四部

發現通往
心靈深處的道路

Find the way to your inner self

體認帶來改變。透過檢驗我們星盤上的宮位配置，我們不只得到了
進入某種領域體會生活最佳方式的線索，同時我們也獲得洞悉那種
在內心運作潛在的原型期盼。

——霍華·薩司波塔斯
（Howard Sasportas，心理占星中心創辦人）

第一章　心靈地圖的整合解讀

一、星盤特質分析

　　解讀一張星盤的時候，不建議按照各個行星或是各宮位的順序，一一加以解讀。例如：你的太陽在牡羊座，所以人生目標就是活出自我，太陽位於第五宮，談戀愛的時候非常自私主觀，時常忽略伴侶所想所要的事物。而月亮在雙子座，閱讀可以替你帶來安全感，月亮位在第四宮，特別喜歡窩在自己的房間裡面看書等等。如此的方式，各個領域聽起來確實有其準確性，但整體的判斷，則容易顯得零散而抓不到主軸。

整體分析各個行星的性質與元素

　　觀察星盤當中，那些元素與性質，特別被強調，這會是很擅長使用或是運用起來非常自然，不由自主就會展現出來的特質。

　　開創性質強烈的星盤，對於生命的態度較為積極主動，在觸及到的領域會主動出擊，強調開拓開展的特質。固定星座強烈的星盤，不喜歡遭遇到突發狀況，凡事以安定不變為最高原則，當需要調整改變時，會花上較為漫長時間來適應。變動星座被強調的星盤，面對種種事物都保持著高度靈活的彈性，相較之下穩定度稍嫌不足，但很能夠隨機應變。

　　所謂觸及到的領域，需要視個別星盤而定，以開創星座也就是牡羊座、巨蟹座、天秤座及摩羯座為例，去觀察分別是哪個宮位的宮頭，該宮位便屬於前述星座所掌管的領域。例如：某張星盤當中，第三宮的起點星座是牡羊座，就稱第三宮的宮頭星座是牡羊座，第三宮所掌管的領域便帶有牡羊座的特質。

　　接著觀察牡羊座的守護星火星，落入哪個星座與宮位。該宮位領域亦會與牡羊座產生連結。接續前面的例子，該星盤的火星在金牛座第四宮，第四宮的宮頭星座或許不是牡羊座，但因為火星在此宮位內，第四宮也間接的與牡羊座的開創特質產生關聯。

　　當火元素特別被強調時，遭遇到任何狀況，很直覺的反應就是直接面對問

題，去迎接挑戰，對於克服這些困難帶有些許的興奮感。土元素強烈的星盤，在意事物的落實與完成，觸及到的領域會以務實的角度來做判斷。風元素被強調的星盤，對於訊息的關注度強烈，重視人際溝通與交流。水元素較強的星盤，依靠感覺、情緒來判斷事物該如何進行，關注自己的內心感受及與他人的情感互動。

另外還值得留意的是，星盤當中是否有哪個性質與元素，完全沒有行星落於其中。缺乏的性質與元素，在生命當中會不斷的尋覓該性質與元素，以現代人最常見到的方式，便是透過每天都要從事的工作，或是時常會產生互動的伴侶關係，這兩者來體會。例如在唐納川普的星盤當中，沒有行星位在土元素星座當中，缺乏土元素。他的職業生涯當中，不論是房地產，還是選美的舉辦，都是強烈土元素的展現。

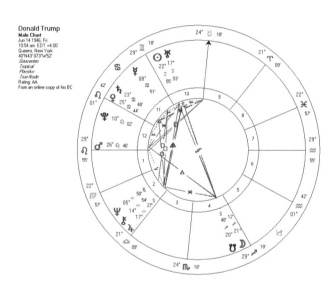

唐納川普的星盤

強勢與弱勢行星的表現

觀察星盤當中，哪些行星位於自己守護的星座，便成為強勢的行星，而哪些行星又位在弱勢的星座。所有強勢的行星，就像是回到自己家中一樣，會自在的展現這些行星的特質，也需要鼓勵強勢的行星去好好發揮；而弱勢的行星，絕對不代表行星的特質被減弱削弱，而是會用不同於行星本質的方式，來做呈現。不論是強勢行星或弱勢行星，都值得特別關注。

例如：川普星盤當中土星位在第十一宮巨蟹座，屬於土星弱勢的星座。川普強調人民保護主義，成爲他個人一大鮮明的色彩。

相位最多的行星、無相位行星與逆行星

觀察行星的相位，有一個大原則便是：有相位就有產生影響。這裡的影響指的是行星與行星之間的相互影響。例如：川普的太陽與火星產生相位時，太陽所象徵的領域，便受到火星特質的影響。同樣的道理，太陽的特質也會影響火星所觸及到的領域。川普的太陽在第十宮雙子座，火星在第十二宮獅子座，兩者形成了六分相的柔和相位。說話表達非常有自信，言行舉止具有一定程度的群眾魅力等等，都是這一組相位所產生的影響。

我們要觀察星盤當中，出現最多的相位，這代表了當事人在生命當中，感受最強烈的一種氛圍。川普的星盤當中，出現最多的相位是三分相這一組柔和相位，對他而言，所感受到的生命主軸，所經歷的事件，在大範圍而言，是順利的、幸運的，充滿了自信，面對困難挫折帶有克服問題的熱情。

星盤當中的無相位行星，該行星特質在完全不展現與強烈綻放這兩種極端之間擺盪，亦成爲值得關注的重點。例如：川普星盤中位於第十二宮獅子座的冥王星，爲無相位行星，從潛意識當中展現控制大眾的影響力，這樣的特質在川普身上，可以明顯感受到這個無相位冥王星的強烈呈現。

星盤當中的逆行星，當事人會重複強調所觸及到的領域，重視過往的經驗與意涵，帶有些許執著的成分。例如：川普星盤當中，位於第二宮天秤座的木星與海王星皆屬逆行星。在金錢、資源與美麗、人我關係等領域，有種渴求與狂熱的嚮往。不論他對於金錢帝國的建立、要帶領民眾重返美國過往的榮景等等，都與這部分的特質有所關聯。

合軸星的觀察

星盤當中，如有行星合相四個軸點，該行星特質將會被放大強烈展現出來，成爲當事人的一大重要的人格特質。除了觀察是哪個行星之外，該行星在什麼宮位，與上升點、下降點、天頂、天底，哪個軸點產生合相，都需要進一步分析討論。

例如：川普星盤當中，獅子座的火星在第十二宮合相上升點。上升點是我們

與世界互動的第一道窗口，我們給人的第一印象，因此，川普給人的第一印象，總是雄赳赳氣昂昂，充滿朝氣活力，帶有些許憤怒，彷彿隨時要與天下人抗衡般，展開每一件事情的時候，都是雷厲風行，說做就做毫不遲延。

有無圖形相位

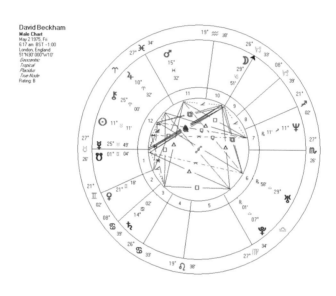

貝克漢的星盤

　　圖形相位代表著對於當事人，明顯遭遇到的生命事件，或是感受到的生命議題。例如：大衛貝克漢的星盤當中，有許多圖形相位，以位於十二宮牡羊座的木星、第三宮巨蟹座的土星及第六宮天秤座的冥王星這一組 T 型三角來說，潛意識當中的怒氣與火氣，在生活當中產生巨大的影響，也對親近的人帶來壓力，另一方面可以透過日常生活中的嚴謹控制，來練習如何對身邊的人表達出實際的關懷。

　　身為知名足球球員，日常生活當中的體能訓練，絕非我們一般人能夠想像。貝克漢曾在採訪當中表示，年輕時很喜歡與別人較勁，證明你們是錯的而我是對的，到現在經過人生的歷練，度過婚姻關係的風波，蛻變成為愛家的好爸爸形象。

找出不停重複的暗示

　　這部分是星盤整合最重要的部分，但坦白說，確實需要多次的練習才能夠掌握箇中技巧。

　　全面且完整的分析星盤當中，每個行星與宮位的特質，綜合判斷哪些特質是類似的、一再出現的影響。例如：川普的星盤當中，上升星座為獅子座，守護星是太陽，而為第十二宮與第一宮的宮頭星座都是獅子座，太陽同時守護著第十二宮與第一宮。

　　前面第四點提到，在第十二宮的獅子座火星，合相上升點是值得關注的特質，火星守護第四宮天蠍座與第九宮牡羊座。太陽與火星產生相位時，意味著這兩個行星以及其各自守護的領域，產生了交集。位於第四宮的月亮與太陽形成緊密的對分相。簡單歸納上面的分析，川普星盤當中的第四宮、第一宮、第十二宮、火星與太陽，這些主題被再三強調。對川普的影響是，他在與人互動時，自己過往的經驗、內心的擔憂與恐懼，童年時期與父母的互動，都是很深層且深刻的影響，甚至是當事人自己沒有意識到的影響力。

溫馨提醒

　　生命的體驗其實很中性，端看每個人怎麼去解釋這些事件。例如：晴朗的天氣突然下了一陣大雨，有的人會認為怎麼運氣這麼差，好端端的豔陽天，卻被雨淋得一身濕；有的人會覺得實在太好運了，才覺得氣溫有點熱，馬上就因為下雨而變得涼爽。我們不用去評斷上面兩種看法誰優誰劣，這個世界就是因為具有不同的特質，才那麼精彩有趣。

　　生命的決定，一樣沒有特別的對與錯，只有是否會後悔。身為占星師，在面對每一張星盤時，千萬要記得，每個人的生命，都有其精彩且值得發揮的獨特性，每個人也都有其生命的自主權，占星師不能夠也不應該對他人的生命下指導棋。解讀一張星盤，占星師需要做的工作，是陪伴當事人，一起觀看他的星盤，從中找出當下的困境，或是對於生活不滿意之處，是受到過去哪些經驗的影響。例如：是否因為童年時期，在客人面前說了一句話，因為這句話就被爸媽責罵，之後開始對於表達自己意見感到恐懼。占星師更應當提供中性不帶偏見的詮釋，讓星盤的主人，覺察到生命還有哪些更加寬廣的可能性。

二、星盤主題分析

在我們的生命路途當中，不同的時間點，關注的生命主題也有所不同。例如：在青少年時期，希望了解如何增進學業成績，青春期希望知道我的真命天子／真命天女在哪裡？怎麼樣才能夠吸引到對方？成年後對於工作的選擇、事業的發展、家庭的經營，甚至是健康的呵護，也在不同的時刻，成為關注的重點。

工作與事業

太陽

星盤當中的太陽，是我們一生追求的目標，在工作與職業的分析時，透過太陽的特質、與太陽相關的工作，能夠讓我們發揮自我，得到他人的肯定，並且自己也有成就感。

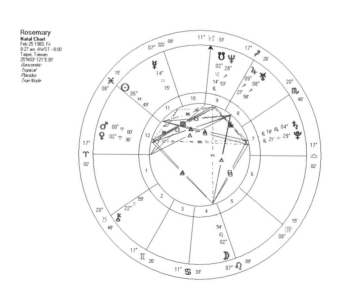

Rosemary 的星盤

首先我們需要分析前面提及過的「星盤特質分析」步驟，元素與性質的分析，按照英國占星學院的傳統，計算太陽、月亮、水星、金星、火星、木星、土星、以及上升與天頂。

在案例 Rosemary 的星盤當中，金星與火星在牡羊座，屬於開創星座的特質；月亮在獅子座、水星在水瓶座、土星在天蠍座，都屬於固定星座。而太陽在雙魚座、木星在射手座，則是變動星座的特質。星盤當中以火元素行星居多，包括月亮在獅子座、金星與火星在牡羊座、木星在射手座。水星在水瓶座是唯一的風象星座行星，而沒有行星落入水象星座。牡羊座的火星與射手座的木星，都是強勢行星。水星是無相位行星，土星逆行。獅子座的月亮、牡羊座的金星，與射手座的木星及天王星，形成了火象大三角圖形相位。不論是什麼樣的主題討論，基礎的星盤特質分析，都不能夠忽略。

在工作與職業的主題當中，觀察星盤當中的太陽，位於雙魚座第十一宮，意味著透過帶有藝術性、包容性、同理心等性質的工作，謀取眾人的福祉，這樣的工作能夠替 Rosemary 帶來榮耀，自己也會感到有成就感。另外太陽也與父親有關，可以與個案討論，是否從小受到父親的影響，將父親視為英雄般的榜樣，而從事相關的工作。

月亮

月亮象徵一個人的內在安全感，從事與月亮有關的工作，能夠帶給我們內心的安全滿足感。也與每天的生活有關。對於現代社會來說，不管是否樂在其中，不可否認的是，工作確實是絕大多數人每天都需要去從事的一件事，就算是家庭主婦，每天的日常生活當中，也與「家庭」及「主婦」的特質牢不可分。

以前面 Rosemary 的星盤為例，月亮位於獅子座第四宮，有可能在家族事業當中任職、是一位在家工作的 Soho 族，或是從事與房地產有關的職業等等。

第六宮

星盤當中的第六宮，一方面同樣描述了每天生活的態樣，另一方面則展現出所從事的工作性質以及與同事們互動的情況。身為主管級的人，透過觀察第六宮，則可以知道會遇到什麼個性的下屬，以及如何管理下屬的方式。

Rosemary 的星盤第六宮內沒有行星，這絕對不代表 Rosemary 沒有工作，千千萬萬不要這樣解讀一張星盤。解讀星盤當中的任何一個宮位，除了宮內的行星之外，宮頭星座與其守護星，也是非常重要的。Rosemary 的星盤第六宮宮頭是處女座，守護星水星落在水瓶座第十一宮，為了群體發聲，科技或是新創領域等等，都有可能成為 Rosemary 的職業選項。

若要描述與同事間的互動情況，往往帶有各做各的事，不太互動的特質。

第十宮

星盤當中的第十宮，是我們能夠得到他人尊重的方式，在這個主題中，與其說是一份工作，不如說是事業來得更加恰當。我們如何看待老闆，在公司當中與上司主管的互動模式，也都與第十宮有關。當我們發揮星盤當中的第十宮特質，便得以受到他人的尊敬與仰望。

Rosemary 星盤中的第十宮，裡面沒有行星，宮頭守護星土星位於天蠍座第七宮，是逆行的行星，並且與冥王星合相。在工作事業的環境中，若是能夠發自內心深處的重視職務上的公平，不浮誇虛華的累積自己的實力，都能夠替 Rosemary 帶來受到他人尊重的榮耀。從事的職業帶有探索祕密、與人際關係有關等特質。

Rosemary 是一位學有專精獨立開業的繪畫治療師，並且擅長兩性關係與伴侶議題，這確實是符合她個人星盤的職業。要提醒的是，在解讀一張星盤的時候，盡量不要以命定式、侷限式的態度來詮釋，若能夠按照當事人的現況，陪伴星盤的主人一起找出生命更多的面向與可能性，將會有更大的幫助。

感情與婚姻

太陽

星盤當中的太陽象徵著我們想要尋找的男性伴侶，並且是心中仰望的對象。當我們討論到婚姻關係，或是長期交往對象時，太陽相關領域，會是很重要的判斷依據。

而星盤當中的太陽也與父親有關，談論到感情主題時，切勿忘記，不論有意識無意識，我們從小都受到了父親與母親的影響，在面對感情對象時，很容易在不自覺當中，複製了父母間的互動模式。就像是新聞報導會看到的，從小父親酗酒不照顧家庭，後來也嫁給一位愛喝酒的伴侶。或是，打聽清楚對象不喝酒才交往，但日後發現他具有賭徒性格，進一步分析，酗酒與賭博，都是一種上癮的問題。

不要忘記，太陽也象徵著「我」，以前面的例子來說，「我想這個對象應該不會有問題」，是否意味著自己在感情領域當中，也帶有賭一把的想法。若能夠透過星盤的分析，事先覺察到自己的盲點，或許更有機會做出適合的選擇。

月亮

對應太陽所象徵的父親，月亮與我們的母親有關，也影響一個人照顧關懷他人的特質，以及如何能夠在內心當中，擁有安全感與歸屬感。因此我們想要找到一個怎麼照顧我的人，如何去扮演他人的伴侶，都可以透過月亮的特質來做觀察與判斷。

金星

很多人說，一個人會找尋什麼樣的女朋友，就要觀察金星。這樣的說法不能說錯誤，但不夠完整精確。金星代表我們認為什麼樣的特質是有價值的、是美麗的。例如金星在牡羊座的人，富有行動力、活力的特質，因此會覺得朝氣蓬勃、充滿活力的人才美麗。但金星在雙魚座的人，認為溫柔善良有愛心才是有價值的，所以對於個性溫柔，能夠包容伴侶的人，特別容易動心。

火星

火星所象徵的，不僅僅是男朋友，更是我們心中渴望，或是自己想要展現出來的男性原型。更深刻的意涵在於，火星與一個人如何活下去的特質有關，而人類的傳承繁衍，是種族活下去的關鍵。因此在占星學上，火星與性有著密不可分的關連，自然是探討情感議題時，不可忽略的部分。

第一宮

坦白說，星盤當中的第一宮，既然與「我」有關，不論是哪個主題，都應該從這裡出發，特別是感情與婚姻這個主題，從人我互動的第一宮與第七宮軸線來觀察，第一宮象徵著我們自己在一段互動關係當中，會展現出來的特質。

第五宮

若要很純粹的講戀愛這件事，它是自私的，與責任無關，也不涉及權利與義務，更不講求公不公平。因此在星盤當中，第五宮是與戀愛有關的領域，在這裡我們能夠以自己最舒服的方式，做自己最喜歡的事情。第五宮也與創造有關，在感情與婚姻之關係當中的創造，當然就是孩子囉。

第七宮

第七宮是除了我之外，與我平等的那個對象，長久以來這個領域與婚姻關係密不可分，現代社會的關係態樣多元化，第七宮也象徵雖然沒有婚姻關係，但是在實際上長期交往的伴侶互動。我想要尋找什麼樣的伴侶，我會遇到什麼特質的對象，當我自己發揮哪些特質可以吸引伴侶的出現，都可以從第七宮來分析討論。

第八宮

透過對於星盤當中第八宮的觀察，可以描繪出當事人對於親密關係的態度，這裡所謂的親密關係，包括實際肉體上的性關係，以及內心當中能否放下自我的界線，與伴侶合而為一的心理狀態。

金錢與自我價值

第二宮

我們一再提醒，第二宮與自我價值有關，與一個人的才能有關，而且是能夠轉換成賺錢的工具，懂得發揮第二宮的特質，包括第二宮裡面的行星、第二宮宮頭守護星，以及守護星落入的星座宮位，都可以說明一個人對於金錢的態度，會為了那些事物花錢，如何某取資源與財富。

第八宮

第二宮是自己的錢，第八宮是怎麼將他人的錢變成自己的錢，也就是所謂的投資。想要了解適合從事那種投資，透過投資能否有獲利，一樣要觀察第八宮當中的行星、第八宮宮頭的星座，以及第八宮守護星的表現來綜合判斷。

金星

金星與我們認定的價值有關，會把錢花在什麼樣的事物上，對於每件事物願意付出的金錢是多少，都與金星有關。另外金星也與一個人的自我價值息息相關。我怎麼看待自己的價值，是很微妙的一件事情，當我們越能夠肯定自我價值時，種種展現會以更好的發揮，也更容易得到金錢與財富。那麼如何能夠增進自

我價值,一樣可以透過金星來做討論。

木星

　　木星是一顆吉星,木星所代表的特質,包括木星所在的星座宮位,木星守護哪個宮位,都意味著我們在這些領域是比較幸運的,比較有機會得到財富。但是要提醒的是,木星所觸及到的領域,千萬不能夠心存僥倖而過度的膨脹,能夠懂的調節控制,才是維繫幸運的重要關鍵。

第二章 你的傷痛，你的故事 ——凱龍星

凱龍的天文與神話背景

由於天文觀測技巧的進步，在近代占星學中，許多小行星陸續被發現，且應用在占星學當中，例如：大家有所耳聞的穀神星（Ceres）、智神星（Pallas）。但是，這些小行星的引用卻常常激起占星師們的爭論。多數的占星師認為，小行星不具有重要的代表性，但是，熱愛小行星的部分占星師卻認為，這一類小行星的使用，確切的說明了許多個案的狀況。無論如何，小行星的使用在占星學中一直不算是一門顯學，直到西元 1977 年軌道怪異的小行星「凱龍」被發現。

凱龍的軌道位於土星與天王星之間，相當奇特的是，凱龍某一部分的軌道穿透了土星的軌道，位於木星與土星之間。西元 1988 年天文學家們發現，凱龍不僅是一個軌道怪異的小行星，它具有像是彗星一樣的尾巴，因此，凱龍目前在天文學上被定義為半人馬小行星與彗星。

凱龍從被發現開始，就一直相當吸引占星師們的注意。占星師們不像對其他小行星敬而遠之的態度，反而十分樂於討論凱龍在星盤上的影響，而目前占星學界普遍認為，凱龍與傷痛和治療有關。因為占星師個人信仰與出發點的不同，有人認為凱龍屬於靈魂的傷痛，有人認為凱龍是前世的傷痛，而本書將從心理占星學層面，來探討凱龍在人們的心靈中造成哪些特殊的影響。首先，就讓我們從凱龍的神話原型開始討論起。

在神話中，凱龍的父親是克諾斯（土星的希臘名稱），克諾斯同時也是宙斯的父親，所以，凱龍算是宙斯與希臘諸神的兄弟。有一天，克諾斯遇見了寧芙女神希尤利拉（Philyra），於是便向她求愛，但希尤利拉不願意，遂變成一匹母馬逃走，卻仍然被克諾斯追上受到強暴（也有反過來說，克諾斯化身成馬，強暴了希尤利拉），希尤利拉因此受孕，生下了半人半馬兒子凱龍，但希尤利拉卻被凱龍的怪樣子給嚇到了，說什麼也不願意再看到這個怪模怪樣的兒子，於是，她將自己被變成了一棵樹，並遺棄了她的兒子。

一出生就被母親遺棄的凱龍，被太陽神阿波羅收養，且在眾神（也有人說是

阿波羅與雅典娜）的教導之下，通曉醫術、音樂、武術、占星、預言，因此也擁有神的血統，具有不死之身。但凱龍因為外型與奧林匹斯山上的諸神不太相似，所以，他決定來到人間，與其他的人馬居住在一起。

與粗野狂傲、喜歡飲酒作樂又容易亂性的人馬不同的是，凱龍擁有許多智慧與技巧，因而有賢者之稱，在希臘各地受到敬重，許多國王貴族將他們的孩子送到這裡來和凱龍學習。賢者凱龍是許多希臘英雄的老師，他的學生包括著名的冒險英雄傑森王子、在特洛依大戰中大放異彩的阿基里斯（Achilles）、精通醫術的阿斯克樂比厄司（Asclepius），以及大名鼎鼎的希臘英雄海克力士（Hercules）。

凱龍一直與他的妻子、子女和人馬們住在培利翁山區，和少部分的人馬成為好友。直到有一天，他的學生海克力士來拜訪他，兩人的人馬好友佛魯斯（Pholus）打開了一罈曾經獻給酒神的私藏美酒，然而，酒香卻招惹來喜歡飲酒又容易亂性的其他人馬，為了爭奪這罈酒，人馬們與海克力士大打出手，海克力士用沾有九頭蛇毒液的毒箭射殺他們，但其中一枝箭卻不幸射中了他的老師。

凱龍誤中了海克力士的毒箭，痛苦不已。雖然他精通醫術，擅長醫療別人，但是九頭蛇的毒素卻是連神都無法醫治的，且由於他是不死之身，這樣的毒又殺不死他，卻必須永遠承受傷口毒素的折磨，一直活在痛苦中。

最後，他向宙斯請求，拿他的不死神性與普羅米修司（Prometheus）交換，才得以從痛苦中解脫。凱龍的智慧與醫術，加上神話中從小被遺棄與被弟子誤傷的痛苦折磨，如何在諸多痛苦中運用自己的智慧，走出生命的道路，就是凱龍星代表的象徵。這也就是為什麼在心理占星學中，對於凱龍會有如此廣泛的討論。

凱龍的心理原型

被拋棄、雙親所帶來的困擾

在凱龍的原型中，我們看到了許多不同的特點，包括了童年（早期）生活中的陰影，這可能是傷痛或是不愉快或害怕的記憶，這些不愉快通常具有被遺棄、被拋棄的特色（凱龍被父母親拋棄）。雙親或扶養人所帶來的困擾，通常更明顯的與父親、祖父、男性長輩印象所帶來的困擾有關。

教育、學習和我們的專長

　　凱龍也暗示著我們因為某些不愉快，而學會了不同的專長，我們往往可以透過這些專長去幫助別人，引領別人成長（凱龍透過被阿波羅的領養，學會醫術武術，被尊為賢者，幫助他人，教導學生）。同時，在某些程度上，凱龍的學生就等於是他領養的子女，所以，凱龍也往往與教育或領養相關的行為有明顯關連。

醫療他人與自己必須面對的傷痛

　　凱龍受傷的狀況，就如同我們心中許多無法抹滅的傷痛一樣。在童年時，我們不具有保護自我的能力，因而遭到傷害，這些心靈的傷害很可能沒有完全治癒，反而可能會一直存在心靈中，造成困擾，就如同凱龍可以醫治他人，卻無法醫治自己的傷痛一樣，我們雖然能夠幫別人解決類似的問題，但是，卻很少能夠真正解決自己的問題。我們從許多個案中發現，在生活經驗中，人們有些時候未能完全領悟凱龍所暗示的傷痛（還沒準備好面對自己的傷痛），但卻能輕易的幫助他人解決類似的問題，事實上，這就是凱龍的暗示。

　　同時，凱龍的傷痛往往在領悟時，會有一種難以承受與面對的感受。你會發現，原來你活在這樣的傷痛之下，自己卻從未察覺，然而，卻是這樣的傷痛拉拔你長大，讓你擁有許多處理事情與解決問題的能力，如同神話故事中，凱龍必須被母親拋棄，才會被阿波羅領養，才學會醫療與武術技巧。

　　但是，從心理占星學的觀點來說，有些人反應凱龍的方式，並非簡單的被傷害或醫療他人。若一個人長久的察覺到某種痛苦，扭曲了痛苦所賦予的意涵，那麼，他很容易會將這樣的痛苦加害到其他人身上。所以，在某些時候，凱龍也有著加害於他人的意涵。

個人面對的傷痛領域

　　凱龍所在的宮位以及它對面的宮位，都暗示著我們發生「個人的」心靈傷痛的生活領域，這些傷痛有時具有強烈的無法意識的特質，使人很難察覺得到（那些堪稱凱龍擁有良好相位的人，更是難以察覺這樣的困擾）。凱龍通常在這些生活領域上，顯示出幫助他人的能力，卻很容易忽略自身的困擾。而凱龍的困擾更

是一種長期無意識的干擾，讓我們對某些事物或生活領域感到恐懼，或是我們不知道自己的天賦是怎麼得來的。事實上，這些都是在成長過程中，無意識困擾的挑戰之下的產物。

同時，在心理占星師眼中，這樣的困擾帶來一種有趣的現象。凱龍某方面暗示著我們的傷痛困擾，以及不敢面對或表現的地方，但我們往往在凱龍所在的位置幫助他人，同時用一種「羨慕」的眼光看著他在那個領域獲得解脫或成長，然而，自己卻仍然停留在原來的地方，或者用一種「為什麼是我」的受傷態度，來看待自己的學生子女或幫助的對象。這種受傷的態度又因為凱龍的神話故事特質，而往往引申到職業所帶來的傷痛與困擾。

凱龍所帶來的羨慕通常不帶有惡意，這種羨慕往往是一種動力，啟動我們對自身傷痛的覺醒，轉而幫助自己去面對這樣傷痛所帶來的困擾，這正是凱龍存在於我們星盤上的最重要意涵。如果我們不以這種態度來面對凱龍的傷痛，就很可能會在無意中產生了強烈的恐懼與怨恨，並在人我關係中，有意無意地對他人造成傷害。

從出生到死亡的解脫，凱龍用他的一生寫下精采的故事，沒有傷痛與被遺棄，就不會學到阿波羅的醫術與武藝，同時，也就沒有那些技巧或領養照顧他人的的本事，凱龍不會有創造驚人傳奇的海克力士，不會有率領英雄們遠征的傑森王子，以及精采不死傳奇的阿基里斯。我們星盤上的凱龍所暗示的，也是同樣精采的故事。凱龍雖然暗示著我們承受的傷痛，但是，他人卻往往看到了光鮮亮麗的一面。

凱龍與心靈傷痛的治療

到這裡我們瞭解到，在一個人的星盤中，凱龍所賦予的最重要意涵，不是擁有多少醫療或幫助他人的能力，而是我們如何透過這些過程，察覺自身的傷痛，並學會去面對，與傷痛達成和平共處。

就像我的學生常問：「凱龍的傷痛能夠痊癒嗎？」或者有人會問：「凱龍的傷痛要如何才能根治呢？」我想，只要是人，都有可能在成長過程中遇到被傷害的時刻，這些傷害可能會讓我們記憶深刻，也可能潛伏在無意識中，等著被引爆。如果你期待用某種方法即刻開悟，一世解脫，那恐怕是痴人說夢。事實上，凱龍是心靈與記憶的傷痛，這樣的傷痛不太可能透過一種有效的藥物或魔法，或幾次的會談就可以完全根治。我們要學會的是，如何用成熟的態度去面對它，而

不是逃避它，或妄想自己沒有傷痛。

事實上，凱龍在我們星盤的宮位，暗示著我們必須面對一輩子的傷痛。在我們還沒有領悟到問題的根源時，凱龍的傷痛會用千百種不同的問題來造成困擾。但就算是你認為你找到了傷痛的根源，仍然需要長久的時間學會「面對」，至於根治，至今仍然沒有一個占星學家可以宣稱找出一種有效治癒凱龍傷痛的方式。原因無他，有許多心靈的傷痛真的必須花上很長的時間來處理的，但第一步是──學會面對。

這就像是醫護人員，在面對無法根治或難以對抗的疾病時，所建議採取的支持性療法。我們一方面在身體與心靈上補充能量，讓身心發展出面對凱龍傷痛的健康態度，自艾自憐、袖手不管或完全忽視凱龍的態度，都有可能造成更嚴重的後果。至於那些少數人所自豪的醫療他人、幫助他人的能力，不過就像是久病成良醫一樣的道理，也不過是個漂亮的副產品。

在整個治療過程中，首先，我們必須認清傷痛是什麼？來自於哪裡？透過解讀星盤、透過催眠或心理諮商，我們都可以瞭解自己的傷痛來自何處。如果可以去理解那些傷害我們的人的背景、原因，以及他為什麼會那麼做，便可以用瞭解、同理和慈悲的態度來和解。

從另外一個角度來看，許多人不願意放下這些傷痛。或許他們會說，傷害已經造成了，而且傷口也不會痊癒，那麼該怎麼辦？最重要的是，知道自己有傷口，但傷口可以帶給自己更強大的力量，也能幫助他人，因此要感謝他們，也就是那些成就自己今日的人。

凱龍的星座

由於凱龍移動的速度較慢，在某些星座中移動長達八、九年，具有世代行星的效果，這往往暗示著在那些年代，人們所必須共同面對的「傷痛主題」。

另一方面，凱龍所在的星座往往暗示我們面對心靈傷痛的方式，例如：凱龍在牡羊座容易使用激進、挑戰的方式來面對自身的傷痛；而凱龍在金牛座，則採取容忍的態度來面對。值得一提的是，由於凱龍本身特殊的運行軌道，當它運行在處女座到射手座這段期間，並不具有世代行星的特質，反而另有所指，這些我們都會在之後做深入的討論。

占星師們在觀察外行星的影響力時，往往透過歷史與社會的變遷來討論，而凱龍也是如此。我習慣從歷史與文化背景來討論，同時，由於凱龍在占星學本身

的特殊性質，我們必須從社會文化角度中的弱勢族群來觀察，或是從社會的傷痛事件來切入，因爲這樣的環境背景充分的符合凱龍的「局外人」（Outsider）以及受傷的狀態。我們往往會明確的觀察到，凱龍進入十二星座時，整個社會的傷痛以及對待弱勢族群的方式受到相當明顯的影響。我的老師梅蘭妮‧瑞哈特，就明白的指出了凱龍與女性的關係有著密不可分的連結。

占星師芭芭拉‧韓‧克勞（Barbara Hand Clow）也指出，凱龍自身的軌道穿越了象徵保守的土星與象徵創新改革的天王星之中，而它的意涵也代表著，透過凱龍的智慧來面對世間新舊事物的變化。土星與天王星之間的關係，往往象徵著保守與改革的對抗，然而，凱龍卻存在於兩者之間，就像是一座橋樑一樣，穿越往返，讓新與舊的事物得以融合，在某種程度上，它化解了群體與群體之間的歧見。

凱龍星在牡羊座

由於凱龍的運行軌道相當特殊，穿越天王星、土星到木星之間，繞完黃道一周需時五十年，平均每一個星座要待上四年多。但因爲凱龍運行軌道及投影的關係，從地球觀察時，它待在牡羊座可長達八至九年，牡羊座是凱龍停留最久的一個星座；經過天秤座時，卻只需要兩年左右的時間。

西元 1968 年到 1977 年的明顯特質，就是西方世界的社會運動，關注的焦點逐漸轉向個人的傷痛，我們看到了凱龍在牡羊爲了個人的傷痛（凱龍）而戰（牡羊）的精神，人們在此時把焦點關注在「我」之上，凱龍牡羊意味之濃厚可以由此看出。女權運動與同志平權運動的抗爭，就是凱龍在牡羊座的明顯特質，這兩種運動都是對於自身被歧視，及遭遇不平等待遇而引發的社會運動，是爭取自身身分與權力的戰鬥。

在女權運動方面，1970 年代經歷了被稱爲「第二波女性主義的運動」，焦點關注在女性的社會與經濟地位的平等爭取，同時，我們關注到有比較積極的激進女性主義出現，將矛頭指向了男性的父權心態宰制女性。這裡我們看到了女性主義的凱龍牡羊，爲自身傷痛而戰，但有趣的是，上一次西方在女權運動較爲激烈的兩次時刻正是 1918 年之後，凱龍進入牡羊座的時刻。

在同一個時間，同志的平權運動也進展得如火如荼，例如 1961 年到 1969 年6 月紐約的石牆運動，是同志運動史上的重要事件；而 1973 年同性戀從美國精神病學會的分類中被除名，是同志運動重要的里程碑。在這裡，我們看到了凱龍

牡羊的特質，在同志為自身遭受歧視與不平等而戰的情形中，顯露了出來。

如同容格所說的，我們出生在這樣的時代背景下，成長就帶有這個時代的特質。而這一個年代出生的我們在面對傷痛時，會有著明顯而激烈的反應，雖然並非每個人都會表現得如此清晰，但這卻是共同的特質——在面對個人的不公平或歧視以及限制時，願意起而抗爭。

凱龍星在金牛座

凱龍在金牛座的人，在生活中往往有強烈的物質不安全感，金牛座極力想要一個穩定、少有變化的物質世界，這一點在凱龍金牛的年代上更是展現得相當明顯。1976 到 1984 年初出生的人就擁有強烈的凱龍金牛特質，在不斷變化的物質世界中，失去了安全感的影子。物質所帶來的不安，正是凱龍在金牛座時所帶來的明顯主題。

人們的物質生活在 70 年代末期到 80 年代初期，一方面遭遇到了劇烈的變化，蘋果二號電腦的誕生，象徵著個人電腦普及的趨勢出現，80 年代開始，微波爐、手機這一類的家電用品改變了人們的生活，家庭用的電視遊樂器開始普及，取代了在街頭的投幣式遊樂器。

而在西方文化觀察與歷史學家的眼中，80 年代的西方文化被稱為「貪婪的十年」，人們在高度發展工業與經濟的過程中，再一次興起了另一種中產階級的保守主義與宗教力量，努力不讓社會的變遷改變他們習慣的環境，我們可以從這些影子中，看見凱龍在金牛座的特質。

從另一方面來看，這個時期的凱龍暗示著，人們以容忍或緩慢的態度來處理自身的傷痛（特別是身體、財務與自我價值的傷痛），這或許是為了謹慎小心的處理自身害怕的議題，但以另一種態度來看，他們害怕的是，對於自己已經習慣的老問題，又何必大動干戈地處理？但有些時候，凱龍這種潛在於無意識的傷痛，套用金牛座的「看得見摸得著才存在」的標準來看，往往很容易會被這些人所忽略，直到這些傷痛透過肉體與實質的形式展現出來時，才會被迫以不情願的方式來面對。

同時，對於物質與身體所帶來的安全感，是金牛座的另一個主題，我們往往看到凱龍在金牛座的人在意身體的脆弱，進而發展出不同的態度去面對。維護自身財產與安全感或幫助他人建立自我價值，是凱龍在金牛（與二宮）主題，建立自己的物質安全，並學會照顧、相信自己的身體所發出的警訊，也相當重要。

利用感官如觸覺、視覺、嗅覺等方式醫療，對於出生在凱龍金牛年代的人特別有用。而這些人也特別擅長利用這些醫療方式，例如：按摩、物理治療、芳香療法、色彩與音樂的療法等。

至於自我價值的相關議題，其實也是凱龍位在金牛座時，被突顯出來的議題，由於這個議題與凱龍在第二宮有著明顯的重複，所以，我們將這個主題放到凱龍在第二宮的篇章做討論（請參考凱龍在第二宮）。

凱龍星在雙子座

凱龍在 1980 年代中期進入了雙子座，我們從當時社會風氣與弱勢族群的觀察中，的確看到許多凱龍與雙子結合的影子，其中最明顯的莫過於從事社會文化研究的人相當熟悉的「Political Correctness」（又簡稱 PC），中文翻譯爲「政治正確」。

所謂的「政治正確」，是 80 年代從美國開始風行的一種稱呼，代表使用中性語言來取代具有歧視性及刻板印象。這種政治正確的態度，我們最常在言語上看到，例如：改用稱呼「非裔」來取代「黑人」，以「身障」取代「殘廢」，以「同性戀」、「同志」取代非常具有敵意的「玻璃」。

從 80 年代風行的政治正確風潮中，我們可以看得出來，人們對於「語言傷害」的敏感。對於如何「稱呼一個人」，避免觸動他人的傷痛，從這裡我們可以看到明顯的凱龍（傷痛）雙子（言語）的特質。另一種凱龍在雙子的特質，在某方面像是雙子的兩面，一方面保護，另一方面卻帶來傷害，例如：政治正確這個詞，本身不但具有阻止言語或行爲上傷害弱勢族群的意味，但同時卻又具有嘲弄假道學的意味。

要面對凱龍在雙子（三宮）所帶來的問題，就是去察覺那些過去所帶來的傷害，究竟在什麼時候、什麼狀況之下，自己覺得發表感受或與別人溝通是一件非常困難的事情？究竟是什麼樣的痛苦狀況，讓你覺得不再相信過去家人所帶給你的信念或想法？

無論雙子或三宮本身都具有溝通、書寫與學習、調節的特質，所以，在認識自身的傷痛之後，我們慢慢的透過書寫或與周圍的人溝通，來表達出心中的情緒與感受，這是最重要也最困難的練習。

凱龍在雙子所面臨的最大問題就在於表達，但這些人對於言語的敏感、心思的細膩，同時也是一項最大的禮物，他們知道如何避開傷害人的言語，如何利用

言語給人幫助，諮商師就需要具備這一類的能力。甚至在經過反覆的練習之後，這些人學會了表達自己眞切的情感，利用這些痛苦所付出的代價，來幫助自己也幫助別人，在文字和言語中感動他人。

凱龍在巨蟹座

　　整個二十世紀，凱龍星兩次進入象徵民族、家庭與母親的巨蟹座，都明顯挑起了民族、種族以及人民的傷痛。1938 年，凱龍第一次進入巨蟹座時，全球正捲入了第二次世界大戰的陰霾中，納粹藉由第一次世界大戰德國的民族傷痛起家，在 1938 年達到了最高潮，此刻兼併了奧地利。1939 年德國與當時的蘇俄聯手瓜分了波蘭，1940 年正式與英法開戰。

　　第二次世界大戰在歐亞兩個地區，都爲往後的歷史帶來深刻的傷口。而五十年後，1988 年 6 月底到 1991 年，當凱龍再一次進入了巨蟹座的同時，又一次掀起了第二次世界大戰的歷史傷口，東歐一連串的天鵝絨革命，被前蘇聯控制的國家紛紛脫離了控制，東西德也在這段時間內統一。在我的眼中，兩次凱龍進入巨蟹座所引發的事件，有著高度的同質性及因果關係。

　　我會在一開始就提起這些，是因爲許多人在談到巨蟹座時，往往只想到了家庭、母親，殊不知人民、土地、糧食、國族、種族等問題，也與巨蟹座有密切的關連。但先來點輕鬆的吧！你知道誰是 Bill Cosby 嗎？或許你沒聽過，但是，如果你跟我的年紀相差無幾，你一定會回答下面這個問題。

　　你知道 1980 年代末期到 1990 年代初期，全世界最紅的連續劇叫什麼名字？相信你一定有聽過「天才老爹」。「天才老爹」這齣情境喜劇從 1984 年開播一直到 1992 年結束，並且在 1985 年到 1990 年間，在美國不斷奪得最高收視率的戲劇節目。別小看這個節目，在當時可是饒富家庭價值、親子關係、教育問題的節目，別告訴我這和巨蟹座沒有關係。

　　或許有人會說凱龍在巨蟹座，代表著家庭的問題，或是與母親之間的問題，但是由於凱龍的外行星影響，這是一整個世代的問題，所以通常不會讓你發現。所有凱龍在巨蟹座的人都有一個破碎家庭，但反過來說，凱龍位在巨蟹座的時候，人們關注由家庭生活、親子關係引起的傷痛議題。不過，我們發現凱龍在巨蟹座的人和凱龍在四宮的人相似，很容易在生命過程中，不斷找尋一個可以和自己連結在一起的組織，這是另一種家庭安全感的需求。

　　凱龍在巨蟹座，讓人們在家庭與歸屬感的議題上感到傷痛，但同時需要以關

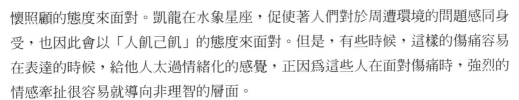

懷照顧的態度來面對。凱龍在水象星座，促使著人們對於周遭環境的問題感同身受，也因此會以「人飢己飢」的態度來面對。但是，有些時候，這樣的傷痛容易在表達的時候，給他人太過情緒化的感覺，正因為這些人在面對傷痛時，強烈的情感牽扯很容易就導向非理智的層面。

所以相反的，有些時候凱龍在巨蟹座的人也可能因為情緒表達的傷痛，而拒絕在表現自身的情緒與情感，同時以理智的方式取代情感訴求。事實上，這些問題都需要透過對於情感的表達，以及安全感與歸屬感的探索來處理。

凱龍星在獅子座

在現代的歷史中，凱龍分別在 1941 到 1943 年以及 1991 到 1993 年經過了獅子座。當凱龍的傷痛經過了象徵著榮耀、統治、創作、兒童、娛樂、自我的獅子座時，我們看到相同意涵卻不同表現的時代。1941 到 1943 年正是第二次世界大戰進行得如火如荼的階段，1991 到 1993 年全世界都將目光放在蘇聯的解體上，兩者都關係到了統治權的建立與崩解，也都象徵著改變世界政治藍圖的創作在進行，也容易在這時候創造令人注目的英雄。

由於凱龍進入到獅子座之後，停留在每一個星座的期間已逐漸從七至八年，縮短到兩年左右，此時，凱龍對於世俗世界的影響，逐漸不再如此明顯。我個人認為，從獅子座到射手座之間的凱龍表現，很少能夠透過世俗的事件來觀測，同時從這裡開始，人們緊緊的抓住凱龍，把它當內行星看待，意思是說，將世代的傷痛視為個人的事務，容易在這裡將生命浪費在舔舐傷口上。

位在這些位置的凱龍，常常讓人們在意自己是否被他人遺忘（容易覺得自我被傷害、被遺忘的另一種解讀方式，是他們是否把那個傷痛的自我放大到無邊無際？）凱龍進入象徵自我身分認同的獅子座，好處是他們肯面對自己的問題，但花太久的時間在上頭，把自己的問題看得太重，卻是一個需要調整的地方。

凱龍在獅子座，在某些時候，就像是別上勳章的傷兵，他們將傷痛與榮耀等同一視。他們也清楚，如果沒有那樣的傷痛，他們也驕傲不起來；同時，他們相當驕傲著，因為他們的傷痛對於自身以及周圍所帶來的貢獻。他們最大的挑戰，起源於獅子座身分認同的問題及執著的態度。

這些人真正的問題在於——如何放下這份傷痛，如何以平常心看待它。你不可能一邊炫耀著傷痕，卻不覺得它有任何影響；同時，也不可能覺得你的傷痕很普通，卻又為它感到驕傲。別忘記在神話故事中，凱龍因為海克力士的調解而獲

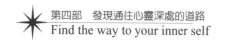

得解脫的道路。當我們認識自我的驕傲與眾人一樣平凡，明瞭到我們的貢獻與眾人所付出的一樣，就可以採取這種不卑不亢的態度，來處理自身的傷痛。

凱龍星在處女座

從歷史的觀察來看，第二次世界大戰從 1939 年開始，由獅子座統治者的傷痛與問題，逐漸擴散到人民的問題。1943 到 1945 年之間，凱龍進入處女座，與處女座相關的日常生活所需與民生用品的困擾開始擴大，工業、農業的生產力受到戰爭的阻擾，物資的運輸是當時各國關心的問題，英國與俄國仰賴著從美國進來的物資，物資的缺乏重複了凱龍處女每日生活的傷痛，而長期處於征戰狀態之下，公共衛生所造成的人口與健康問題，是另一個處女座的特質。

凱龍在處女座是一種心靈狀態上相當值得探討的狀態。首先，我們可以討論關於應對傷痛的方式。在星座的特質上，我們可以說凱龍以一種實際的態度來面對，但這種實際的思考與分析，卻往往會造成個人的嚴重焦慮。當凱龍在處女座時，面對傷痛總有著忍不住探索的焦慮，不斷的分析並檢視傷痛的背後，因此也常出現對於自身傷痛過度焦慮的狀態。

雖然這種狀態容易出現在凱龍獅子、凱龍處女，及凱龍天秤、凱龍天蠍、凱龍射手身上，但凱龍處女以一種獨特的躁動特質來呈現，它在心靈上產生焦慮或罪惡感受。當事人可仔細思索這些焦慮，是否與童年生活所遇到的嚴格管教有關。

另一方面，處女座的特質是調節、調整與控制事物的進度，但凱龍在這個位置暗示著這方面能力的損害。這些人很可能將一切的問題（包括外界的事件，例如：公司的生意失敗，或原先與他無關的社會事件）怪罪在自我身上，促使這些人總是不斷地說「我還不夠好」、「就是因為這樣，他人才會嫌棄／排擠我」。

凱龍在處女座傾向於透過幫助他人來遺忘這些煩惱，但同時卻因為忽略自己，讓自己陷入更焦慮的問題中。或許凱龍在處女座或六宮的人都需要學會，用平常心的態度面對自己與這個世界的不完美，同時學會不完美是可以被接受的，無須焦慮或感到罪惡，這才是較為正確的態度。

凱龍星在天秤座

雖然早在 1942 年的戰爭時刻，同盟國就已經計劃籌組聯合國，但聯合國真

正有實質存在意義的時刻，包括 1945 年 10 月 25 日簽署聯合國憲章，以及 1946 年 1 月的第一次會議，都發生在凱龍位於象徵和諧、和平、合作與人我互動關係的天秤座時刻。如同聯合國憲章第一條所強調的——「促成國際合作，以解決國際間屬於經濟、社會、文化及人類福利性質之國際問題，且不分種族、性別、語言或宗教，增進並激勵對於全體人類之人權及基本自由的尊重。」

　　凱龍在天秤座，象徵著人與人之間的衝突所帶來的傷痛，將反映在個人層面上。凱龍在天秤座的人相當在意與人我關係的主題，在我們的成長過程中，父母的互動是我們學習人我關係的第一個對象，凱龍在天秤座反映了在成長經驗中，對於父母或其他長輩的伴侶關係所帶來的限制與困擾，以致於凱龍在天秤座的人會用較為謹慎、恐懼的態度，來面對自身的伴侶關係。

　　這些人很可能將所有的工作或過錯都承攬到自身，以避開合作或分攤工作所帶來的困擾，但他們也可能完全的推開工作，不願分攤合作的責任，因為他們無法忍受與他人合作時，所帶來的恐懼和不愉快記憶。然而另一方面，由於這些過多的憂慮，這些人往往談判、合作關係、撰寫合約條文的最佳顧問。

　　雖然凱龍在天秤座，帶來了對於合作和人我關係的憂慮，但最務實與最理智的態度，卻是與他人公平公開的討論這些主題。凱龍在天秤座象徵著人們以理智和平等的態度，來面對人類的集體傷痛。透過聯合國成立的精神，我們就能看到凱龍在天秤座的特質，人們必須合作起來，彼此幫助，一起面對傷痛。

凱龍星在天蠍座

　　人們對於未知事物總是感到恐懼，特別是對於生命起源與結束有著無比的好奇與恐懼，但是，並非每個人都意識到自身不安全感的源頭，而這些害怕與恐懼，間接的延伸到了日常生活中無意識的心靈反應，以及透過與他人的互動呈現出來。

　　人們不斷的努力，想要做些什麼讓自己變得不一樣，就像是想要從毛毛蟲變成蝴蝶一樣，成為更「高層的」自己，性愛、靜坐冥想、靈修其實都隱含著模仿生與死的力量，凱龍在這裡加強了這些人對於生與死的恐懼，人們試圖瞭解改變，或是逃避這些力量所帶來的恐懼。

　　例如我們看到 1997 到 1998 年之間，許多生物科技技術突破的消息，包括了全球第一隻以胚胎複製的羊早已在 1996 年出生，但是，消息卻到 1997 年才被公布，於是到了 1998 年，許多歐洲國家宣布禁止這樣的技術應用在人類身上。我

們知道這樣的議題引起許多爭議，宗教的、道德的、實際的問題，激起人們對於生與死力量的崇敬與害怕，因此在這個時候，眾人都不知如何是好。

生的力量促使我們採取種種措施，去面對生存的危機，包括生存、繁衍後代，這些都與我們的性行為有關係。人們對於性愛的關注除了歡愉之外，也在乎背後隱藏了所謂的繁衍後代的競爭。1998 年凱龍經過天蠍座，威而剛正式的在美國核准販售，無獨有偶的，上一次凱龍經過天蠍座的 1948 年，正好是金賽性學報告（男性版）出版的時刻。

為了生存，不只是繁衍後代的危機被關注到了，生活中的危機也需要去處理，於是，凱龍在天蠍的人對於危機處理的看法顯得過分極端，很容易將周圍的一切緊緊抓住不放。我們必須去探討的是，在成長過程中，因為面對生死問題或生存危機所帶來的不安全感，同時必須理解到，這些事情都是人生的一部分，必須學會去面對。

凱龍星在射手座

凱龍的特殊軌道從獅子座開始，算是進入了近日點，而從射手座開始，則是要離開遠日點，這兩個關鍵的轉換使得人們對於傷痛的事物有著不同的感受。當凱龍在射手座時，傷痛從個人的焦點又轉移到整個世界的宗教、思想、國際事務層面。

凱龍大約從 1999 年就進入了射手座，一直到 2001 年底離開，我們看見人們因為信仰與信念之間的差異而傷害彼此。

西方世界與中東世界之間的糾葛，從政治、文化與信仰中的無法認同與誤解，進而造成許多傷痛與 2001 年的 911 事件。雖然發生在地球的一個角落，但透過傳媒與科技，我想 911 是活在這個世界上的人永難忘懷的恐懼。這一個驚人事件的背後，卻也有著射手座的宗教信仰、飛行、國際與傳媒結合了傷痛的意涵。

在這個時代，我們也看到了射手座的樂觀與膨脹特質，人們因為過分樂觀、過度膨脹而造成的傷痛，或者反過來說，人們對於傷痛採取了較為戲劇化的表現方式。我們不可否認，凱龍射手的特質常以一種樂觀或帶點逃避的方式來面對傷痛，或許他們會以說笑來面對悲痛的時刻，但也可能會以逃離逃避來處理這些問題，但真的逼使他們面對的時候，他們又可能展現出一種極度痛苦，且單獨一人無法面對的態度。

射手座常與宗教或信念有著密切關連，在這些人的成長過程中，發生的事情往往讓他們質疑信念（與宗教）的意義，或者相反過來的說，他們積極的認為，只要有樂觀進取的信念，一切都不是問題。例如：只要我相信了這位上師，我就可以立即從痛苦中解脫，這就是所謂射手座過度膨脹的特質。若這些人學會平靜下來，面對這些每個人都會有的傷痛，瞭解到信念與信仰是幫助我們面對痛苦的支持，卻不是完全能讓我們從痛苦當中真正的「解脫」。

凱龍星在摩羯座

當我們觀察凱龍進入摩羯座的 50 年代，對於社會安全的考量而採取了相對保守的態度，我們可以看到戰後兩大強權的冷戰達到了高峰，美國知名的麥卡錫主義，讓美國的政治、文化與傳播界都瀰漫著一股保守的風氣，政治傾向相左的人互相控告，或者必須做出對國家忠誠的宣示。在這裡，我們看見了強烈的摩羯座事件特質，包括了政治、權力、組織機構所可能造成的傷害。

不僅如此，摩羯座的守護星土星在神話中扮演不信任子女、吞噬子女的神，而在 50 年代的美國人們對於青少年問題的憂慮超乎想像。與今日的青少年問題相比，當時的年輕人或許溫馴得跟小白兔一樣，但在當時卻成為整個社會的憂慮。凱龍在摩羯座讓人們因為父權的保守與安全、管理、保護而受到傷害，卻又必須屈從於這樣的壓力之下。在文化上，「敲打世代」（Beat Generation）的藝文創作反映了人們在戰後對物質世界的反抗，這造成了我們之後在凱龍水瓶與凱龍雙魚要討論的黑人平權運動及嬉皮運動的浪潮。

此刻的人們用保守與現實官僚的態度，來處理所謂的傷痛問題，透過管理、壓抑來忽視傷痛所需要的關懷。在實際生活的脅迫與壓力下，人們不得不壓抑傷痛，就算想要反抗也很容易就被制止，而身邊的其他人也可能因為不同的理由而自顧不暇。

這一個時刻，權威的掌控更容易造成人們心靈上的陰影，當人們活在一個由權威掌控的童年環境之下，嚴格的父親、師長控制他們的言行舉止，以至於日後他們對於權威體制充滿了迷思，包括了複製這樣的親子關係，或用不同的方式來脫離這樣的控制。就如同我們在文化觀察中，看見敲打世代是如何用他們的行為（偷竊、對犯罪的迷惘）與創作（蔑視道德規範、渴望自由）來反應這樣的壓力。

事實上，摩羯座的凱龍受到父親的主題和過去生活的恐懼所影響，往往很難

輕易擺脫這些傷害。原諒雙親和大環境所造成的影響，並學會和這些事件和解，才能擺脫傷痛與悔恨的控制和影響。

凱龍星在水瓶座

沒有任何的壓抑可以完完全全的控制住人們，讓人們繼續忍受痛苦。經歷過在 50 年代初期的壓抑，到了 50 年代的末期，當凱龍來到了水瓶座的時刻，期待著傷痛解放的力量開始出現，敲打世代的影響逐漸浮現在文化與生活中。

原本被人視為瘋子、小偷、罪犯、神經病的敲打世代族群，在文化與創作圈中開始佔有重要的影響地位，這些人被稱作「披頭族」（Beatnik）。他們具有反抗社會的強烈特質，這些人急於挑戰中產階級與社會主流，希望能從這些禁錮中解放，當然，他們也關注在弱勢族群的自由與解放，其中包括了男女平權、同志平權運動、黑人平權運動等。當然，我們也不可忽略馬丁路德‧金博士在 1955 年因為蒙哥馬利巴士事件而發起的罷乘運動，之後展開了一系列的黑人平權運動。

這些都說明了人們開始傾向過去束縛所帶來的傷痛，試圖為這些傷痛平反。在文學的創作上，這個時期除了有敲打世代與披頭族的文化特質之外，另一方面，科幻小說的大量發行，暗示著人們期盼透過未來與太空的發展，突破現有的困境，或打破當時的僵局。

如同敲打世代在 50 年代中期以後的廣大影響，以及年輕人紛紛期待從嚴格的管教中解脫，黑人們不再屈服於白人沙文主義的欺壓，凱龍在水瓶帶來了解放的態度，傷痛不再是需要被壓抑的事情，與別人不同也不再是一種罪過，人們開始替過去被壓抑的傷痛平反。凱龍在水瓶座有一種替人們的傷痛找尋出路的特質，透過對父權、權力或任何形式的控制來作為反抗。

當我在書寫這段文章時，想起當下我們對於年輕人的擔憂，例如：英國驚人的青少年犯罪，從每天的新聞中，我們都能看到這些青少年間的械鬥或槍擊酗酒，是否也再一次的呼應著凱龍在水瓶座的反抗特質？人們不斷問著「到底我們的社會出了什麼錯」的同時，是否也聽見了這些年輕人在吶喊、要求些什麼？

凱龍星在雙魚座

由於凱龍軌道越接近雙魚座和牡羊座，就越接近它在軌道上的遠日點，同

時，凱龍將在雙魚座停留八至九年左右，幾乎整個 1960 年代，凱龍都位在雙魚座。然而，我們只要研究當時全球的文化特色，就會發現人們用生活中的事物來表現出凱龍的傷痛特質。

最明顯的莫過於美國 60 年代著名的反戰運動、反傳統運動以及嬉皮文化，我們甚至不用多說些什麼，光是嬉皮文化中的愛與和平、音樂與毒品，就已經發現了相當強烈的雙魚特質，更別說在這個時代裡，歐洲許多國家紛紛在政治上採取左傾的態度。

許多保守人士對嬉皮採取一種貶抑的態度，認為他們吸毒、不願意參與社會活動，但事實上，嬉皮是用自己的方式參與。同時，文化觀察家認為，嬉皮運動並非一個有組織性的領導運動，而是相當隨性且鬆散的運動，這一點更是符合雙魚的特質。

同時，我們可以從這人們對於自身存在傷痛的面對方式，來看出凱龍雙魚如何處理傷痛，其中一種是以音樂藝術來抒發，然而，毒品和酒精也是相當具有雙魚特質的解脫方式。事實上，身為身心靈工作者較有興趣的一點，是在那樣的時代，人們開始對於新世紀、精神與靈修產生興趣。

有些人認為嬉皮使用毒品大麻的另一個目的，是為了追求精神上的寧靜，或提升自己到更高的精神層次，這的確是一種雙魚式面對痛苦尋求解脫的方式。有些人利用毒品、酒精來逃避問題，有些人則藉由這些行為，來產生自我提升的幻覺。無論有沒有使用毒品、酒精，凱龍在雙魚座的人們往往採取兩極化的方式來面對痛苦，沉溺其中或藉此提升自己到精神與心靈的境界。

凱龍星在第一宮

在占星學中，第一宮象徵著自我、我的身分、我給予他人的形象，以及人我關係的主題。把這個主題與凱龍的主題交叉來看，我們就會發現，凱龍在第一宮的人，對於自身的身分經常帶有一種陰影，有明顯被雙親或其中一方遺棄的感覺。

這種感受並非來自事實，往往只是個人的感受，就算他的雙親都好好待在家裡，就算他的雙親都對他很好，他可能還是會因為小時候父母只抱妹妹不抱他，而感到「被遺棄了」。我見過一個個案，凱龍結合了上升點，因為童年母親嫌她的表現沒有其他姊妹出色，因而覺得自己像是被母親拋棄的孤兒。但是對於某些人來說，被遺棄的狀態可能真的發生過也不一定。

　　凱龍在第一宮往往展現出一些特質，他們很容易忽略關於自身身分的傷痛，而專注在幫助他人、自我呈現與建立自我或醫療他人。自我的意識與呈現有著痛苦的感受，同時，強烈的感覺到自身的傷痛，認爲虛弱的自我容易被限制，或是常常劃地自限，常說「我辦不到」、「我沒辦法從痛苦中解脫」。這些人在傷痛的同時，也會造成他們對實現自我有著強大的恐懼，不願表現自我，藉由隱藏與幻想來逃避。

　　而表現在第一宮與第七宮的人我關係軸線上，它們往往藉由關注在他人身上的痛苦，以暫時擺脫自身無法解決的問題。例如：他們很可能會否定自我的痛苦，以取悅他人的方式呈現；但也有人透過否定自己，活在他人的世界中，藉由他人來肯定自己，甚至假裝自己是別人。

　　這樣的人在察覺自身問題，或認爲自己沒有問題、不願意面對自己的問題的時候，很可能會求助於他人，或責怪他人造成自己的困擾，或埋怨他人不願意幫助自己。這些問題往往強烈影響到伴侶關係，有時甚至會表現在傷害他人的身體或蔑視別人的身分上。

　　我認識的案例中，有凱龍結合上升點的人雖然不一定是醫生，但都有治療他人的強烈能力，他們最大的問題應該是如何與自己的傷痛和平共處。對凱龍在第一宮的人來說，找尋自己存在的意義特別重要，他們必須注意自身的傷痛，同時願意去面對，用成熟的方式面對並加以處理，這樣也可以幫助別人。如同心理諮商中常說的——我有問題，你也有問題，我不能代替你處理你的問題，我們都只能靠自己來處理自己的問題。

凱龍在第二宮

　　凱龍在第二宮暗示著，在成長過程中，容易產生自我價值受到傷害的現象。第二宮的價值觀與安全感受到了傷害，這可能是在成長過程中，家庭的經濟狀況或安全感的遭遇，爲此人帶來很大的震撼，有時並非劇烈的變化，而是家庭或父母的價值觀所帶來的影響。

　　我接觸過一個凱龍二宮金牛座的案例，案主的祖父省吃儉用到了吝嗇的地步，造成親緣家庭之間的紛爭，其中關於祖母因病過世，她與父母親都認爲是祖父不願花大錢醫治祖母才會如此，甚至因爲祖父的重男輕女，她那沒有添丁的母親因而遭受家族無情的攻擊，也讓她有自身不如別人的遺憾，這就是一個非常明顯的凱龍在第二宮加上金牛座的例子。個人無法接受來自於父親（祖父）的價值

觀，覺得身體受到了傷害，或因為自己的身體而使他人（在這個案例中是母親）
受到傷害。

現代占星學家認為，第二宮與身體及能力有關。凱龍在第二宮或多或少象徵
了此人對於身體的忽略，可能是因為自身的殘疾，或在成長過程中，對於身體或
物質世界的觀察過程中受到傷害，於是有意無意的忽略物質與身體，例如：剛才
提出的案主，對自己的身體有著明顯的自卑，有一部分是來自於祖父的重男輕
女，使她覺得，女生的身分讓她受到許多限制，或是有種恨自己不為男兒身的遺
憾。

當我們把焦點放在凱龍時，我也建議大家，應該同時觀察此人的金星位置，
或第二宮守護星的位置，或第二宮、第八宮的其他行星，最後觀察太陽與土星是
否有強硬相位，來突顯出第二宮的凱龍是否要呼應這些與價值觀有關的問題。

凱龍在第二宮的人雖然在成長之後，會明瞭自己無法接受過去長輩所帶來的
價值觀，或因身體上所帶來的歧視，但在孩童時的受傷記憶卻十分深刻。他們可
能會認為自己不值得被愛，在成長過程中造成了相當強烈的不安，這個「不值
得」會在往後的成長過程中顯現出來。

試想一個人的自我價值觀受到傷害之後，會進一步暗示著「我不值得被
愛」，接著可能發展成「我不值得去愛別人」，或者產生對於愛情或人我關係的
扭曲，奉獻犧牲自我以換取他人的關愛，例如：覺得自己不值得、不重要，對方
最重要，所以自己願意為對方奉獻一切。這是很浪漫的想法，但卻是扭曲的愛情
與價值觀，這一點或許不是凱龍在第二宮的主軸，但是它所暗示的自我價值受
傷，卻在心理占星學上明顯與上述事項有著緊密的連結！

凱龍在第三宮

和凱龍在雙子座一樣，凱龍到了第三宮，暗示著第三宮所掌管的思想、溝
通、學習、鄰居、兄弟姊妹、童年生活等層面受到了傷害，同時，這些傷害特別
容易表現在言語或學習上。有時候，這往往暗示了與父母缺乏溝通，或者父母在
溝通和教育的方式上錯誤的對待，對他們造成明顯的傷害。

當人們無法面對童年環境所承受到的打擊與惡劣的對待時，便會在腦子裡留
下了明顯的印記，當他們無法承受那種痛苦時，會在心中決定「丟臉死了，我以
後不要再這麼說了」、「反正我一定會說錯話，那乾脆不要說，省得被笑」這一
類的想法。這也使得凱龍在第三宮的人，在言語上特別謹慎，有時甚至不敢輕易

地表達自己的想法。同樣的，在凱龍的影響下，第三宮所主導的其他事件也可能受到傷害，影響日後的發展，嚴重者甚至會引發在心理上的困擾。

除了學習之外，凱龍在雙子座或第三宮，象徵著受傷或脆弱的兄弟姊妹，但也有可能深入人們的內心中，創造出另一個「受傷的雙子的印象」，意即人們將受傷的那一面隱藏起來，但他們會有意識無意識的表現出不同的自我。同時，第三宮與第九宮的軸線是我們必須注意的，凱龍在第三宮的人小時候所建立的想法，很可能會影響到日後的信念；小時候的學習被否定，很可能會表現在對於知識文化或高等教育的精神探討上。

我曾經聽過一位凱龍在第三宮的案主直截了當的對我說：「我就是口拙，越是想把事情解釋清楚就越糟，所以說話常常會造成別人的誤會，就乾脆不說了。」這也是另一種凱龍在第三宮的表現。不同的人選擇不同的方式，來面對凱龍在第三宮所帶來的傷害。

凱龍在第三宮的佛洛依德進入心理世界，探索那些怪異言語的根源。我們也看到小布希用扮演小丑的方式，無意識的言語不斷出差錯，來顯示出他過去所受到的傷害需要被關注。當你遇到凱龍在第三宮卻伶牙俐齒的人時可別驚訝，注意他們的表現，你會發現他們很少真的深入內心的感受中。

言語所造成的傷痛在凱龍第三宮時顯現得特別明顯，個人的思考、對內及對外的溝通，造成的困擾與阻礙都是我們常見的影響。在梅蘭妮老師的課堂上，我們就討論過小布希的星盤，他是一個非常典型的凱龍在第三宮案例，童年以及學習生涯的挫折對他來說，影響相當大。無論你怎麼看待這個人，或許你都會從接下來的故事中明瞭，凱龍在第三宮的真切影響。

凱龍在第四宮

凱龍在第四宮有明顯的家庭傷痛。當凱龍進入了與家庭、父母有關的第四宮時，我們可以從兩方面切入，第一個層面是真實的家庭傷痛，來自於父母，來自於消失、弱勢或不明顯的父親所帶來的影響，或是家庭的問題、暴力與傷害；第二個層面則可以擴大到國家、血緣、種族或心理上的歸屬感。我們往往會看到兩者之間也有密切的牽連。關於血緣種族的部分，我們已經在先前關於「凱龍在巨蟹座」的部分討論過。

凱龍在第四宮時，父母所帶來的傷痛表現得特別明顯，每個人藉由不同的方式去體驗。我們透過之前的討論已經瞭解到，凱龍藉由遺棄與傷害的方式，讓人

們感到難受，在第四宮時，則是不斷的重複主題，同時對於家庭與伴侶關係容易存在明顯的牽扯。這樣的人對於伴侶和婚姻關係，往往也會有某種程度的不信任，一方面或許不斷的尋找完美的伴侶，另一方面可能在家庭生活中，以不同的方式忽略家庭的重要，無意之間，在子女身上重複著過去父母對自己的傷害。

透過凱龍展現在醫療他人的特質上，凱龍在第四宮尋求的是一種保護與養育、照顧與被照顧的關係。我們往往看到這些人對人十分和善，關心關懷，然而，許多時候卻遺忘了自身也需要被照顧。若從凱龍的軸線來看，這或許暗示著家庭與社會生活的衝突。當凱龍在第四宮時，有些人會一頭栽進事業中，想藉此填補凱龍在第四宮的家庭層面所帶來的傷痛。

若看到案例有凱龍在第四宮，無須真的在意他父母的狀況，或是他有良好家庭、生活幸福等方面不符合凱龍的形象，而是應該仔細的去探討此人正在努力尋找的事情，仔細的想想這些事情是否與父母親或家族中的傷痛與遺憾有關。當我們在觀察凱龍的影響時，我們可以同時觀察此人的星盤上，太陽、月亮、土星、第四宮、第十宮以及它們的守護星狀況，這些都暗示著父母與家庭關係帶來的強力影響。

小布希的個案分析

小布希的成長過程中有個最重大的震撼，就是在他七歲的時候，妹妹羅蘋因血癌過世（第三宮也與兄弟姊妹有關）。在無數的訪談中，小布希顯得相當在意當時雙親的態度。

他們採取的方式是當作沒有這回事發生，小布希甚至沒有任何機會悼念他的妹妹。對於一個七歲小孩來說，手足的去世是一種巨大的衝擊，但在面臨這種重大失去的時刻，他卻沒有機會表達出他內心的想法。無論是心理學家或是他的母親都承認，這對小布希來說，是成長過程中一個重大的傷害。

接著，小布希在學習過程中，想再一次利用作文的機會表達他失去妹妹的傷痛，可是，因為差勁的表達能力，他的作文被老師奚落，再一次造成了明顯的傷害，不但自我的表達受到挫折，同時在學習上也受到了傷害。這造就了我們所觀察到的小布希，拙於言詞，在重要的場合中常常說錯話，甚至讓人覺得他在扮演小丑。

凱龍在第五宮

雖然在某種程度上，第五宮與獅子座有所關連，但我們更關注第五宮所代表的創作、表現與娛樂的態度。第五宮象徵著人們在成長階段中，開始以自我爲主軸，發光發熱的青少年階段，這時候的人們誇張愛現，充滿了戲劇化。

想想看，一個十八歲的女生可能因爲同學說一句話而傷心尋死，一個十七歲的男生可能因爲女友要分手而弄得槁木死灰，但隨著年紀的增長，這些誇張的表現會慢慢消失，於是，誇張戲劇化的表現與吸引他人注意的特質，也正是讓凱龍位在第五宮的人既驕傲又傷痛的地方。

凱龍在第五宮的人對於生活的樂趣採取極端不同的態度，若不是極爲嚴肅，完全不懂輕鬆幽默的人，就是老愛扮演取悅他人的角色。另外，他們也可能扮演冒險英雄的角色。一般人看見的是凱龍在第五宮的傑出表現，但心理占星師們卻相當在意，隱藏在第五宮的自我表現之後的自我身分識別問題。

遇到凱龍在第五宮的人，你該看的不是他當下的表現，而是要去注意他爲什麼會那麼急著想要逞英雄，吸引別人的注意？他青少年的成就或努力是否曾經被人忽略過？（第五宮特別象徵青少年時期的表現）

我們可以仔細檢查出凱龍在第五宮的人的傷痛特質，一方面替他們帶來了驕傲，一方面卻是他們要命的痛。許多凱龍在第五宮的人擁有的創意，讓人激賞或不敢恭維，他們的創意與冒險可能源自於青少年時期的傷痛，但如果仔細檢視他們的成長故事，你會發現他們之所以想吸引人注意的原因，是因爲他們不願意再被別人忽略了！

但別忘記了，凱龍所在的宮位也能讓人們在那裡幫助別人。第五宮所象徵的娛樂與才華成爲自身的傷痛，但是，凱龍在第五宮的人卻能夠從他人身上看到那些會發亮的鑽石。這個位置的凱龍，就如同凱龍以導師的身分在挖掘希臘英雄的才華一般，我們發現凱龍在第五宮的人，他們的才華曾經有過被埋沒的經驗，以至於他們更有能力去挖掘他人的才華，這些人可能會是不錯的老師（特別跟運動表演或藝術才華相關部分，讓學生們可以表現出來）。

馬龍·白蘭度的個案分析

　　以「教父」形象名揚四海的影星馬龍·白蘭度的一生，就是凱龍在第四宮最值得探討的案例。在他的星盤上，我們關注到的不只是凱龍在第四宮，還包括了他本身的太陽與冥王星的四分相，以及日月火星冥王星的 T 字三角，天王星與象徵家庭和父母的天底結合。

　　馬龍·白蘭度的童年除了要面對有酒精中毒的母親之外，還要面對有暴力傾向的父親。在他身為人父之後，對家庭的忽視又造成了子女之間的家庭悲劇，最後，他隱居南太平洋小島上，度過餘生。終其一生，他對父親的恨意都是一種強烈的影響，這也暗示了凱龍在第四宮的人對於雙親的複雜情節。在這裡，我節錄一段馬龍·白蘭度在訪談中提及關於父親的話語，來和任何凱龍在第四宮、第十宮的朋友（或是任何願意與父母親和解的人）分享。

　　「我終於明白，我必須原諒父親，否則，我的餘生將在仇恨和痛苦中度過。如果不原諒父親，那麼我也永遠不可能原諒自己，因為我為自己做過的很多事感到內疚。現在，我已經原諒了父親，也原諒了自己，雖然我明白，理智的原諒不一定是發自內心的原諒。」

　　馬龍·白蘭度用他的一輩子來體驗這句話。如果你願意瞭解，願意原諒，那麼，你就不用和他一樣，花上一輩子的時間，繞了一大段的遠路來處理這樣的問題。

凱龍在第六宮

　　第六宮象徵著每日的生活，我們在生活中的一舉一動，特別是那些固定發生的事情、每天都會從事的行為，都與第六宮有關。生活作息、工作、食衣住行，當然也會因此影響到我們的身體健康。

　　凱龍在第六宮，雖然不至於暗示身體健康上一定會有問題，但卻暗示了這樣的人（或他們的父母親與長輩）很可能因為太過注意生活中的任何一個小細節，或曾因忽略生活中的小細節而遭遇到挫折感。

　　但另一方面，凱龍在第六宮的人也會因為自覺不足，而不斷去學習。在工作上，也常因謹慎認真而獲得美名。不過，這些人仍然常因工作或緊張而得到傷痛。那種小心翼翼的氣氛，就像是過度注重健康所帶來的焦慮，限制這不能吃、

那也不能吃，或者會本能地想避開混亂與危險，特別是早期生活中，來自於雙親的陰影與影響。

因此，凱龍在第六宮與「凱龍在處女座」的完美主義，有著同樣的現象。這些人的困難，往往是很難讓傷痛的記憶遠離他們，因為他們會用第六宮和處女座的方式來處理問題，帶有焦慮的色彩，不斷地分析、鑽牛角尖，甚至成為一種執念而放不下，或者將所有的罪過歸咎在自我身上。

然而，有許多案例顯示，這些凱龍在第六宮的人由於自身對於處理問題的困擾，或對於健康的憂慮，而極小心的避免問題發生的態度，使得他們容易在某些方面幫助別人，例如：他們可以是很棒的健康管理、物理治療師，或任何一種醫療治療與靈療方面的職業，同時也可以是管理人員，從事生活規劃、醫護或照顧他人的職業。然而，這些卻一再重複他們童年的恐懼，因為恐懼，想要控制調節每一個步驟與細節，這些問題最終會藉由身體與心靈上的問題而呈現。

凱龍在第六宮的人和凱龍在處女座的人一樣，必須瞭解到自己並非萬能的，也認知到自己在身體或心性上有所不足，並非完人，必須學會去接受與面對那些生命中的混亂狀況，因為那也是正常生活的一部分。同時，應該用正確的態度去保護身體、注意健康，或者用辛勤努力來彌補知識與智慧上的不足，而不是以緊張兮兮的態度來面對。

凱龍星在第七宮

曾經有學生問我：「若說凱龍在哪一宮，哪個領域就會帶來傷痛，那麼，凱龍在第七宮的人是不是只要結婚就會有傷痛？難道這些人就應該忍受傷痛，或一輩子都不要結婚嗎？」

第七宮象徵人我關係，但伴侶關係或許才是第七宮讓許多人覺得更重要的定義，這也使得許多初學者看到凱龍在第七宮時，就會覺得不舒服。凱龍在第七宮的人通常不敢輕易的與人結合或與他人合作，背後往往隱藏著希望保護自己，不要和他人有所接觸的願望，這的確是凱龍在第七宮的影響之一。至於另一種影響，則是這些人在伴侶關係中會過得相當辛苦。

你會發現，這些擁有凱龍在第七宮的人是不錯的合作諮詢或合夥顧問，他們也常常在他人的身邊扮演婚姻顧問的角色，然而，在現實生活中，這些人卻可能曾經吃過許多婚姻的苦。這些傷痛可能源自於父母之間的關係，他們見到或親身體驗過不愉快的伴侶關係，促使他們對婚姻和結合更為謹慎。人們都從父母的互

動上，學會如何與他人互動，而在童年時期學習到不愉快的伴侶互動方式，很可能會令他們對於別人產生強烈的不信任。

或許這些人的成長過程中，有著令人無法信任的雙親，這些人也發誓不再掉入同樣的陷阱中，但我們常常發現，人們會在無意識中挑選擁有類似特質的伴侶，儘管他們極力想避免。須知這不是命運注定，而是習慣的問題，我們在挑選伴侶的過程中，往往會無意識的挑選擁有熟悉特質的對象，不管這些特質是好是壞，甚至會重現父母親的錯誤。

凱龍在第七宮的人在面對伴侶關係與合作關係上的挫折時，常常會以為錯的是別人，卻沒有發現自己也有問題需要解決；或是認為錯誤都在自己，別人無需承擔責任。這兩種方式都不是解決伴侶關係問題的最好方式。

事實上，凱龍在第七宮的人，要去正視自身的問題是來自於雙親的影響，才有可能用健康的態度去面對。同時，在伴侶與合作關係上，不要縱容他人，任人予取予求，有些時候必須將界限畫出來。我們看見凱龍在第七宮的人，往往會捨棄了自我，任人宰割，直到自己對人我關係或婚姻完全心碎為止。事實上，他們若能早點畫出界限，讓對方明瞭自己不願意承擔這些後果，就可以及早避開類似的問題。

凱龍星在第八宮

第八宮的凱龍往往讓人們因為承受過多的傷痛與困擾，而渴望從生活中解脫。許多人討論到，凱龍在第八宮的人對於自殺和死亡有著無比的興趣，但我們必須瞭解其背後的原因，其實象徵著希望逃離問題，一切宛如新生一般，重新開始。

性愛是第八宮透過肉體展現心靈恐懼的一種形式，因此凱龍八宮除了代表性愛方面的困難外，在心理層面上，也代表與他人價值觀的衝突或障礙。但凱龍在第八宮的人不一定有所謂的性功能障礙，但是，在伴侶生活中的性愛，或是伴侶生活的金錢課題上，往往容易產生許多困擾。這些人可能經歷過與伴侶（合夥人）之間不愉快的財務經歷，或在性生活上希望以自己的身體來討好伴侶。

如果你熟讀這本書，你就會知道，我們應該關注在此人的自我價值課題上，尤其當凱龍擁有如此強烈的軸線特質。當它在第八宮時，第二宮的事物也不應該被忽略，因為自我貶抑而容易受到他人傷害的自我價值，我們往往發現這些人對自我價值的貶低，如同在對別人說「我沒有用，歡迎來糟蹋我」，替他人侵佔自

己身家安全大開方便之門。另外，他們也可能因爲自我膨脹或反擊，在無意之間傷害到他人的自我價值，這些都成爲諮商時應該注意的主題。

除了自我價值的貶抑或膨脹所造成的困擾之外，我們也不可忽略第八宮對力量的渴求。事實上，即使不是政客、生意人，仍會對權力產生興趣。我們回顧第八宮的特質就會發現，任何星盤上強調第八宮的人，都會因爲經常要面對強烈的危機感，而像溺水的人一樣，想要緊緊抓住身邊的所有事物。

當凱龍星進入第八宮時，帶來了對於周邊事物的強烈控制感受，若不去明瞭背後的心理因素，只是一味的採取控制他人作爲安全感的來源的話，這些人對於力量、金錢與控制他人的依賴程度就會如同毒癮一樣，無法擺脫。這樣的問題可能來自於許多不同的層面，但也多半擺脫不了父母親關係的影響，以及曾經面對過的生命威脅和生活危機。我們得回到這些人的星盤上來討論，他們生活中的強烈不安來自於哪裡，當然很可能不只是一個因素。

強尼・戴普的個案分析

要瞭解凱龍在第八宮，我們不妨看看知名影星強尼・戴普的案例。除了凱龍在第八宮之外，他的第一宮、第二宮有著強烈的天王火星冥王合相的星群，暗示著他早年生活在極端不穩定的環境，在他的人格發展中造成了冷漠與獨立的態度。

根據維基百科（wikipedia）的資料指出，他在七歲之前，搬家超過二十次，這對一個兒童來說，造成相當大的心靈壓力。強尼・戴普十五歲時，父母離婚之後，開始表現出自我傷害的傾向，將他在青少年所承受的痛苦變成真實的傷口留在身上。在這裡，我們明顯看見了凱龍在第八宮的自殘傾向，一種希望可以從痛苦中解脫的特質。

他的星盤上，第一宮的天王星與火星，加上第二宮的冥王星與凱龍對分，太陽與凱龍四分相，非常明顯的解釋了在自我身上所留下的痛楚。凱龍同時與日月產生的相位，同時與天底（IC）守護冥王星產生對分相，也暗示了這些問題來自於父母之間的性與金錢的問題，日後會強烈的展現在他個人的第八宮領域，例如：性愛、與伴侶之間的物質、深層的心理狀態等。

凱龍星在第九宮

第九宮象徵著個人信念的領域，宗教是其中一部分，然而跳脫宗教之外，還有許多包括了引導人們成長的信念也屬於第九宮的範圍。這些信念不一定是宗教形式，有些是科學的理念，有些是人生觀，人們因爲有了這些信念或信仰的支

持，才會在成長的路上順利前進。

但是，凱龍在第九宮往往暗示著在成長過程中，原先的理念受到了傷害，進一步質疑起這些信仰，也可能是受到精神導師或所尊敬長輩的傷害，而懷疑自身的信仰。然而，他們又會因為對於精神生活的不滿足，不停的尋找人生的真理。質疑與猜疑，是這些人面對信仰的基本態度。

但是，占星學家們發現凱龍在第九宮的個案，往往有另一種特殊的特質，我也總是在課堂或講座會場上遇見這樣的人。這些人相當樂觀積極，對於自己與未來相當有信心，他們絲毫沒有所謂的信念問題。

但是，別忘記梅蘭妮老師在他的書中提醒我們凱龍的膨脹特質，正是凱龍在第九宮的人最容易發揮的特質。在傳統占星學中，第九宮是所謂神的位置；在心理占星學中，第九宮也有膨脹、擴大、發展的意涵。這些人往往注意到凱龍有關醫療與教育的一面，這並不是不好，這些人相當好學，且認真的討論跟生命有關、信念有關的問題，但這些人也往往不容易接受他人的想法（信念），同時，因過度自信而讓他們無法聽進任何的建議與話語。

我常開玩笑說，這些人的神性驕傲大過了他們對傷痛的關注。在成長過程中，因為長輩或雙親的弱勢，造成他們必須積極強勢的建立起一套信念，好靠著這樣的希望來成長。有些時候，這些人會因為積極與強勢，而用自身的理念來傷害他人。

並不是和凱龍在第九宮的希特勒一樣，會用他所相信的世界觀來屠殺猶太人。這些人不是壞人，只是不太願意用自身的弱點與傷痛來面對世界，只好用驕傲來面對。在這樣的過程中，他們有時會將自己神格化，覺得自己與神無異，可以決定他人的生命走向，這才是危險的地方，到最後，這些人往往會成為過度自信的受害者而嚐到苦果。這些人必須學會謙卑的檢視自身的信仰，尊重他人的信仰與成長方式，才不會使自己受到嚴重的傷害。

凱龍星在第十宮

任何在第十宮的行星都會被我們展現在公眾的眼前（或電視機前），於是，這些人的身上往往背負著特殊的形象，這些形象也與凱龍有關，例如：醫療者、靈療者、教育者、優秀的老師或受傷的人、為了職業而奉獻的人。事實上，這些人對於公眾目光的尾隨是又愛又恨，但任何事情都無法掩蓋這些人對於成為成功社會人士的期待，不過這些人卻喜歡躲在幕後，因此，他們可能是非常棒的幕後

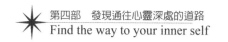

推手與幕僚。

　　這些人知道該如何應對公眾的要求，或建立公眾的形象，但總是很小心的展現自己的形象，或是不輕易在公眾面前露臉。由於這些人對於公眾形象太過在乎，使得他們更容易受到他人的影響與傷害。

　　從凱龍本身呼應兩個宮位軸線的特質來看，當我們看見凱龍在第十宮時，不得不去注意此人在第四宮與第十宮的軸線問題。由於凱龍和這兩宮的軸線都有父母關係的強烈特質存在，所以，當凱龍落入第四宮與第十宮時，我們應該優先關注的，或許是此人與雙親之間的關係，以及他眼中的父母關係。並非這些人都有很糟糕的父母，或是被父母遺棄，但是在親子互動的過程中，這些人往往會有一些「更好的」見解，或許我可以說，這是一種對親子關係的不滿。

　　這些人若成為父母，很有可能有一套十分特殊的父母經，他們渴望成為父母，且迫不及待的想要讓子女知道，自己並不像是自己的父母一樣糟糕。同時，在面對政府權威與上司的管理時，也往往會採取極端的態度，完全順從或是毫不接受管束，這些也都和成長經驗有著相當密切的關連。

　　凱龍在第十宮的人，無論你願不願意，最好是重新檢視成長過程中，父母親的關係以及他們的管教對你造成的影響——他們是否在哪些時候帶給你一些困擾？他們是忽略、忽視或輕視你？他們對你的限制與壓抑，並不代表你有一對不好的父母，我們也知道，許多時候他們是出自好意，但是卻造成了一些限制。當你重新檢視這些問題的時候，就是替這些問題鬆綁的時刻。

凱龍星在第十一宮

　　第十一宮象徵著人們對未來的夢想與期盼。當凱龍在這一個宮位時，往往暗示著這個生活領域所遇到的傷害，對此人造成不小的影響。或許他在成長過程中，莫名其妙成為眾人嘲笑的對象；或許他的雙親之一成為社會事件的主角，使他必須承受眾人的評價而成長。當凱龍進入具有代表集體的宮位時，我們可以說傷痛並非由個人造成，這些人的傷痛往往是由於整個社會、整個世代或整個團體的決定或投射所造成的。

　　在拿捏自我的未來與公眾的未來或目標上，凱龍在第十一宮往往有著很特殊的表現，是否應該犧牲小我完成大我，是這些人最害怕討論的主題。因為過去的經驗告訴他們，如果太過我行我素，一味追求自我，那麼，那些被眾人嘲笑的恐懼記憶將會再度回來。

但相反的，他們也可能希望掩藏自己，渴望成為任何團體的一員，同時又因為害怕被排擠在團體或社群外，最後因為生活總是圍繞著他人打轉，因而忽略了自己的生活與目標，以另一種形式成為眾人利益之下的犧牲者。這些人（或他們身邊的長輩）很可能曾經扮演整個社會的代罪羔羊，使他們對於與外界互動感到恐懼與敏感，他們可能希望自由自在，不接受任何的管束。

如果他們因此就與社會斷絕了往來，受傷最大的其實是自身，所幸這些凱龍在第十一宮的人，並不會因為被傷害就放棄了他們為社會付出的熱忱。他們往往在某種程度的傷害下就得到了領悟，並很快的學會如何在自我與他人的目標和利益中拿捏分寸。

但憑著自身的經驗，也讓這些人更懂得如何與眾人打交道，並兼顧自身的目標和利益，也能將這些經驗傳遞給身邊有需要的人。第十一宮的未來期盼讓這些人就像從未來世界派來的使者一樣，透過自身傷痛的經驗，傳遞新的訊息。在團體中，他們往往扮演協調與仲介者的角色，幫助人們獲得更好的生活。

凱龍星在第十二宮

第十二宮是我們透過情感的連結、強烈的感受力，學習宇宙事物的運行道理，以及發揮慈悲心的地方。由於第十二宮內並沒有所謂的人我分別，也因此，我們可以說凱龍在十二宮時，人們透過體驗他人的傷痛來瞭解這個世界。位在第十二宮的凱龍常常讓人們對周遭發生的事物特別敏感，他們很容易就能感受他人的感覺，設身處地的為他人著想。

但是，凱龍在第十二宮時，也可能因為分不清楚究竟哪些問題是自身的，哪些問題是他人的，因而照單全收、概括承受。這源自於對於生命源頭的孤獨感受。所有與海王星、雙魚座、第十二宮的特質產生互動的行星，都會受到這種影響，一種無法忍受因為「自我」的存在而帶來的強烈孤獨感，會讓他們像是返鄉的鮭魚一樣，奮力地迴游去尋找生命的起源。

無論透過哪些方式，這些人總是非常投入的想要避開生命的孤獨與凱龍所暗示的傷痛。另一方面，他們害怕處於安靜而被人遺忘的地方，一方面，他們對於傷痛該用何種方式處理毫無所知，而在另一方面，他們又渴望跨越生命的限制，去取得更高層的安全感。

凱龍在第十二宮的人對於旁人的傷痛，可以用奉獻或醫治他人的方式去面對，但由於迷惘所帶來的傷痛，卻往往不知道該怎麼面對。有些時候，這些人因

為強烈的逃避傾向，不願去面對自身該面對的問題，因此會說不知道問題在哪裡，不知道什麼是問題，但事實上，他們也知道許多地方都會造成他們的困擾，如果不是無病呻吟，就是自己從來不曾認真去面對。

第六宮與第十二宮的軸線告訴我們，首先要區分自身與他人的問題，接著，再用務實的態度去解決自身的問題，而不是長期透過耽溺於他人所帶來的傷痛來逃避。對凱龍在第十二宮的人來說，精神生活或藝術生活的發展有很大的重要性。

凱龍的相位

當凱龍星與其他行星產生合相時，很明顯的，這就是這個人造成心靈創傷的事件。我們可以注意所在的宮位，表示此人所敏感的環境，加上合相的行星表示受創的來源，受創後的行為往往會有兩極化的反應可以解釋，必須認真面對以求傷口的癒合。

此外，我們必須注意到，凱龍（與其他行星）的合相仍然具有傷痛的意涵，且作用力十分明顯。然而，凱龍（與其他行星）的柔和相位卻暗示著，人們沒有強烈的意識到傷痛所帶來的痛苦，或者人們接受傷痛成為生命中的一部分，但有時也會忽略它的影響。強硬相位是我們較為在意的部分，凱龍的傷痛在強硬相位上帶來了明顯的特質，往往讓人們感受到自身或他人的虛弱與傷痛，因而阻礙了想完成的事情。

凱龍與太陽的相位

凱龍與太陽的合相和對分相，明顯暗示著由長輩（特別是男性）所帶來的傷痛與影響，對於人們的自我建立有著重要的傷害，反映在生活中，往往會帶來自憐的嘆息，卻又對他人積極的鼓勵。有時候在發展伴侶關係上，會有某種程度的扭曲。

凱龍與太陽的強硬相位帶來了類似的衝突，但這些人更容易強調那些在生活中，他人無意間所造成的傷痛，或許只是一句話，卻很容易讓他們在意許久。凱龍與太陽的柔和相位暗示著有些早年生活的傷痛，是當事人不願去面對，或是他們從不覺得有影響，在某些時候，這些讓他們驕傲的部分仍被迫去面對自身的傷痛，而展開療傷的旅程。

凱龍與月亮的相位

　　凱龍與月亮的合相和對分相，都暗示著成長過程中，在自身的需求無法被滿足的同時，所帶來的心靈受創。人們往往透過拒絕照顧他人和自己的態度來面對，同時，在伴侶關係中產生了明顯的情感交流阻隔，之所以會這樣做，完全是因為──「我不要再受傷了」。

　　凱龍與月亮的強硬相位有著類似的主題與體驗，但很容易將這些問題歸咎在自己的身上，或者不明究裡地拒人於千里之外。在心靈探索中，或許我們應該注意成長過程中的經歷，並學會如何照料這個部分。凱龍與月亮的柔和相位同樣暗示類似的問題存在，但當事人卻從未察覺，若本身用太過輕忽的態度處理，就很容易在生活中受到無意識的干擾。

凱龍與水星的相位

　　凱龍與水星的合相與對分相，往往顯示在與他人的互動中，無法輕鬆的自我表達，但卻可以對他人的事物侃侃而談。這些人很不喜歡談論自身及痛苦的問題，卻可以精采的引導談話，或者將話題導向其他事物。

　　凱龍與水星強硬相位容易讓當事人在無意識中用言語自我否定的情況，但他們卻相當擅長用言語來幫助他人，也知道言語帶來的傷害有多大。這些狀況都可以透過自身成長過程中，是否遭遇過哪些溝通與自我表達的阻礙，來加以面對並治療。

　　凱龍與水星的柔和相位雖然不明顯，但相當有趣的是，這些人若仔細聆聽自己鼓勵他人的話語，往往會發現那其實是在訴說自己的經驗。

凱龍與金星的相位

　　凱龍與金星的合相、對分相與強硬相位，都暗示著明顯的自我價值的傷痛，而成長過程所發生的事件，會導致這些人對於自我價值採取否定或膨脹的態度，往往因而引發個人在伴侶、情感、財務關係的問題。

　　但是，這些人卻對他人的價值建立有著許多幫助。有些時候，這些人會任人予取予求，只因為他們覺得自己是不重要的。在諮商過程中，這些問題都需要被

討論。雖然柔和相位不會讓人有明顯的感受，但事實上，問題仍然存在，只是在等待適當的時機，要當事人去面對同樣的問題。

凱龍與火星的相位

火星是人們勇敢呈現自我的特質，同時，也是男性的特質以及生存力量的來源。在凱龍與火星的合相、對分相與強硬相位時，都暗示著成長過程的傷痛對於人們的生存力量及自我呈現有相當程度的阻礙。他們可能會覺得，這世上沒有他們也沒關係，他們沒必要去蹚這些渾水，也不應該愛出風頭。

同時，凱龍與火星的相位往往暗示著受傷的男性特質，表現在男性身上時，不容易突顯自身的陽光與耀眼的活力，但在受創時，卻容易表現出極度憤怒，引發身體與心靈的不適，甚至引來意外傷害的發生；對於女性而言，卻可能吸引或照顧這一類的男性。

凱龍與火星的柔和相位雖然可能讓人有類似的經驗，卻不容易自我察覺。面對任何的火星與凱龍的相位，我們往往需要回過頭去檢視成長過程，是否有類似的傷痛事件，同時學會去面對照料這樣的傷痛。

凱龍與木星的相位

凱龍與木星的所有相位都暗示著，這些人自認為能瞭解別人的傷痛，並想啟發他們，卻往往會發現他人並非如此認同他們的概念。事實上，他們常忽略自身也有傷痛，他們最驕傲拿手的事物往往來自於最不想讓他人知道的傷痛，甚至自己也想逃避。

這些問題都暗示著，若他們無法面對自己的問題，那麼，在面對他人的問題時，也會有某種程度的偏頗，甚至明顯的將自己的傷痛說成是他人的問題。放下驕傲，正視自己的問題，就是凱龍與木星有相位的人應該學習的事情。

凱龍與土星的相位

凱龍與土星的任何相位都暗示著，凱龍與他父親之間的故事在這裡會一再上演。並不是說這些人一出生就會被遺棄，但是，由父親形象所帶來被忽視或被嚴格管束的疑問，都將在日後造成明顯的生命刻痕。

這些人無法忘懷過去的陰影，用許多不同的方式回應，叛逆或是極度的保護自我。許多案例都顯示，若無法與男性長輩所帶來的傷痛和解，那麼，這些心靈的枷鎖將有可能會封閉生命中的許多可能性。

凱龍與天王星的相位

凱龍與天王星的相位是一種世代的共同特質，人人都極度渴望從傷痛中解脫，他們所要面對的是由社會所帶來的共同陰影與傷痛。這些人也肩負著一些特殊任務，負責在新與舊的世界中扮演平衡的角色。

在這些過程中，我們仍要知道，傷痛扮演著幫助我們朝未來前進的角色，若忽略而不去面對自身的傷痛，將很有可能引發由天王星所暗示的分離或意外事件。

凱龍與海王星的相位

凱龍與海王星的相位同樣是一種世代的影響，這些人希望感受到心靈的孤寂，希望尋求精神解脫的道路，但過程卻極為辛苦。急躁與狂熱將導致這些人難以判斷正確的道路，往往為了一些夢想，或過度感受他人的情緒，而走錯了成長的方向。

若能有耐心的面對自己，認真檢查自己的感受，瞭解自己真正尋求的解脫為何，就不會一而再、再而三的在心靈成長的道路上，有那麼明顯的挫折感。

凱龍與冥王星的相位

由於冥王星帶來強大的心靈能量與緊張的狀態，人們往往會因為對於未知事物的恐懼而被傷害，這導致人們缺乏勇氣邁向未知的未來。同時，冥王星也代表生存的力量，凱龍的傷害出現在這個部分時，也證實了這些人為何會對未來懷有躊躇不前的態度。

這些恐懼所造成的傷害並非個人的，而是整個社會所共同擁有的。必須從自己的傷痛開始瞭解，也只有在瞭解自己為何害怕恐懼，並透過深入心靈來幫助自己之後，才能真的提供他人有用的幫助。

凱龍與上升／下降點的相位

這些人雖然都有幫助他人的強烈特質，往往對於他人的身心健康能有所貢獻，但是，當凱龍與上升、下降點產生相位時，暗示著在人我關係上會有明顯的衝突，其主要原因來自於成長過程中的傷痛，讓人們在與他人互動時，總有一種無法輕鬆面對的感覺。

無論當事人有沒有意識到，他們會希望別人明顯的看到自身所背負的傷痛，卻很容易流露出顧影自憐的樣子。我們仍舊可以從凱龍所在的宮位來下手，確切的探討這些問題。

凱龍與天頂／天底的相位

當凱龍與天頂和天底產生相位時，這些驕傲的特質一再的與這些人的家庭關係重複。無論他們是否對外展現出凱龍的醫療或幫助他人的特質，但真正該關心的是他們過去與家人的關係，特別是與父母之間的問題。

因為這些特質會間接影響到生活的一切，從內在的情緒、外在與社會的互動，甚至婚姻伴侶關係。這些人若不能正常的看待被遺棄的感受，問題就容易繼續發生。事實上，每個人都有自己問題，這些人的問題並非最特殊，同時也要知道他們的不愉快，往往造就了他們今天的成功。這時候，或許我們應該換一個角度來看到這些傷痛所帶來的結果，而不是一再怪罪過去那些造成傷害的人。

第三章　成長歷程的黃金羅盤
——南北月亮交點

　　如果說凱龍在心理占星學上的應用，是 1980 年以來的重要新發現，那麼，南北月亮交點在占星學中被重視，可以算是一種重新發現與重新定義的重要工作。

　　在過去的占星學中，南北月亮交點並不被重視，許多占星學教材中往往一筆帶過，認為它們的性質類似於土星或木星。但是，在現代的占星學中，有越來越多的跡象顯示，南北月亮交點有著重要的地位，同時認為這兩個端點對於引領人們在生活中成長有著舉足輕重的地位。因此，無論在靈魂業力的討論上，或是心理占星學的討論範圍，南北月亮交點都不再只是星盤上容易被人忽略的兩個點。

南北交點的定義

　　首先，我們應該詳細的解釋一下南北交點的定義。南北月亮交點又稱作「南北交」，或者稱作「月亮交點」，是地球繞日軌道與月球軌道的高度的交會點。月球的軌道大約以五度的角度傾斜於地球繞日的軌道（黃道），也就是說，月亮並不是永遠都與地球在同一個高度平面上。

　　因為高度的不同，所以，就算是月球與太陽在地球相對的兩側成為一直線時，月球仍不至於完全的被地球給遮住，仍可以因為高度的不同而反射太陽的光芒，這就是每一個月的滿月時刻，我們可以看見月亮完整的反射太陽光芒的原因。

　　但如果同樣是滿月時刻，而月亮正好在它軌道高度上，與地球繞日軌道一樣的高度時，月球就像是躲在地球後面一樣，太陽的光芒會被地球給擋住，就算是滿月的時刻，月球仍然無法完整的反應太陽的光芒，這就是我們稱呼的「月蝕」。同樣的道理，也可以應用在太陽與月亮在地球的同一側，但是，月球的軌道高度與地球一樣高時，就很容易擋住太陽的光芒，形成「日蝕」。

　　月亮的軌道與地球軌道會有兩個交會的點，一個發生在月亮軌道由南半球向北半球經過的地方，這一個交會點就被稱作北月亮交點（North Node，北交點），另外一端則是月亮由北半球進入南半球的地方，被稱作南月亮交點

（South Node，南交點）。

南北月交點又有別名，稱作龍頭（Dragon's Head）和龍尾（Dragon's Tail），這個概念來自於古人認為，日蝕和月蝕的發生是巨龍吞食太陽或月亮所帶來的影響，於是，將北交點命名為龍頭，南交點命名為龍尾。

傳統占星師在解釋南北交的時候，往往有一個簡單的應用概念，北交點就如同木星一般，帶來幸運，而南交點就如同土星一般，帶來不幸。近代的占星師認為，南北交正因為與日月蝕有著密切的關連，因而逐漸看重這兩個點的重要性，同時，他們也以日月蝕發生的概念來解讀南北交的影響力。

而業力（靈魂）占星師因為相信人類的靈魂在不同的時空中流轉，而南北交則是靈魂與肉體的交界點，這個概念來自於南北交是太陽的黃道（事實上是地球繞日軌道）與月亮軌道的交會點。所以，你在看一些關於南北交的論述時，往往會有一些相當靈魂業力的用詞，例如：解釋南交點的土星特質時，認為那是你前輩子遺留下來的問題，北交點才是你這輩子要去成長轉化的道路。

而在心理占星學中，我們不以業力或前世今生作基礎，來討論南北交的特質，同時，也不認為南北交就真的如此神奇。那些相信前世今生的占星師的說法有他們自己的信仰與立論，但是，他們的說法往往會造成一種錯覺，那就是南交點是不好的、需要摒棄的，而北交點是好的，我們需要朝它前進。

熟悉的環境與成長的挑戰

心理占星學認為，南北交是人生中成長的指標，象徵著我們的過去與未來的指引。南交點暗示著我們熟悉的事物、成長的環境以及熟悉的行為模式，而北交點則是我們成長的目標，它可能會帶來一些挑戰，但卻讓我們不斷的成長。

同時，我們也必須知道，並不是要完全的摒棄南交點的特質，必須記住我們熟悉的環境與擅長的技巧，都有它在生命中的意義，以及需要發揮的時刻，只要記住不被它們限制住，就可以在適當的時候加以使用。同時，占星天后麗茲・葛林也提出南北交需要配對使用，南交點的長處，若沒有經過實踐北交點的訓練，將不具有任何意義。

從神話的原型來看，我們往往要以龍頭、龍尾以及龍的形象來解讀南北交。在許多的神話故事中，龍負責守護寶藏，當我們想要揭開生命的寶藏，就像是一個英雄想要從外界中得到些什麼時，往往會遭遇到龍的挑戰。北交點的龍頭是我們在想要成為英雄之路上，接受挑戰的地方，暗示著我們必須去學習的課題，但

也不是一天到晚就拚了命地在外衝刺。我們只要記住這個前進的方向，在遇到挑戰時才能明瞭，這是我成長的機會，而不是命運的作弄。

經驗資源的吸收與釋放

近年來，我的老師梅蘭妮·瑞哈特教導我們，以另一種觀點來看待南北交的影響力。被稱作龍頭的北交點，如同我們要吞食日月的地方，是我們透過這個社會吸收資源的地方，無論吸收的是精神或物質，往往會有貪婪而不知道停止的毛病。而南交點則是龍尾，如同龍在這裡釋放日月，是我們釋放個人經驗的地方，那些我們曾經吸收的，現在要回饋到這個社會上。

這時候你會發現，南北交都暗示著我們與外界社會的互動，而不是說你應該還這個債或還那個債，也因此，南北交常被解釋為與社會的互動和作用力，特別是展現在我們與他人的關係上，南北交都象徵著我們與社會互動的機會點。但有些占星師認為，南交點的特質往往比起北交點更具有所謂的作用力，我想，這與梅蘭妮老師所說的「釋放」與「回饋」，或許有著異曲同工之妙。

星座軸線、宮位軸線

在觀察南北交時，我們必須注意到一點，這兩個點在黃道上永遠都是對立的，也因此在解讀它們時，不可能只解讀北交點而不解讀南交點。所以，這裡的星座宮位討論也將以星座和宮位的軸線為主。

牡羊座與天秤座軸線

＊南交點在牡羊座，北交點在天秤座

在成長經歷中，鼓勵這些人以熱情和行動來展現自我、證實自己的存在。這些人在無意識中，常以自我為主的處理許多生活上的事物。這並沒有不對，但是當他們開始與社會互動的時候，就必須注意到，與他人之間的互動關係將可能會因而產生衝突。

南交點的牡羊座會讓他們很清楚自己的重要性，也知道該如何表現自己，但是北交點就指出了認識他人的重要性。這些人獲得成長的重要方式，包括與他人

產生關連、學會以理智來思考、以對等的觀點來討論。除非他們學會尊重他人，學會與人對等的討論（而不再是自己說了算），否則，他們的自我將不具有重要的意義，也無法得到成長。

同時，當這些人在學會理智客觀的評判事物，以及懂得如何在人際關係中進退的時候，將會獲得許多好處，但也要記住感謝他人所帶來的好處與懂得回饋。

＊南交點在天秤座，北交點在牡羊座

同樣的是他人與自我的主題，但是，清楚的思考邏輯與客觀的態度是這些人的優點。這樣的人可能有不錯的人際關係，可是，在成長過程中，他們或許被要求以他人的利益為優先，或不要急著表現自己或爭取自己的利益，或者總有人在一旁照料他們，所以他們不必爭先恐後的去替自己爭取些什麼。

無論如何，在面對外界社會時，不夠積極、不夠自主很容易成為這些人生活中的大挑戰。或許他們有客觀的思考，能顧及諸多層面，但是自己的感受究竟為何呢？或許他們有著良好的人脈，但自己又是誰？有什麼特質？這些都是北交點的牡羊座暗示著人們去尋找的事物。

對於這些人來說，展現熱情主動，重建自我的身分相當重要。從兩個端點的平衡角度來說，這些人不需太努力就能吸引他人來關照自己，但這樣卻無法對生命有所貢獻。

金牛座與天蠍座軸線

＊南交點在金牛座，北交點在天蠍座

南交點常常代表人們能夠發揮出來的特質，對於南交點在金牛座的人來說，處理自身的事物並不困難，這包括了自己的身體、財務或使用屬於自己的物品，同時，他們也很清楚知道自己需要什麼東西。

有些時候，他們會太過重視事物的表象與外界的事物，或現實生活的考量所帶來的安全感，使得他們在成長過程中一旦遇到事物發生變化，就容易產生緊張與不安。對這些人來說，生命的課題其實是學習物質以外的世界，包括了內在心靈的瞭解，與他人分享彼此的物質、身體與價值觀。

這些人需謹記，瞭解物質、善用物質、累積物質的重要性仍然是他們的優點，不必放棄這些。但是，如果能將這些特質與他人分享，並且學著看透物質背

後的情感與精神意涵，就會使他們在完成生命主題的過程中更愉快。

*南交點在天蠍座，北交點在金牛座

在成長過程中，這些人很容易因為內心的不安，洞察出如何增加安全感與影響力的方式，比如說：深刻瞭解他人能替自己帶來什麼幫助，知道該如何從他人身上得到好處。

這些影響力加強了他們與別人之間的聯繫，也加強了他們的安全感。但事實上，當他們在檢視生活時，會發現真正屬於自己的事物很少很少，他們就好像過路財神，將這件物品透過自己的手交到他人手上而已，這反而會增加更多的不安。

北交點在金牛座，要人們像是深入瞭解他人的價值一樣，找出自己的價值，並加以信任，不必再藉由他人的一切為自己帶來安全感。珍惜當下，善用自己的身體與現在所擁有的資源與能力，在必要的時候，才藉助他人的能力與幫助，這樣才算是邁向成長之路。

雙子座與射手座軸線

*南交點在雙子座，北交點在射手座

這些人的周圍充滿了取之不盡、用之不竭的資訊，他們知道只要動一下腦筋，開口問人，翻翻書、上上網，馬上就能找到想要的答案。這些人需要知道的事情，書本上都有，別人也會告知，但是，這並不會帶給他們太多的成長機會，因為他們從來不用走出門去觀察，也不用深入調查事情，更不用深入的思考。生活周遭的現成答案限制了他們探索真理的欲望，同時也讓他們少有自己的見解。

北交點位在射手座的意義，就是鼓勵這些人去探索真理，找到自己的信念。當他們能夠勇敢地說出：「我認為」、「我的想法是」，而不再只是報紙上說如何如何，專家認為怎樣怎樣，這些人將會發現，他們透過南交點在雙子座得到的資訊，可以經過仔細思索與整合而變得更有用，讓自己更有信心的面對未來。

*南交點在射手座，北交點在雙子座

這些人相當有自信，且有一套自己的想法，樂觀與自信是他們擅長利用的特質，為了未來著想是南交點在射手座的生活慣性。他們或許從小就被鼓勵要有遠

見，而不知不覺的養成了不重視目前狀況的習慣，對於人們提出的警告不太在乎。這些人為了遠大的目標以及追尋生命的意義，可以四處流浪。

北交點在雙子座提醒這些人，如果能夠多聽聽他人所講的事情，或許可以不必浪費生命繞遠路；如果可以專注於當下，不必四處亂跑的追尋，也可以察覺到生命的甜美。但更重要的是，北交點的雙子座要你從小地方著手，才能一步一步地實踐自己的信念。

巨蟹座與摩羯座軸線

＊南交點在巨蟹座，北交點在摩羯座

關懷與照顧他人是南交點在巨蟹座的人的特質，出自於天生樂於照顧別人的特性，這些人總是在意身邊的人在想些什麼、他們的感覺如何，事實上，這些人更想問的是：「他們在不在乎我？」、「我做了這麼多事，他們會不會感激我？」從情感作為出發點，也是這些人面對生活的特質之一。

那些過去與熟悉的事物往往能帶給他們深刻的安全感。然而，北交點在摩羯座提醒了這些人，如果他們照顧他人，為他人犧牲不過就是為了喚起他人對自己的重視，那麼，為什麼不先重視自己？同時，他們也必須學會用務實的態度活在當下，並學會承擔責任及安排事物的先後順序，否則，總是依靠情緒和感覺來做事，將很容易錯過成長的機會。

＊南交點在摩羯座，北交點在巨蟹座

對於如何完成一件工作，如何分配工作，什麼人該做什麼事，該在哪個位置，這些工作對南交點在摩羯座的人來說一點也不難。這些人樂於承擔自己的責任，對於未來有許多規劃，同時也相當清楚自己未來的目標在哪裡。

可是，北交點所在的巨蟹座，卻暗示著這樣的人太過重視外在社會的評價，忽略了內心的安全感，同時，相當實際的作為或許可以滿足自己與他人在物質生活上的需求，但這些人又不斷地問：「那你們要還給我什麼？」他們對於表達自己的情感與感受，有相當程度的困難。

這些人的課題，是要學會為了自己和家人奉獻，不去計較誰付出的多，瞭解情感世界以及安全感的重要性。若學會瞭解到情感是無法衡量的話，他們所付出的一切實質物品將會更有意義。

獅子座與水瓶座軸線

*南交點在獅子座，北交點在水瓶座

　　無論哪些事情發生，南交點在獅子座的人總會認為這件事情與他有關，或者當他人成就一些事情的時候，南交點在獅子座的人會認為「我應該會做得比他更好」。南交點在獅子座的人相當習慣以自我中心作為考量，很難去瞭解這世界上每個人都有自己的世界，想要去的地方也不一樣；既然目標不同，為什麼每個人都必須從他們的出發點來作考量呢？

　　事實上，他們的想法並沒有錯，他們應該為自己所做的每件事情感到驕傲，但是，別人也應該有屬於自己的驕傲時刻，南交點在獅子座的人總不能載歌載舞二十四個小時都不休息吧？

　　對這些人來說，若能瞭解到每個人都有自己的目標和表現的時候，而他們也有在台下負責擔任鼓掌大隊的時候，並且在朝著彼此目標前進的路上，回應別人的求助，而非主動去幫別人做決定，便是在著手學習人生中的重要課題了。

*南交點在水瓶座，北交點在獅子座

　　無論水瓶座或獅子座，都有一種自傲的態度，這些人自身所擁有的能力的確值得驕傲，例如：南交點在水瓶座的人可能相當博學，或看事情看得相當透徹，而且不會拘泥於小地方，總是相當有遠見。雖然如此，但南交點在水瓶座的人卻總是用一種高高在上的態度來看待其他人，與所有的人事物保持著一定的距離，以維持自身的客觀立場。

　　北交點在獅子座指出，生命中有許多時候需要以熱情投入參與，當他們習慣了用廣角來俯視生命的長期目標之後，應該開始把眼光放在現在和自己身上，也要學習將客觀的觀點與博學的知識與他人分享，才能讓自己發光發亮。

處女座與雙魚座軸線

*南交點在處女座，北交點在雙魚座

　　南交點在處女座的人擅長的工作是將事情放在顯微鏡下比較與分析。這些人

能很清楚地比較出事物的不同，分析事情的脈絡與邏輯，重視每一件事物該有的秩序與步驟。什麼時候該做什麼事情，這些人就像是個大時鐘一樣，上緊了發條，會準時出現在他們該出現的位置，做該做的工作。

然而，生活並不是只有這些，南交點在處女座的人，必須去學習距離產生的美感。大家都知道，柔焦拍出來的模糊照片往往具有修飾效果，雖然不一定真實，但看的人會覺得好過許多。同時，感覺與感受也是他們該學習的事物，他們應該多花點時間去感受，多保留些彈性在時間上，可以多聞聞路邊的花香，可以停下來喘口氣，可以和朋友喝咖啡談心，隨性的出門散散步，透過這些，他們將會發現生活更有意義。

＊南交點在雙魚座，北交點在處女座

南交點在雙魚座的人很擅長運用感覺，他們往往也很能為他人設身處地的著想，願意和他人分擔痛苦，幫助別人。但是，這樣的人往往太過依賴感覺與情緒了，以至於在現實生活中常遇到一些困擾，例如許多事情並非「感覺」能夠解釋，許多時候往往不能只看心情做事。

他們犧牲自己去幫助別人，到最後往往還要別人反過來幫忙。建議北交點在處女座的人學習開發一些分析的技巧與對事物實際的批判，將會因此而順利完成該做的工作。同時，運用這樣的技巧，他們會發現，很多時候不必去替別人承擔工作，事實上，如果他們用幫助他人的時間來完成自己該完成的責任，不用麻煩到他人，就已經是在減輕他人的負擔了。

宮位軸線

一宮與七宮軸線

＊南交點在第一宮，北交點在第七宮

南交點落在第一宮的人，熟悉活在自己的世界中，在成長過程中，或許會透過不同的事件，養成不喜歡依靠他人來做事的感覺，他們往往認為與他人合作會帶來麻煩。在人我關係與伴侶關係上，雖然不太自覺，但卻很容易顯得自我。

有趣的是，他們常會挑選能夠和他「搭配」的夥伴，表面上看起來相當適

合，但事實上，多半是由他人來配合他，並從中獲得好處。這樣的人並非有心利用他人，只是在互動的過程中，不習慣與人合作且較少為他人考量。

北交點的成長課題指出，若此人能夠踏出信任他人的第一步，在合作或伴侶關係中平等的對待對方，傾聽伴侶和夥伴的建議，並且不再以自己的角度來觀察，或只關心自己的利益，將可以獲得更多成長所帶來的益處。

＊南交點在第七宮，北交點在第一宮

南交點在第七宮的人，希望自己能被他人接受，或不願意處於孤單的狀態，於是在某種程度上會依賴或討好他人，成為這個人的特質。就某方面來說，南交點在第七宮的好處是，這樣的人很隨和，能跟任何人相處得不錯，同時也相當受到他人的歡迎。但是，他們卻經常任由他人決定自己的去留，且在這樣的關係中失去自我。或許這樣的人總是在等待他人告訴他「你是誰」，而不是去定義自己——「我是一個怎樣的人」。

北交點在第一宮，建議此人勇敢去走自己的路，找尋人生的方向，而不是嫁雞隨雞，嫁狗隨狗，或者處處要他人的意見和幫助。在成長過程中，這些人早已吸收了足夠的經驗，知道該怎麼客觀的觀察環境、與人相處，那麼，為什麼不利用這些長處來過自己想過的生活呢？

二宮與八宮軸線

＊南交點在第二宮，北交點在第八宮

南交點所在的宮位是我們熟悉的環境，套用在心理層面上，是一種我們能夠善用且熟識的能力，而第二宮象徵著自我所擁有的資源與價值。南交點在第二宮的人知道該怎麼去增進自己的價值，該怎麼應用自己的能力，以及該怎麼去累積資源。

問題在於，當他們與他人分享時，總會有些不甘願，有時候會顯得太過計較，例如：為什麼我送一個鑽戒，卻只換來一個吻？他們常用自己的價值觀來衡量事物，要他們接受他人的價值觀是一件困難的事情。

北交點的課題指出這樣的人需要瞭解，事物的價值並非它們標籤上的定價，更不是他們花多少時間來累積，而是其背後的意涵。一條情人親手織的圍巾，其價值是無法衡量的。同時，透過接受他人的價值觀，他們將有機會開拓自己的生

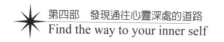

命，更深入的與對方結合。

＊南交點在第八宮，北交點在第二宮

南交點在第八宮的人常仰賴感覺，總是能夠很輕易感受到他人帶給自己的好處。這樣的人從瞭解他人所帶來的方便，是擅長控制他人；或者，這樣的人總是期待他人幫自己打分數，從別人的眼中看到自己的價值。這些人依賴的是他人所給予的評價與價值觀，而不是自己的價值觀，有些時候，這個價值觀的問題會導致他們盡是看著別人手上的物品，而不是自己所擁有的東西。

事實上，這些人透過這些方式，是為了建立一層安全感的保護。北交點在第二宮暗示著，這些人需要透過瞭解自己的價值，瞭解自己的能力，從而建立起自身的安全感，而非仰賴他人，這麼做往往能幫助此人從無形的不安全感中解脫。

三宮與九宮軸線

＊南交點在第三宮，北交點在第九宮

信念與不同的文化交流是引領此人成長的重要指標。在成長過程中，南交點在第三宮的人很可能會被某些簡單的觀念限制住。就生活層面來說，這些觀念或許相當重要，也對他有許多的幫助，但是卻阻擋了他朝更深刻的學問前進。這樣的人因為對於生活周圍的人事物相當熟悉（如：鄰居、兄弟姊妹、附近的公園、商店），容易在其中找到溫暖與安全感，但這也容易使他們耽溺於這些地方，裹足不前。

北交點在第九宮暗示著，這些人若能更深刻的瞭解事物的真相，不再只是滿足於手邊的資訊；若能敞開心胸，與不同文化的人多交流，或者是去旅行，將會擺脫許多過去的束縛。

＊南交點在第九宮，北交點在第三宮

位在第九宮的南交點暗示著，這些人在成長過程中，對許多事物都有著打破砂鍋問到底的好奇心，同時，許多市面上的資訊滿足不了他們，迫使他們自己動手去研究，去圖書館或任何地方挖掘真相。這些人對於知識有種迫切的渴望，無法停止探索，在他們腦中往往有一套根深蒂固的崇高信念，這個信念很可能讓他們對於周圍人們的話題感覺到小鼻子小眼睛，因而不屑參與。

北交點在第三宮建議他們應該從聆聽身邊的聲音開始，將那些知識與偉大的信念落實在生活中，他們將會發現，自己所欠缺的竟然是一些他人認為最簡單的生活小常識。透過與周圍人們的溝通與互動，不但幫助他們成長，同時，他們將會發現自己過去所獲得的學問有著超越原有的價值。

四宮與十宮軸線

＊南交點在第四宮，北交點在第十宮

南交點在第四宮暗示著，這些人的安全感與歸屬感建立在熟悉的事物上。他們喜歡回顧過去，對於自己的出身或童年的事物有著割捨不掉的臍帶情結。他們習慣待在熟悉的事物中，但這並不是說他們都是宅男宅女。他們多半喜歡隱藏自己，享受私人的舒適，而不是到外頭去看看不同的世界。

北交點在第十宮召喚著這些人走出熟悉的環境，去建立與社會的互動，將自己的思想、情感和過去的經驗貢獻給社會。他們將會發現，外界的世界不僅是寬廣的，同時也會發現過去的生活中，有許多的擔憂是不必要的。

＊南交點在第十宮，北交點在第四宮

南交點在第十宮的人很早就被鼓勵站上社會舞台，與他人產生互動。這並不是說這些人很早就「成功」或少年得志，但這些人的確很早就有社會經驗，知道該如何應對進退，他們也習慣當社會人士。當他們的同伴還被稱作某某同學時，還在為了男女朋友而爭風吃醋時，他們已經習慣被人稱為 X 先生，並且習於與他人交換名片，聆聽或談論社會上發生的事情。這些人忙碌不堪的適應著社會的現實層面，是那種上午九點工作到晚上九點，回家吃完飯看個電視倒頭就睡的類型。

北交點在第四宮，建議這些人回頭去審視自己內心的需求、情緒與安全感，還有與家人之間的關係，這些早已被社會的冷漠冰凍起來的無形事物。透過認清它們的重要性，這些人才不至於在追求社會地位時失去了方向。

五宮與十一宮軸線

＊南交點在第五宮，北交點在第十一宮

　　麗茲‧葛林老師稱這條軸線爲「自我身分識別」的軸線，我們都透過這軸線的兩個宮位來塑造自己的身分，例如：我是占星高手、我是理財高手、我是……。南交點在第五宮，促使這些人將眼光放在眼前能夠呈現的事物上，通常那也是他們最容易上手或最喜歡的事情。這些人滿足於眼前的成就，認爲無須他人的幫助，自己也可以成功，他們就像是活在自己的象牙塔一樣，有些時候會不知天高地厚。

　　北交點在第十一宮召喚著他們，不要對同好採取敵意，多去和身邊有相同興趣的人接觸，並在這個時候，將自己的長才貢獻給社會，才會知道原來我的努力有多麼棒！同時，透過同儕的良性互動，將會幫助自己在成長的道路上走得更遠。

＊南交點在第十一宮，北交點在第五宮

　　南交點在第十一宮的人總是做著未來會更好的美夢，對於現在的事情總是不太滿意，對於自己一個人完成的事物不能感到滿足，他們會想——如果這些事情能有他人共同參與，那就更完美了。

　　南交點在第十一宮的人瞭解自己在團體中的地位，也瞭解許多事情必須與他人合作，但這卻讓他們完全忽略了自己該做些什麼。有些時候，共同的合作與目標的確重要，但必須在共同的目標與自我的目標中取得平衡與妥協。

　　北交點在第五宮就是在問這些人——在這個「當下」你是誰？而不是問他們的願望是什麼。北交點在第五宮要這些人去思考，「自己」喜歡什麼？「自己」要什麼？能夠用什麼來證實自己，而不需要任何他人的參與和幫助？透過這些思考與實踐來建立自信，將會是成長的開始。

六宮與十二宮軸線

*南交點在第六宮，北交點在第十二宮

成長的經驗告訴南交點在第六宮的人，應該重視眼前的事物，每天生活中的事情如果能照顧得好就好了，不必再去管其他事情或其他人。於是，這些人習慣了關注在生活中的柴米油鹽醬醋茶，且對生活小事非常精細，懂得許多事情的區別和運作的道理。但是，精明與實際卻讓這些人對感受、夢想產生了限制，就如同在他們想要去感受藝術體驗時，有人拍拍他的肩膀，提醒他該去倒垃圾了。

北交點在第十二宮暗示著，這些人必須學會放下那份精細，從生活小細節中鬆綁，學著用心去感受事物，進入心靈的世界，瞭解人和人之間除了差異性之外，也有相同的處境與狀況，這樣才能提升自己的成長視野。

*南交點在第十二宮，北交點在第六宮

這些人對於現況的不滿，會用許多不同的方式來表現，他們或許沒有定性，不會在一個地方待上太久，或者總是逃離現實的狀況，寧願用單純的理想狀態或不可測量的幻想世界來安慰自己。這些人總有些奇特的體驗讓他們相信，另一個世界（前世？下輩子？另一個空間？天堂？）會更好。

而北交點在第六宮提醒他們，不用期待死後才到天堂，或者靈魂出竅、與世隔絕才覺得舒適，他們必須學會照顧自己的身體，改善周圍的現實環境，並完成當下該負的責任，也必須活在當下，他們的願景與美夢才可以實現，這些都必須要透過他們親自動手，才能一步一步的完成。

南北交相位

一般來說，由於南北交的軸線性質，暗示我們必須將南北交作為一組來討論。同時，占星師們認為，南北交的相位最明顯的展現往往是在合相上，其次是四分相，至於其他的相位則因為影響效應不強，比較不被重視。

南北交與太陽的相位

當北交（點）與太陽合相時，此人的自信與自我或者父親（男性長輩）所給予的指引，將是促成此人走向人生成長之路的指標。他將可以透過自身的才華，透過表現自我來不斷的提升自己。

當南交（點）與太陽合相時，暗示著這些人將過去看得太過重要，雖然不排斥未來發展的可能性，但在追求成長的過程中，總因為一些過去陰影的牽扯而顯得絆手絆腳，透過伴侶關係或許能帶來一些成長的指引。

當太陽同時與南北交四分相時，這些人必須理解到，個人的主觀意識會是阻礙自己發揮專長以及成長的絆腳石，因此，在成長的路上必須付出比他人更多的努力。

南北交與月亮的相位

月亮與北交（點）結合的人會發現，在自己的生活中，對於外界、成長這些事物有著相當程度的需要，他們絕對不是那種可以乖乖待在家中，什麼都不做的人。因為這些人深刻的體會到，成長就是生活中最重要的需求。

當月亮與南交（點）合相時，此人可以輕易的發揮照顧人的特質，但是，卻也容易被這些事物、情感以及過去的因素給綑綁。這些人會誤以為找到一個外向的另一半，就可以彌補自己的不足，但事實上，他們應該是透過學習這些人，親身踏上與外界互動的成長道路。

當月亮同時南北交四分相時，這些人明顯的感受到個人需求與安全感的牽絆，個人成長的道路會因為情感、情緒、伴侶、母親與安全感而顯得困難重重，但若能在每一次挑戰中整合自己的情感與情緒力量，將能成就自己，也能幫助他人。

南北交與水星的相位

北交（點）與水星的合相暗示著，知識、學習與溝通將會引領這些人走上成長的道路，透過與周圍人們的互動交流，特別是水星所在星座宮位有關的主題，都能幫助他們有所成長。

若水星與南交（點）產生合相，暗示著他們擅長發揮溝通的特質，學習溝通以及與鄰近的關係，將能幫助他們成就一些事情。但是，這些人不應該因此自滿，仍需要透過與他人的溝通與互動，來發現自己的盲點，走向成長的路途。

當月亮同時四分南北交時，與外界的溝通容易出現問題，這些人不應該為了他人的誤解而將自己封閉起來，而是需要透過學習溝通的技巧，幫助自己更順利的走向成長的道路。

南北交與金星的相位

北交（點）與金星的合相暗示著，金星所代表的自我價值會因為與外界的互動和成長而增加，但同時也希望以舒適安穩的方式來達到成長的目標。

南交點與金星合相時，人們可以因為自己的過去，而為自己和他人做些什麼，但也容易讓人們眷戀著過去的事物，又因為貪圖熟悉事物環境所帶來的舒適，因而認為與外界的互動不適合自己，錯失了成長良機，相似的狀況也會發生在南北交與金星產生四分相時。

此外，金星與南北交的四分相還暗示著，自我價值的不足阻礙了自己的發展，有時候必須回到過去探索，透過與他人互動的實踐，在這往返中辛苦地、一點一點地建立起自我的價值。

南北交與火星的相位

具有行動力的火星與北交（點）產生合相時，對於北交（點）的成長目標帶來了一種「非得趕緊去做不可」的感受，但這些人也需要注意因為急迫而帶來的成長挫折。

當火星與南交（點）結合時，這些人傾向去保護過去的資產，將力量放在做熟悉的工作上，而不是去探索新的世界，或許藉由他人的引導與提醒，可以逐步走向成長的道路。當火星與南北交同時四分相時，急躁以及焦慮所帶來的挫折感可能會在成長的道路上出現多次。這些人容易感受到成長與過去的事物都很重要，卻不知道該怎麼辦。若能學會分清先後順序，並有耐心，將可一點一點完成成長的課題。

南北交與木星的相位

北交（點）與木星產生合相的時候，木星所代表的樂觀與自信，會是推進這些人成長的動力。這些人從自身的信念中，得到了許多幫助，也因此不斷的想要帶給別人同樣的信念。他們可以從旅遊、深入探索某些學問、宗教、哲學當中，獲得成長的力量。

木星與南交點由於相信自己熟悉的環境會帶來更好的生活，若能夠打開自己的心門去接受他人的觀點，看看別人對生活的想法，聽聽別人相信的事情，將會對自己的成長有許多幫助。

當木星同時和南北交四分相時，他們過度的自信與自滿的態度，很有可能會阻礙自己尋找人生的方向，學會謙卑是首要的工作，但樂觀始終會幫助他們獲得成長的動力。

南北交與土星的相位

北交（點）與土星產生合相時，暗示著成長過程中的事件容易阻礙這些人對未來抱有希望，他們對於外界社會、成長、未來往往帶有恐懼。這些人需要透過耐心以及長時間的探索，來發現自己的成長道路。

當土星與南交（點）合相時，暗示著就算過去的環境是這些人不喜歡的，但他們仍然會希望留在熟悉的環境裡，同時，對於與外界互動的興趣並不高，這使得成長的路途顯得有些困難。

當土星同時與南北交產生相位時，在成長過程中，同樣會受到過去不愉快經驗的干擾，而顯得困難重重，甚至常有挫敗的感受。但占星師認為，越是這樣的挑戰，所帶來的成長意義也越明顯，所以千萬不要輕言放棄。

南北交與天王星的相位

天王星與北交（點）產生合相時，暗示著在成長道路上，將有一些較為刺激或極端的事件發生，或許這些事件會帶來意外的發現。這些人可能必須去走自己的路，而不是追尋其他人的引導。

南交（點）與天王星合相的人，雖然不至於受到過去的牽扯而感到挫折，同

時，還可能因為展現自我的獨特而受到他人的矚目，但是，孤獨與我行我素的態度可能會帶來一些與外界互動的困擾。

當天王星同時與南北交產生四分相時，公眾的態度對於這一小群人產生了影響，這些人很可能有種被社會排擠的感受，需要學會突破他人的限制，走出自己的成長道路。

南北交與海王星的相位

海王星與北交（點）合相，往往強烈地讓這些人認為，靈性和宗教的修練、藝術的訓練是一種幫助心靈成長的方式，同時，透過感受他人的感覺而有所體悟。

當海王星與南交（點）合相時，這些人同樣十分擅長處理這些抽象的事物。他們或許認為比起其他人，自己更有資格談靈性的世界。這些人的感覺的確相當敏銳，若能有一條清楚的心靈成長道路，專心的前進，將會更有成效。

當南北交同時與海王星四分相時，很容易遇到同樣的問題，由於當事人太敏感，使得心靈成長的道路充滿挫折，有時候需要專注在一件事情上，而不是東摸一點、西摸一點，最後一事無成。

南北交與冥王星的相位

北交（點）與冥王星結合，暗示著此人擁有強烈的熱忱想要投入社會，他們對於人與人之間的互動，以及社會的未來都相當有興趣，在與社會互動的同時，也幫助自己瞭解生命的意義。

當冥王星在南交（點）時，此人對於深入研究過去比較有興趣，對於外界的互動抱持著比較謹慎的看法，這或許是成長過程中的經驗所帶來的恐懼，也因此，他們限制自己與他人互動，或限制自己走向自己的成長道路。

當冥王星同時與南北交產生四分相時，也有類似的特質，這些人對於力量的運用、對他人的影響力、權力等事情，有著某種程度的恐懼，這些將是他們成長時必須面對的主題，但是，這需要相當長的時間來反覆探索。

南北交與凱龍的相位

當北交（點）與凱龍產生相位時，這些人的驕傲與傷痛就如同刀的兩面，他們可以透過幫助別人、醫療別人而成長。另外，他們瞭解傷痛是成長的一部分，但如果忘記去關心自己的問題，他們的努力或許不會有多大的意義。

當凱龍與南交（點）合相時，往往讓這些人眷戀過去的傷痛，他們同樣可以發揮幫助別人的特質，但卻少了那種積極的態度來面對自身的傷痛，同時，也很容易因為眷戀沉溺過去的傷痕，阻礙了成長的道路。

當凱龍與南北交同時四分相時，傷痛與害怕的特質會阻礙這些人與人群的交流，他們幫助他人的意願也或許容易被他人誤解。同時，若他們不能察覺自身的問題，很可能會不斷地自怨自艾下去。

南北交與上升下降軸線的相位

北交點與上升點合相時，鼓勵這些人應該勇敢的去呈現自我。由於南交點合相下降點的關係，暗示著他們可能習慣順從他人，這時候，勇敢的走自己的路，就是邁向成長的開始。

當北交（點）與下降點合相時，與他人的關係和互動成為引導他們成長的途徑，試著不要那麼自我，將會有更多成長的機會。

南北交與上升、下降點同時四分相，暗示著這些人仍然需要透過自我與他人的關係來成長，但是，這當中往往有許多衝突與轉折，需要他們多花一點時間去完成這樣的課題。

無論哪一種跡象都顯示月交與上升下降軸線產生關係的人，必須調節平衡自己與他人之間的互動，不過度依賴他人也不要過分自我，才能在其中獲得更多的成長體驗。

南北交與天頂天底軸線的相位

北交（點）與天頂的合相，暗示著這些人需要朝著外界的互動去成長，而且，他們多半認為與公眾的互動是一種挑戰，卻樂於去完成，但成長過程中所帶來的影響卻是相當明顯，可能會使人在面對成長道路時感到猶豫。

　　北交（點）與天底合相暗示著家庭與內心中的安全感應該是此人發展與成長的方向，此人習慣外界社會帶來的忙碌，將會替成長帶來困擾的影響。

　　四分相暗示著受到父母、家庭與外界意見的干擾，心靈成長的路程更顯艱辛，同時，也強烈暗示過去的家庭生活對於此人公眾形象的影響與職業的選擇。

國家圖書館出版品預行編目資料

心理占星學全書（暢銷增訂版）/魯道夫、Amanda著.
-- 初版 .-- 臺北市：春光出版：家庭傳媒城邦分公司
發行, 2008（民97）
　　面；　公分（命理開運 47）

ISBN 978-986-6572-25-8（平裝）

1. 占星術 2. 應用心理學

292.22　　　　　　　　　　　　97021878

心理占星學全書（暢銷增訂版）

作　　　者／魯道夫、Amanda
企劃選書人／劉毓玫
責 任 編 輯／李曉芳、何寧
內 文 編 輯／郭珮甄、劉毓玫

版權行政暨數位業務專員／陳玉鈴
資深版權專員／許儀盈
資深行銷企劃／周丹蘋
業 務 主 任／范光杰
行銷業務經理／李振東
副 總 編 輯／王雪莉
發 行 人／何飛鵬
法 律 顧 問／元禾法律事務所　王子文律師
出　　　版／春光出版
　　　　　　台北市104中山區民生東路二段 141 號 8 樓
　　　　　　電話：(02) 2500-7008　傳真：(02) 2502-7676
　　　　　　部落格：http://stareast.pixnet.com/blog
　　　　　　E-mail：stareast_service@cite.com.tw
發　　　行／英屬蓋曼群島商家庭傳媒股份有限公司城邦分公司
　　　　　　台北市中山區民生東路二段 141 號11 樓
　　　　　　書虫客服服務專線：(02) 2500-7718 / (02) 2500-7719
　　　　　　24小時傳真服務：(02) 2500-1990 / (02) 2500-1991
　　　　　　服務時間：週一至週五上午9:30～12:00，下午13:30～17:00
　　　　　　劃撥帳號：19863813　戶名：書虫股份有限公司
　　　　　　讀者服務信箱E-mail: service@readingclub.com.tw
　　　　　　城邦讀書花園網址：www.cite.com.tw
香港發行所／城邦（香港）出版集團有限公司
　　　　　　香港灣仔駱克道 193 號東超商業中心 1 樓
　　　　　　電話：(852) 2508-6231　傳真：(852) 2578-9337
　　　　　　E-mail：hkcite@biznetvigator.com
馬新發行所／城邦（馬新）出版集團【Cite(M)Sdn. Bhd.(458372U)】
　　　　　　11, Jalan 30D/146,Desa Tasik,
　　　　　　Sungai Besi, 57000 Kuala Lumpur, Malaysia.
　　　　　　電話：(603) 9056-3833　傳真：(603) 9056-2833
　　　　　　E-mail：cite@cite.com.my.

封 面 設 計／鍾瑩芳
內 頁 排 版／游淑萍
印　　　刷／高典印刷有限公司

■ 2008 年（民 97）12 月 16 日初版
■ 2023 年（民 112）12 月 28 日二版4.3刷

Printed in Taiwan

售價／599元

城邦讀書花園
www.cite.com.tw

ISBN　978-986-6572-25-8
EAN　471-770-290-599-6

廣　告　回　函
北區郵政管理登記證
台北廣字第000791號
郵資已付，免貼郵票

104台北市民生東路二段141號11樓

英屬蓋曼群島商家庭傳媒股份有限公司
城邦分公司

請沿虛線對折，謝謝！

愛情・生活・心靈
閱讀春光・生命從此神采飛揚
春光出版

書號： OC0047X　書名： 心理占星學全書（暢銷增訂版）

讀者回函卡

謝謝您購買我們出版的書籍！請費心填寫此回函卡，我們將不定期寄上城邦集團最新的出版訊息。

姓名：＿＿＿＿＿＿＿＿＿＿＿＿＿＿＿＿＿＿＿＿＿＿

性別：□男　□女

生日：西元＿＿＿＿＿＿年＿＿＿＿＿＿月＿＿＿＿＿＿日

地址：＿＿＿＿＿＿＿＿＿＿＿＿＿＿＿＿＿＿＿＿＿＿

聯絡電話：＿＿＿＿＿＿＿＿＿傳真：＿＿＿＿＿＿＿＿

E-mail：＿＿＿＿＿＿＿＿＿＿＿＿＿＿＿＿＿＿＿

職業：□1.學生 □2.軍公教 □3.服務 □4.金融 □5.製造 □6.資訊

　　　□7.傳播 □8.自由業 □9.農漁牧 □10.家管 □11.退休

　　　□12.其他＿＿＿＿＿＿＿＿＿＿＿＿＿＿＿

您從何種方式得知本書消息？

　　　□1.書店 □2.網路 □3.報紙 □4.雜誌 □5.廣播 □6.電視

　　　□7.親友推薦 □8.其他＿＿＿＿＿＿＿

您通常以何種方式購書？

　　　□1.書店 □2.網路 □3.傳真訂購 □4.郵局劃撥 □5.其他＿＿＿

您喜歡閱讀哪些類別的書籍？

　　　□1.財經商業 □2.自然科學 □3.歷史 □4.法律 □5.文學

　　　□6.休閒旅遊 □7.小說 □8.人物傳記 □9.生活、勵志

　　　□10.其他＿＿＿＿＿＿＿＿＿＿＿＿＿